Dirk C. Fleck

Die vierte Macht

Spitzenjournalisten zu ihrer
Verantwortung in Krisenzeiten

| Hoffmann und Campe |

1. Auflage 2012
Copyright © 2012 by Hoffmann und Campe Verlag, Hamburg
www.hoca.de
Satz: atelier eilenberger, Leipzig
Gesetzt aus der Minion und der Helvetica
Druck und Bindung: Friedrich Pustet, Regensburg
Printed in Germany
ISBN 978-3-455-50259-6

HOFFMANN
UND CAMPE

Ein Unternehmen der
GANSKE VERLAGSGRUPPE

Inhaltsverzeichnis

Vorwort von **Dirk C. Fleck** 9

Kai Diekmann 15
Bild muss süchtig machen

Harald Schumann 30
Die Masse der Journalisten schwimmt
mit dem Mainstream

Volker Panzer 42
Ich bin kein Alarmist

Cordt Schnibben 52
Am Abgrund der Ratlosigkeit

Gert Scobel 64
Fünfzehn Fragen – fünfzehn Antworten

Geseko von Lüpke 83
Ansichten eines journalistischen Schmetterlings

Dietmar Schumann 97
Planet Plastik: Vergiftet. Zubetoniert. Vollgemüllt.

Anne Gesthuysen 107
Die Menschen werden umdenken,
weil sie nur so überleben können

Robert Misik 120
Die Welt schießt plötzlich zurück

Peter Unfried 132
Rein in die Galeere, raus aus der Galeere

Giovanni di Lorenzo 143
Kurs halten im Kulturkampf zwischen Online und Print

Michael Jürgs 155
Viel Lärm um nichts

Matthias Leitner 166
Journalismus muss Erzählungen liefern

Michel Friedman 177
Vom evolutionären Vertrauen

Helge Timmerberg 191
Ich bin nur schmerzfrei, wenn ich schreibe

Jochen Schildt 205
Die Speckschicht der Mittelmäßigen

Anne Will 215
Talk, Talk, Talk

Klaus Liedtke 225
Wo ist die Stimmung für eine radikale Wende?

Lars Haider 238
Ideologisches Engagement schadet nur

Mathias Bröckers 247
Ab in die Jauchegrube!

Hans-Ulrich Jörges 260
Über uns schwebt ein riesiger Hammer

Jakob Augstein 273
Man trifft den bösen Feind überall, auch in sich selbst

Kurt Imhof 285
Medien sind Vertrauensgüter – Neun Fragen an den Schweizer Medienwissenschaftler

Hubertus Meyer-Burckhardt 295
Ich bin nie dort angekommen, wo ich gerade bin

Frank Schirrmacher 305
Ein Brief

Nachwort von **Katrin Göring-Eckhardt** 313
Verantwortung der Medien, Verantwortung der Politik –
eine gemeinsame Herausforderung in der Krise

Vorwort von **Dirk C. Fleck**

Die Lebensbedingungen auf der Erde sind dabei, sich dramatisch zu verändern. Weltweit. An erster Stelle ist natürlich die vom Menschen verursachte Öko-Katastrophe zu nennen, die viel schneller voranschreitet, als noch vor wenigen Jahren prognostiziert wurde. Der Klimawandel ist nur ein Aspekt, aber allein er wird in absehbarer Zeit enorme Auswirkungen auf unser politisches, wirtschaftliches, soziales und kulturelles Leben haben. Der rasante Ausverkauf der natürlichen Ressourcen, der durch den Wachstumsrausch in den ehemaligen Schwellenländern China, Indien und Brasilien extrem befördert wird, gibt ebenfalls zu größter Sorge Anlass. Ganz abgesehen von dem kriminellen Gebaren einer giergesteuerten internationalen Finanzindustrie, welche die Werte der bürgerlichen Gesellschaft sukzessive zersetzt und uns die Demokratie aus der Hand zu nehmen droht, wie Hans-Ulrich Jörges befürchtet.

Der prominente Klimaökonom Richard Tol spricht schon angesichts des Vorhabens, die globale Durchschnittstemperatur auf nicht mehr als zwei Grad Celsius über das vorindustrielle Niveau hinaus ansteigen zu lassen, von der größten und teuersten ordnungspolitischen Aufgabe aller Zeiten. Auch Hans Joachim Schellnhuber, Direktor des Potsdam-Instituts für Klimafolgenforschung, äußerte sich in einem Interview mit *Zeit-Online* höchst defätistisch: »Im Grunde weisen alle aktuellen Erkenntnisse über den Klimawandel darauf hin, dass die Situation noch schwieriger ist als vor wenigen Jahren angenommen. Ich fürchte, dass wir eines baldigen Tages von der Phase der Verharmlosung des Klimaproblems direkt in die Phase des Entsetzens übergehen.«

Spätestens seit der Veröffentlichung des weltweit erfolgreichen Buches von Dennis L. Meadows *Die Grenzen des Wachstums* (1972) besteht in Wissenschaft und Kultur, ja selbst in großen Teilen der Wirtschaft Einigkeit darüber, dass unsere dem Wachstum verpflichtete globale Zivilgesellschaft einen radikalen Wertewandel vollziehen muss, um die Lebensgrundlagen auf der Erde für die kommenden Generationen einigermaßen zu erhalten. Die Menschen, die den Wandel durch persönlichen Verzicht werden stemmen müssen, sind auf diese Herkulesaufgabe aber denkbar schlecht vorbereitet. An dieser Stelle, so sollte man meinen, sind zuallererst die Medien gefragt, welche die öffentliche Meinung entscheidend prägen und mitbestimmen. Denn die Politik tritt auf der Stelle, weil die Sicherung von Privilegien zum einzigen Inhalt des Politischen geworden ist, wie der Sozialpsychologe Harald Welzer in seinem Essay »Empört euch – über euch selbst« im *Spiegel* schreibt. Was können, was müssen die Medien tun, um diesem verhängnisvollen Stillstand entgegenzuwirken? Und: Verfügen die medialen Verantwortungsträger überhaupt über das nötige Bewusstsein, auf einen solchen Wertewandel hinarbeiten zu wollen?

In diesem Buch beziehen 25 Herausgeber, Chefredakteure und Spitzenjournalisten der deutschsprachigen Medienlandschaft Stellung. In 25 Einzelgesprächen habe ich versucht herauszufinden, wie die Problematik innerhalb der Medien gewichtet wird und wie es um das Verantwortungsbewusstsein der betreffenden Journalisten und Funktionsträger bestellt ist. Erklärtes Ziel dieses Buches ist es, eine Debatte über den Umgang mit dem drohenden Ökozid anzustoßen, die uns über kurz oder lang ohnehin ins Haus steht. Die vorliegenden Ergebnisse sind spannend, informativ, teilweise aber auch sehr ernüchternd. Frank Schirrmacher zum Beispiel gibt sich, was die Rolle der Medien angeht, keinen

Illusionen hin: »Nehmen wir mal an, der Ökozid wäre heute schon eingetreten. Dann würde es die *Tagesschau* morgen als Normalität behandeln. Es gibt diesen einen Moment nicht, wo man sich fragt, halt, stopp, was ist hier geschehen? Die Medien schaffen es, aus den größten Brüchen immer wieder eine Scheinnormalität zu konstruieren.« Viele meiner Gesprächspartner sehen sich und die Medien mit zu hohen Erwartungen konfrontiert. Am besten brachte es wohl Harald Schumann auf den Punkt: »Medien können niemals als Speerspitze eines gesellschaftlichen Umbruchs fungieren. Es sind ja die Journalisten, die Medienarbeiter, die das tun müssten. Und die sind tief eingebettet in unsere Gesellschaft. Woher sollte denn plötzlich ein avantgardistisches Bewusstsein der Medienarbeiter kommen? Neunundneunzig Prozent unserer Kollegen wären damit überfordert, nicht nur intellektuell, auch von der Ausbildung her.«

Hinzu kommt ein Aspekt, auf den der Schweizer Medienwissenschaftler Kurt Imhof aufmerksam macht und der eine gewisse Hilflosigkeit der Medien im Umgang mit den dringendsten Herausforderungen der Zeit deutlich werden lässt. Die Globalisierung, so seine These, habe seit den neunziger Jahren supranationale politische Machtzentren hervorgebracht, die sich im Unterschied zu den politischen Institutionen des Nationalstaats der Legitimations- und Kontrollfunktion der Öffentlichkeit weitgehend entziehen können, weil die Öffentlichkeitsarenen nach wie vor nationalstaatlich begrenzt sind. Bedeutet die daraus resultierende Ohnmacht gleichzeitig das Ende des durch sorgsame Recherche aufklärenden klassischen Journalismus? Nicht unbedingt, jedenfalls nicht, wenn man Giovanni di Lorenzo hört: »Unsere Redakteure im Wissen-, Wirtschafts- und Politik-Ressort beschäftigen sich regelmäßig mit den umweltpolitischen Herausforderungen, und sie versuchen alles, um diese Fragen attraktiv aufzubereiten, zum Nachdenken anzuregen und ein Bewusstsein zu schaffen. Gerade die negative Reaktion unserer Leser muss uns Journalisten Ansporn sein, sich mehr einfallen zu lassen. Wir müssen uns ständig fragen, wie wir die Leute gewinnen, wie wir eine konstruktive nachhaltige Debatte initiieren können.«

Dass der Einfluss der Medien auf nationalpolitischer Ebene noch immer beträchtlich ist, beweist eine Umfage des Mainzer Kommunikationswissenschaftlers Hans Mathias Kepplinger unter Bundestagsabgeordneten, die die Medien nicht als vierte, sondern als erste Macht im Staate sehen. Auf einer Skala von 0 (›überhaupt kein Einfluss‹) bis 10 (›sehr großer Einfluss‹) sprechen die Bundestagsabgeordneten den Medien einen Einfluss auf die Politik von 8,18 zu. Der Einfluss der Politik auf die Medien wiederum liegt bei einer Einschätzung von nur 5,32. Allerdings scheinen die Medien dabei zu sein, ihre herausragende Position in unserer Gesellschaft selbst zu demontieren. In seinem Buch *Am besten nichts Neues: Medien, Macht und Meinungsmache* schreibt der Journalist Tom Schimmeck: »Während Zeit und Geld ständig knapper werden, in den Redaktionen und Korrespondenzbüros immer weniger Leute die gleiche Menge an Arbeit machen, wächst in Wirtschaft und Politik die Macht und Zahl der Spin-Doctoren, PR-Consultants, Agendasetter, Werber, Imageberater, Marktforscher, Eventmanager und Mediencoaches. Meinungen und Stimmungen werden gegen Geld von Profis gemacht. Ihre perfekt designten Bilder und Botschaften zielen direkt auf die Massen. Der unabhängige Journalist ist nur noch Störfaktor.«

Die von Schimmeck angesprochene Problematik wird auch in vielen der hier vorliegenden Gespräche thematisiert. Wie ich überhaupt feststellen durfte, dass meine Gesprächspartner größtenteils sehr offen und selbstkritisch mit dem Metier umgehen, in dem sie tätig sind. Außerdem habe ich mich gefreut, wie unproblematisch es war, diese illustre Riege herausragender Journalisten zusammenzustellen. Dafür möchte ich allen Beteiligten von Herzen danken. Die Thematik, die zur Debatte stand, entbehrt nicht einer gewissen Brisanz, und deshalb wäre es verständlich gewesen, wenn sich die eine oder andere Person versagt hätte. So aber blicke ich zurück auf 25 intensive, inspirierende Begegnungen, die auf unterschiedlichste Weise Einblick geben in die Innenwelt der Medien. Die von Macht und Ohnmacht berichten und uns erahnen lassen, welch gewaltigem Transformationsprozess die vierte Macht im Staate gerade ausgesetzt ist. Danken möchte ich auch dem Verlag, der, nachdem ich das Thema angeboten hatte, gerade zwei Stunden gebraucht hat, um seine Zusage zu geben. Entsprechend unkompliziert gestaltete sich später die Zusammenarbeit mit dem Lektorat, was ebenfalls nicht selbstverständlich ist.

Ah, noch etwas! Bevor jemand auf die Idee kommt, ich hätte bei der Auswahl meiner Gesprächspartner fahrlässig oder gar bewusst auf eine Vielzahl qualifizierter Frauen verzichtet (was bei einem Verhältnis von 23 Männern zu 2 Frauen naheliegt), möchte ich doch eines erwähnen: Diese bedauernswerte Unwucht hat alleine damit zu tun, dass sich die meisten der von mir angeschriebenen Frauen verweigert haben. Im Mediengeschäft arbeiten siebzig Prozent Männer und dreißig Prozent Frauen. Ich bemühte mich, in diesem Buch zumindest eine ähnliche Gewichtung herzustellen. Insgeheim träumte ich sogar davon, ebenso viele Frauen wie Männer zu Wort kommen zu lassen. Mit diesem Vorhaben bin ich allerdings grandios gescheitert. Von den fünfzehn kontaktierten Journalistinnen, die einem breiten Publikum allesamt bekannt sind, haben sich nur Anne Will und Anne Gesthuysen bereit erklärt, mitzuarbeiten. Der Rest hat entweder gar nicht reagiert oder sich mit einem sehr männlichen Argument verabschiedet: Terminschwierigkeiten. Dabei hatte ich lediglich um einen Gesprächstermin von zwei Stunden gebeten, festzulegen innerhalb von sechs (!) Monaten.

Die abwehrende Reaktion ist umso erstaunlicher, weil wenige Monate später 350 Journalistinnen aus Zeitungen, Funk- und Fernsehanstalten einen Aufruf an die deutschen Chefredakteure veröffentlicht haben, in dem sie die dramatische Unterrepräsentanz von Frauen in den Chefetagen der Medien beklagten – verbunden mit der Forderung, die Quote in den nächsten fünf Jahren auf dreißig Prozent anzuheben (www.pro-quote.de). Flankierend dazu erschien kurz darauf bei *Spiegel-Online* unter dem Titel »Die Meinungsmacker« ein Artikel von Barbara Hans, in dem es unter anderem hieß: »Gesucht werden Mitarbeiterinnen, die sich lieber zurückhalten, im Verborgenen wirken und ein Gespür dafür haben, dass es – wenn es wichtig wird – angebracht ist, den männlichen Kollegen den Vortritt zu lassen.« Genau das sollte bei diesem Projekt eben nicht geschehen. Meine Interviewpartner, denen ich von den zahlreichen weiblichen Abfuhren erzählte, konnten sich darauf genauso wenig einen Reim machen wie ich selbst. Belassen wir es also dabei.

Ich wünsche allen Lesern eine spannende, aufschlussreiche Lektüre. Und da die meisten Journalistenkollegen trotz oder gerade wegen der Schwierigkeiten, denen sie sich heute gegenübersehen, der Selbstironie nicht abgeneigt sind, schließe ich mit einer alten Londoner Redaktionsweisheit: »Journalism is a lousy job, but better than working!«

Dirk C. Fleck im Mai 2012

KAI DIEKMANN
Bild muss süchtig machen

Vor meinem Gespräch mit Kai Diekmann gerate ich ins Träumen. Kurz hinter Hamburg geht es los. Was wäre, wenn der Mann sich neben dem aufreibenden Tagesgeschäft plötzlich Zeit nehmen würde, die Studie *Global 2000* zu lesen, die der US-amerikanische Präsident Jimmy Carter bereits 1977 in Auftrag gegeben hatte. Der »Bericht an den Präsidenten« wurde von Wissenschaftlern und Regierungsstellen erarbeitet und sollte auf der Basis absehbarer Entwicklungstrends die politische Planungsgrundlage für eine ökologisch orientierte Politik liefern. Die Studie kommt zu folgendem Ergebnis: »Angesichts der Dringlichkeit, Reichweite und Komplexität der vor uns liegenden Herausforderungen bleiben die jetzt auf der ganzen Welt in Gang gekommenen Anstrengungen weit hinter dem zurück, was erforderlich ist. Es muss eine neue Ära der globalen Zusammenarbeit und der gegenseitigen Verpflichtung beginnen, wie sie in der Geschichte ohne Beispiel ist.« Wo ist sie, die globale Zusammenarbeit, die gegenseitige Verpflichtung? würde sich Kai Diekmann vielleicht fragen und einen entsprechenden Leitartikel in Auftrag geben.

Der ICE rattert in stark vermindertem Tempo durch Ludwigslust. Ich spinne meinen Tagtraum fort. Was wäre, wenn Kai Diekmann einer Studie der Bundeswehr Gehör schenken würde? Das Zentrum für Transformation der Bundeswehr in Strausberg nahe Berlin hat gerade die mit Steuergeldern finanzierte Untersuchung *Streitkräfte, Fähigkeiten und Technologien* fertiggestellt. Darin werden »langfristige sicherheitspolitische Herausforderungen in einem Zeithorizont von 30 Jahren« beschrieben. Die Autoren zeichnen die Folgen der unumkehrbaren Rohstoffverknappung in dramatischen Bildern. Sie warnen vor Verschiebungen des globalen Machtgleichgewichts, vor neuen »Abhängigkeitsverhältnissen«, vor einem Bedeutungsverlust westlicher Industrienationen, vor einem »Komplettversagen der Märkte«. Wirtschaftszweige und Banken, ja ganze Staatsgebilde stürzen ab, die Massenarbeitslosigkeit wächst, Hungersnöte und soziale Unruhen brechen aus.

Noch 45 Minuten bis Berlin. Im beschaulichen Wittenberge lichtet sich der Morgennebel. Vielleicht hat Kai Diekmann ja das *Welt-Online*-Interview mit Dennis Meadows gelesen, dem Vater aller Untergangspropheten, der 1972 mit seinem Buch *Die Grenzen des Wachstums* weltweit für Furore gesorgt hatte. Anlässlich seines jüngsten Deutschlandbesuches sagte Meadows: »Die Inanspruchnahme des Planeten etwa durch Ölverbrauch und Bevölkerungswachstum ist inzwischen über ein nachhaltiges Niveau geklettert. Ein Kollaps ist heute wahrscheinlicher als damals und wird wohl noch früher geschehen.«

Wir passieren Nauen im schönen Havelland. Ich male mir aus, dass Kai Diekmann wohl geschockt gewesen sein muss, als er von dem jüngsten Bericht der UNEP[1] erfuhr, der für die nächsten zwanzig Jahre das größte Artensterben seit 55 Million Jahren vorausgesagt hat. Oder davon, dass das sommerliche Eis in der Arktis seit 1972 um fünfzig Prozent zurückgegangen ist, wie das Institut für Umwelttechnik an der Universität Bremen kürzlich errechnet hat. Die aktuelle Meldung des US-Energieministeriums, dass der Kampf gegen den Klimawandel verloren zu gehen scheint, dürfte auch nicht zu seiner Beruhigung beigetragen

---

1 UNEP: United Nations Environment Programme (Umweltprogramm der Vereinten Nationen)

haben. 2010, so die Statistik des Ministeriums, hat es den größten je verzeichneten CO_2-Anstieg gegeben. 512 Millionen Tonnen mehr als 2009.

Als der ICE 709 in Berlin Hbf eintrifft, ist der Tagträumer in mir optimistisch gestimmt. Er setzt sogar noch einen drauf: Die *Bild*, sagt er sich, wird unter Führung dieses Mannes zwar nicht zum Sturmgeschütz der Ökologiebewegung werden, aber vielleicht wird sie ihre Leser zumindest mitzunehmen versuchen, wenn es um die Gestaltung einer lebenswerten Zukunft geht.

Die Personenkontrolle am Empfang der imposanten 150 Meter langen und 85 Meter breiten Axel-Springer-Passage steht der eines Großflughafens in nichts nach. Auch hier muss man ablegen, den Gürtel lockern, sich hinter der Sicherheitsschleuse abtasten lassen. Schließlich begleitet mich eine Dame bis hinauf in den 16. Stock, wo ich von der Büroleiterin des Chefredakteurs außerordentlich zuvorkommend begrüßt werde. Kai Diekmann, der mir hinter seinem Schreibtisch aus der Ferne zuwinkt, bittet um ein wenig Geduld. Ich genieße die Aussicht auf die von der Herbstsonne beschienene Hauptstadt. Jeder Tag birgt das pralle Leben in sich und somit genügend Material, um daraus eine Großplastik wie die *Bild* zu formen. Die Kunst des ›Blattmachens‹ besteht darin, die Realität auf jenen Extrakt einzudampfen, der den größtmöglichen Erfolg verspricht. Kai Diekmann scheint sich auf diese Kunst besser als jeder andere zu verstehen, immerhin leitet er Europas auflagenstärkste Tageszeitung bereits seit elf Jahren. Das hat noch kein Chefredakteur vor ihm geschafft, nicht einmal der legendäre Günter Prinz, der es auf zehn Jahre brachte.

Kai Diekmann bittet mich in sein Büro. Hinter seinem Schreibtisch hängt das leicht verfremdete *Bild*-Logo in Öl, ein ähnliches Gemälde ziert die gegenüberliegende Wand, vor der wir Platz nehmen. Beide Bilder stammen von dem Berliner Künstler Jens Lorenzen, der schon die berühmteste *Bild*-Schlagzeile der letzten Jahre zur Kunst erhoben hatte: »Wir sind Papst!« Ähnlich spektakulär titelte damals nur die *taz*, die die Wahl Kardinal Ratzingers mit den Worten »Oh, mein Gott!« bedachte. Da die verkaufte Auflage der *Bild* allerdings 63-mal höher ist als die der *tageszeitung*, war das kein wirklich faires Rennen.

»Schießen Sie los«, sagt Kai Diekmann, »Sie fragen, ich versuche zu antworten.« Er wirkt erstaunlich unprätentiös. Es ist 15 Uhr, die Redaktion befindet sich mitten in der Produktion der neuen Ausgabe, aber mein Gesprächspartner gibt mir das Gefühl, als hätten wir alle Zeit der Welt. Das ist angenehm, weil so nicht erwartet. Also frage ich, nach welchen Kriterien er den Supertanker Bild steuert, immerhin hat er mit dieser Zeitung ein Instrument in der Hand, das gesellschaftspolitisch von erheblicher Bedeutung ist. Was ist seine Philosophie als Blattmacher, was sind seine Intentionen?

»Gut«, antwortet Diekmann schmunzelnd, »wenn Sie mit mir über Gartenbau reden wollten, hätte ich ein Problem. Bei *Bild* kenne ich mich ein bisschen aus. Sehr gut auf den Punkt gebracht hat es die *Süddeutsche Zeitung*, die einmal geschrieben hat, die *Bild*-Zeitung sei so etwas wie der Seismograph der deutschen Befindlichkeit. Was ist damit gemeint? Damit ist gemeint, dass *Bild* nicht nur darüber berichtet, was passiert, sondern auch darüber, wie das, was passiert, von den Menschen empfunden wird. Ich vergleiche das gern mit den Wettervorhersagen, die auch die gefühlte Temperatur angeben. Durch den Windchill-Faktor werden aus gemessenen minus zwei Grad oft gefühlte minus zehn Grad. Und wenn man nicht frieren will, muss man sich entsprechend der gefühlten Temperatur anziehen. Das ist das, was *Bild* leistet. Eine Zeitung wie die *FAZ* versucht die Welt nach logischen Kriterien zu ordnen. *Bild* hingegen ist eine emotionale Zeitung. Wir fragen uns: Wie empfinden die Menschen die Ereignisse und Geschichten? Wie reden sie darüber? Wir wollen Gesprächsstoff bieten. Wir wollen, dass Menschen sich unterhalten und austauschen können. Das ist der Ansatz, mit dem wir uns dem Tag nähern. Was sind die großen Themen, die die Menschen bewegen, und wie finden wir einen Zugang zu ihnen? Dabei müssen wir im

Hinterkopf behalten, dass wir nicht 300 000 Leser bedienen, sondern zwölf Millionen. Hinzu kommen noch über zwölf Millionen User unseres Online-Portals.

Bild muss süchtig machen. Dieser Begriff kann auch negativ geprägt sein, aber das meine ich gar nicht. Ein gutes Buch macht süchtig, eine gute Zeitschrift macht süchtig und eine gute Zeitung eben auch. Um das zu erreichen, muss *Bild* mit Leidenschaft gemacht sein. Wir müssen dafür sorgen, dass die Leute jeden Tag das Bedürfnis verspüren, uns wieder lesen zu wollen. Die Abonnementszeitungen liegen jeden Morgen auf dem Schreibtisch, im Briefkasten. *Bild* verkauft sich zu neunundneunzig Prozent am Kiosk. Wir verlangen von unseren Lesern, dass sie sich jeden Tag wieder auf den Weg machen, um Bild zu kaufen – bei Wind und Wetter. Das bedeutet, dass *Bild* sich von allen anderen Printprodukten unterscheiden muss. Wir müssen klare Alleinstellungsmerkmale haben. Das Wichtigste ist dabei der emotionale Zugang zu den Themen und hervorragender Journalismus. Wir versuchen, unseren Lesern einen Informationsvorsprung zu geben und exklusiv zu berichten. *Bild*-Leser sollen besser informiert sein als alle anderen. Die heutige Ausgabe ist ein Beispiel, wo uns das gelungen ist: Sowohl die Schlagzeile (›Babs Becker: Schon wieder Ehe kaputt‹) als auch das Interview mit dem türkischen Ministerpräsidenten Erdoğan zeigen, dass wir Themen früher besetzen als die Konkurrenz.

Emotionaler Zugang heißt natürlich auch, dass *Bild* die Leser nicht gleichgültig lässt. *Bild* provoziert, *Bild* polarisiert – das gehört zum Kern der Marke. Uns geht es nicht darum, das beliebteste Presseorgan der Bundesrepublik zu sein. Damit gewinnt man nichts. Es geht darum, Debatten anzustoßen. Wie für alle Medien gilt: Wir verkaufen Inhalte, wir sind Journalisten. Aber was ist Journalismus? Journalismus ist vor allem eines: Welterklärung. Aber auch dort haben wir einen ganz besonderen Anspruch. Die Herausforderung liegt nicht darin, Informationen anzubieten, sondern sie so anzubieten, dass die Menschen sie auch annehmen. Wir müssen dafür sorgen, dass unsere Leser zu den Informierten gehören. Wir müssen ein Publikum zum Lesen bringen, für das Medienlektüre nicht immer Selbstverständlichkeit ist.

Wir wenden uns an ein Massenpublikum, das nicht a priori jeden Tag auf die Zeitungslektüre wartet. Das Mediennutzungsverhalten ändert sich in unserer elektronisch geprägten Welt, in der immer weniger Informationen über Texte und immer mehr Informationen über Bilder aufgenommen werden. Unser Kolumnist Franz Josef Wagner hat einmal den Begriff vom ›Sehenlesen‹ geprägt. Es muss beides sein. Das Erdoğan-Interview ist mit 150 Zeilen ein echter Textbrocken, in der Mischung brauche ich dann aber auch kurze Texte, große Bilder im Blatt. Unsere letzte Seite empfinden viele Leser als Erholung.

Überprüfen Sie Ihr eigenes Lese- und Sehverhalten. Wenn Sie die *FAZ* oder die *Süddeutsche Zeitung* zur Hand nehmen, werden Sie definitiv nicht zuerst den langen Leitartikel lesen. Sie scannen die Seite und bleiben im Zweifelsfall an einer kurzen Meldung hängen. Unser Gehirn ist per se nicht fürs Lesen gemacht. Lesen ist echte Arbeit, Gedankenarbeit. Und deshalb muss man die Schwelle, um die Menschen zu fangen, so niedrig wie möglich gestalten. Und das geht nur mit Spaß am Lesen, Lust am Lesen, Lust an Bildern. Mit einem Wort: mit Unterhaltung.«

Kai Diekmann redet ruhig und überlegt, er versucht sich weder zu rechtfertigen, noch spricht ein missionarischer Eifer aus seinen Worten. Die Sachlichkeit, mit der er die Typologie von *Bild* erklärt, zeugt davon, dass er mit sich im Reinen ist. Seine Kritiker werfen ihm seit Jahr und Tag einen gnadenlosen Populismus vor, aber für den Meister des Boulevards scheint genau dies die unabdingbare Voraussetzung für den großen Erfolg zu sein, den *Bild* Tag für Tag einfährt. Wenn er einverstanden ist mit dem, was die *Süddeutsche* geschrieben hat, wenn er *Bild* tatsächlich als einen Seismographen deutscher Befindlichkeit sieht, wie macht er diese Befindlichkeit aus, was ist sein Radar?

»Unser Radar sind die journalistischen Fähigkeiten des Teams«, sagt er. »Das ist bei *Bild* immerhin ein Netzwerk von 850 Journalisten weltweit, auf das wir zurückgreifen können. Die Kollegen in den einzelnen Ressorts und Redaktionen filtern die Stoffe, von denen wir glauben, dass sie auf größtmögliches Interesse stoßen. Da gibt es natürlich Erfahrungswerte. Es wird Sie nicht überraschen, dass zum Beispiel das Thema Rente Millionen Menschen interessiert. Wir haben aber auch früher als andere Medien das Thema Griechenland identifiziert. Seit Anfang 2010 beschäftigen wir uns sehr intensiv damit, weil es weitreichende Konsequenzen für Deutschland und Europa hat. Natürlich war unsere Griechenlandberichterstattung manchmal sehr spitz und provokant. Aber wie wir heute wissen – und das muss ich wirklich bedauernd feststellen –, haben wir in weiten Teilen recht behalten, in dem, was wir geschrieben, und leider auch in dem, wovor wir gewarnt haben.«

Nun ist es nicht einfach, einem Massenpublikum zu erklären, wieso ein Land wie Griechenland, das gerade drei Prozent der Wirtschaftskraft in der EU aufbringt, zu einer Gefahr für ganz Europa heranwächst. Das kann vielleicht der *Spiegel* leisten, der jedoch eine ganz andere Klientel bedient. Aber *Bild*?

Diekmann widerspricht energisch. »Schauen Sie sich doch mal an, was das angeblich so intelligente Publikum des *Spiegel* auf dessen Website am meisten anklickt – da gehen Ihnen die Augen auf. Das sind bei weitem nicht die Politik- und Wirtschaftsthemen ... Abgesehen davon hat die *Bild*-Zeitung mehr akademisch gebildete Leser als die *FAZ*. Das ist eine Frage der Masse. Wir erreichen ein sehr breites Publikum, vom Professor bis zum Arbeiter ist alles vertreten. Unsere Leserschaft bildet das gesamte Spektrum der Bundesrepublik Deutschland ab. Aber zurück zu Ihrer Frage: Es kommt immer darauf an, wie man sich einem Thema nähert. Viele der Mechanismen, die in dieser Krise eine Rolle spielen, viele der Finanzzusammenhänge sind so kompliziert, dass sie kaum einer versteht. Es ist hoch komplex, und deswegen gibt es dafür auch keine einfachen Antworten. Aber es ist ein überragend wichtiges Thema, dem wir deshalb auch viele Schlagzeilen gewidmet haben. Manches ist scharf kritisiert worden, zum Beispiel, als wir den Griechen empfohlen haben, ihre Inseln zu verkaufen. Da habe ich mich schon gefragt: Warum? Nach der Wiedervereinigung gab es in Deutschland die Treuhand, die nichts anderes gemacht hat, als zu privatisieren und Grund und Boden zu verkaufen. Wir kennen das also. *Bild* neigt dazu, bestimmte Dinge anders und deutlicher auszusprechen, als es andere Medien mitunter tun. Der Euro ist nicht nur ein politisches Projekt, unser Wohlstand ist mit ihm verbunden. Der Euro basiert auf drei wesentlichen Dingen. Erstens: auf der Einhaltung der Stabilitätskriterien, und die sind schon lange geschliffen worden. Zweitens: auf der Unabhängigkeit der Zentralbank, und die ist im Zusammenhang mit der Griechenlandkrise auch über den Jordan gegangen. Und schließlich: die ›No-Bail-Out‹-Regel[2], und auch die haben die Politiker auf ihrem Weg zur Bewältigung der Griechenlandkrise geopfert. Das haben wir laut und deutlich kritisiert.«

Könnte sich Kai Diekmann im Extremfall vorstellen, gewisse Informationen in der Krise zurückzuhalten, um dadurch der Gefahr einer Massenpanik vorzubeugen, in der die Menschen aus Sorge um ihr Geld beginnen würden, ihre Konten zu plündern? Könnte er sich gar vorstellen, dies in Absprache mit Regierungsstellen zu tun?

»Nein«, antwortet er bestimmt. »Wir sind kein staatliches Verlautbarungsorgan. Das ließe sich mit meinem Verständnis von Journalismus nicht vereinbaren! Es gibt Verabredungen im Journalismus. Denken Sie beispielsweise an Entführungsfälle, wenn die Medien zum Schutz des Opfers Informationen zurückhalten. Oder Gespräche mit Politikern, die ›unter drei‹ geführt werden, also vertraulich sind. Aber weitergehende Absprachen mit staatlichen Institutionen wären mir als Journalist zuwider. Ich weiß selbst, wo Verantwortung beginnt.«

---

2 No-Bail-Out-Regel: In den EU-Verträgen verankerte Festlegung, dass kein Land zugunsten eines anderen EU-Staates die Haftung übernehmen darf.

Ich erinnere daran, dass sich die schwedische Regierung die Unterstützung der Medien im Lande gesichert hatte, bevor sie damit begann, den ausgeuferten Sozialstaat zu beschneiden. Nur so konnte die schmerzhafte Prozedur gelingen. Heute stehen wir vor einer weit größeren Aufgabe. Weltweit. Unser Wirtschaftssystem, das allein der Wachstumsideologie verpflichtet war und immer noch ist, hat die Ökosysteme an die Grenzen ihrer Aufnahmefähigkeit gebracht. Es gilt, den künstlich konstruierten Gegensatz zwischen Ökonomie und Ökologie zu überwinden, wenn wir den ganz großen Crash noch verhindern wollen. Es gilt, eine sozialökologische Marktwirtschaft zu installieren, die zwischen den Extremen Turbokapitalismus und Planwirtschaft angesiedelt ist. Das kann aber nur gelingen, wenn man die Menschen auf diesem Wege mitnimmt, wenn man ihnen klarmacht, dass der Begriff »grün« die ideologischen Schranken von links und rechts längst verlassen hat. Wir müssen einen Wohlfühleffekt für den grünen New Deal, den ökologischen Umbau der Wirtschaft, herstellen, und das relativ bald, denn die Zeit drängt. Könnte die *Bild*-Zeitung dabei nicht eine entscheidende Rolle spielen? Fühlt sich ihr Chefredakteur herausgefordert?

Kai Diekmann schüttelt den Kopf. »Wir haben keinen Erziehungsauftrag«, sagt er. »Wenn es Sachzwänge gibt, dann müssen wir erklären, aufklären, Orientierung geben, aber kein gemeinschaftliches Umerziehungsprogramm starten. Das halte ich für falsch. Wenn Ihre Frage ist, ob ich bereit bin, Kampagnen zu machen, kann ich das nur bejahen. Viele Chefredakteure haben in Deutschland große Kampagnen gemacht. Denken Sie an die Kampagne von Henri Nannen für die Ostpolitik von Willy Brandt, denken Sie an die Kampagne des *Stern* für die Abschaffung des Paragraphen 218. Kampagnen gehören zu einem spannenden Journalismus dazu. Es gibt den Satz von Hajo Friedrichs: ›Ein Journalist macht sich nicht gemein, auch nicht mit einer guten Sache.‹ Das sehe ich anders. Ich bin durchaus der Meinung, dass zu einer Zeitung wie *Bild* auch die Kampagnenfähigkeit gehört. Es gab Kampagnen von *Bild* gegen höhere Spritpreise oder für die Senkung von Steuern. Ich halte das alles für zulässig. Ich halte es aber nicht für zulässig, wenn es im Rahmen einer Verabredung mit einer Regierung stattfindet. Das hat mit Journalismus nichts mehr zu tun.«

Kann sich Kai Diekmann angesichts der verheerenden CO_2-Statistiken vorstellen, eine Kampagne zu starten, mit der zum Beispiel die deutsche Autoindustrie animiert werden könnte, alternative Antriebe zum Standard zu erheben, sie auch preislich attraktiv zu gestalten? Am fehlenden Know-how kann es nicht liegen, schließlich hatte Rudolf Diesel in Sorge um die enorme Schadstoffbelastung, die er durch den künftigen Autoverkehr auf uns zukommen sah, schon auf der Pariser Weltausstellung von 1900 einen mit Pflanzenöl betriebenen Motor vorgestellt.

»Ich bin kein Klimaexperte«, entgegnet Diekmann. »Aber natürlich müssen sich Journalisten entsprechend in die Themen einarbeiten. Das Thema Nachhaltigkeit ist auch für Axel Springer interessant. Wir müssen uns die Frage stellen: Woher kommt das Papier, auf dem wir die Zeitung drucken? Im Zusammenhang mit der Katastrophe von Fukushima war Nachhaltigkeit ohnehin ein großes Thema. Danach hat unsere Regierung die Energiewende beschlossen, und jetzt warten wir gespannt auf die Umsetzung. *Bild* gehörte zu den Kritikern der Energiewende, weil sich uns einige Dinge nicht erschlossen haben. Wenn ich auf der einen Seite aus der Kernenergie aussteige, bin ich auf der anderen Seite gezwungen, neue Kohlekraftwerke zu bauen. Auf diese Weise werden wir die CO_2-Verabredung, die wir getroffen haben, in keiner Weise einhalten können. Das ist ein simples Rechenbeispiel, wie soll das gehen? Ich bin auch gespannt, wie wir den Bau von neuen Kohlekraftwerken politisch durchsetzen wollen. Im Kern verlagern wir die Probleme doch nur. Unsere Nachbarländer glauben, wir sind verrückt. Die sichersten Kernkraftwerke der Welt sind mutmaßlich die deutschen. Und jetzt verabschieden wir uns aus einer Technologie, in der wir führend gewesen sind. Macht das die Welt sicherer oder unsicherer? Macht es mich ruhiger, dass künftig die Russen dem Iran Kernkraftwerke verkaufen, oder macht mich das unruhiger? Das ist mir nicht egal. Gut gemeint und gut sind zwei völlig verschiedene Dinge.

Wir werden erleben, dass wir von einem Land, das seinen Stromüberschuss exportieren konnte, zu einem Land werden, das Strom importieren muss – und zwar aus Kernkraftwerken, die an der Grenze zu Deutschland stehen oder im Zweifelsfall aus alten polnischen Kohlekraftwerken. Ob das im Sinne der Nachhaltigkeit ist, möchte ich zumindest bezweifeln. Die größten Stromverbraucher sind nicht die Privathaushalte, sondern die Industrie, die wir in Deutschland im Vergleich zu anderen europäischen Ländern noch haben. Wir sind die Maschinenbauer der ganzen Welt. Wir haben eine funktionierende Chemieindustrie. Das alles braucht Strom. Wir könnten bald vor wirtschaftlichen Problemen stehen, wenn wir nicht wissen, wie diese Energiewende umgesetzt werden soll. Wie ist die Energiewende organisiert? Gibt es eine Projektgruppe, die sich tagtäglich damit beschäftigt? Ich glaube, wir haben eine Entscheidung getroffen, die man so einsam nicht mehr treffen kann. In der globalisierten Finanzwelt gilt bereits, dass von der Entscheidung eines einzelnen Landes immer auch andere betroffen sind. Ich glaube, dass man einen Ausstieg nur global organisieren kann. Und das ist ein langer, mühsamer Weg.«

Ich stimme Kai Diekmann zu: Die Entscheidung der Bundesregierung war ein politischer Reflex auf die Ereignisse in Japan. Dennoch, so wende ich ein, steht die Kehrtwende diesem Land gut zu Gesicht, sie könnte nach außen eine erhebliche Signalwirkung erzeugen.

»In Ihrer Haltung schimmert durch, dass Sie glauben, Deutschland könnte allein die Welt retten«, sagt Diekmann. »Glauben Sie wirklich, wir können den Chinesen vorschreiben, dass sie auf ihren Wohlstandszuwachs verzichten sollen?«

Nein, glaube ich nicht. Einen globalen Konsens wird man nicht hinbekommen, nicht jetzt, da die erwachenden Schwellenländer China, Indien, Brasilien und auch Russland gerade auf klassische Weise in die Wohlstandsfalle laufen, die natürlich mit einem enormen Energie- und Ressourcenverbrauch einhergeht. Das macht die Sache ja so dramatisch. Die Folgen für das Weltklima sind jedenfalls überdeutlich absehbar. Fatalistischerweise könnte man sagen, der Drops ist gelutscht.

»Noch einmal«, sagt Diekmann, »ich bin kein Klimaexperte. Aber es erfüllt mich mit Sorge, dass ich in der hektisch beschlossenen Energiewende nicht den Masterplan für die Zukunft sehe. Ich sehe auch nicht, dass die Politik an einem solchen Masterplan arbeitet. Im Übrigen bin ich, was unsere Zukunftsaussichten angeht, bei weitem nicht so pessimistisch wie Sie. Ich bin im Sommer jeden Tag in der Havel geschwommen. Das war vor zwanzig Jahren nicht möglich. Damals hieß es auch, in zwanzig Jahren gibt es wegen des sauren Regens keinen deutschen Wald mehr. Das alles ist nicht eingetroffen. Wir sind immer in der Lage, Fehlentwicklungen zu korrigieren und zu verbessern. Nehmen Sie den Straßenverkehr. Vor zwanzig Jahren ist jedes Jahr eine Kleinstadt auf Deutschlands Straßen ums Leben gekommen. Heute sind es noch 3000 Verkehrstote. Die Autos sind schneller, aber auch sicherer geworden. Inzwischen gibt es Autos, die 3 Liter auf 100 km verbrauchen. Das grüne Bewusstsein ist enorm gewachsen und zu einem bürgerlichen, konservativen Bewusstsein geworden. Helmut Kohl spricht von der Bewahrung der Schöpfung. Da ist in den letzten Jahren doch sehr, sehr viel passiert.«

Klaus Liedtke, ehemaliger Chefredakteur von *Stern* und *National Geographic*, hatte mir erzählt, dass er Kai Diekmann einmal als Referent auf einer Tagung des WWF[3] erlebt hatte, wo sich dieser zur Verblüffung des Publikums als engagierter Umweltschützer geoutet hatte. Ich erzähle Diekmann davon und frage ihn, warum diese Einstellung in der *Bild*-Zeitung keinen Niederschlag findet.

»Die *Bild*-Zeitung widmet sich den umweltpolitischen Themen sehr nachhaltig«, entgegnet er. »2007 haben wir die deutsch-

---

3 WWF: World Wide Fund for Nature

landweite ›Licht aus!‹-Aktion unterstützt. Dabei handelte es sich um einen symbolischen Akt. Und wir haben gemeinsam mit Greenpeace, WWF und BUND[4] dazu aufgerufen, ein Jahr lang ein bestimmtes CO_2-Volumen einzusparen. Das sind Themen, die unsere Leser interessieren. Ein Slogan wie ›Freie Fahrt für freie Bürger‹, der in den sechziger Jahren für Furore sorgte, passt heute nicht mehr in unsere Gesellschaft. ›Gesund leben, gesund essen‹ sind Themen, die in der Lebenswelt unserer Leser eine wichtige Rolle spielen. Bioprodukte gibt es inzwischen in fast jedem Supermarkt. Das ist doch ein großartiger Erfolg. Früher konnten sich nur bestimmte Leute den Einkauf im Bio-Laden leisten, das ist heute anders. Es ist doch unglaublich, wie der Markt mit ökologischen und regionalen Produkten funktioniert und wie sich das Bewusstsein zum Beispiel in Sachen Massentierhaltung verändert hat. Aber Sie sind der Öko-Experte.«

Auf dem Weg zurück nach Hamburg krame ich die *Bild* hervor, die ich mir am Morgen gekauft, aber vor lauter Tagträumerei nicht gelesen hatte. Babs Beckers zerbrochenes Glück erspare ich mir. Auf Seite 2 der Erdoğan. Die Überschrift »Wir fühlen uns von Deutschland im Stich gelassen« steht neben der Wagner-Kolumne. Ich überprüfe meine Lesegewohnheiten und verzichte vorerst auf den 150-zeiligen Textbrocken. Stattdessen wende ich mich der *Post von Wagner* zu, der sich an die »Liebe hektische Krisenzeit!« wendet. »Das Leben ist so brüchig geworden, es ist, als ob man auf dünnem Eis geht. Wer sind diese Politiker, diese Intellektuellen, die so reden, dass ich sie nicht verstehe? Was soll ich jetzt machen? Einen Kartoffelacker anlegen? Mir Hühner halten? Hoffen, dass sie Eier legen? Wenn es so weitergeht in dieser Welt, müssen wir so leben. Von Anfang an unser Leben begreifen. Von Anfang an, von der Pike auf.«

Ich lege die Zeitung beiseite. Mein Sitznachbar fragt, ob er sie ausleihen dürfe. Ich nicke, schließe die Augen und stelle mir vor,

---

4 BUND: Bund für Umwelt und Naturschutz Deutschland

dass der Mann an Wagners Stelle einen Gastkommentar des Pulitzerpreisträgers Chris Hedges von der *New York Times* finden würde, der von Kai Diekmann gebeten wurde, einem deutschen Massenpublikum ähnlich schonungslos die Wahrheit zu sagen wie zuvor schon den Amerikanern: »Der globalisierte Kapitalismus hat nicht nur unser Wirtschaftssystem zerstört und unser politisches System gekapert, sondern er löscht auch das System aus, das Leben erst ermöglicht.«

Der ICE gleitet durch die Nacht. Mir fällt ein Zitat des russischen Dichters Anton Tschechow ein, das sehr gut auf Kai Diekmann passt: »Wenn ich an meine Berufung denke, fürchte ich mich vor dem Leben nicht mehr.« Sicher hätten viele diesen Großmeister des deutschen Boulevards gern auf ihrer Seite. Sein Talent, die richtigen Knöpfe bei den Menschen zu drücken, ist eigentlich unverzichtbar. Ich mag gar nicht daran denken, was passieren würde, wenn man mir morgen diesen Supertanker namens *Bild* anvertrauen würde. Die Auflage wäre trotz guter Absichten in einer Woche ruiniert, das steht fest. Und damit fiele weg, was diese Republik eben auch dringend braucht in Krisenzeiten: das wirkungsvollste Sedativum, über das unsere Gesellschaft je verfügt hat. Die Mixtur dafür kennt nur einer: Kai Diekmann. Respekt.

Das Gespräch wurde geführt am 2. November 2011.

Kai Diekmann, Jahrgang 1964, meldete sich nach dem Abitur freiwillig zur Bundeswehr, wo er zwei Jahre verbrachte. Im Anschluss daran absolvierte er ein Volontariat bei der Axel Springer AG, das ihn im Zeitraum von ebenfalls zwei Jahren nach Hamburg, Bonn und New York führte. Ab 1987 arbeitete Diekmann als Parlamentskorrespondent für *Bild* und *Bild am Sonntag* in Bonn. 1989 wurde er Chefreporter des Magazins *Bunte*, 1991 stellvertretender Chefredakteur der *B.Z.* und später stellvertretender Chefredakteur und Politikchef von

Bild. In der dortigen Hamburger Zentrale blieb er fünf Jahre lang. Nach einer Auszeit und Reisen durch Mittelamerika im Jahr 1997 kehrte Diekmann 1998 als Chefredakteur der *Welt am Sonntag* zu Axel Springer zurück. Im Januar 2001 trat er seine heutige Position an und wurde Chefredakteur von *Bild* sowie Herausgeber von *Bild* und *Bild am Sonntag*. Seit 2007 ist er außerdem Geschäftsführer und Herausgeber von *Bild.de* sowie seit 2008 Gesamtherausgeber der *Bild*-Gruppe. Kai Diekmann ist seit 2004 unabhängiges Mitglied im Verwaltungsrat der türkischen Zeitung *Hürriyet* und seit 2011 im Board of Directors der Times Newspapers Holdings Limited.

Neben seinen journalistischen Verpflichtungen ist Diekmann Autor zahlreicher Bücher. Zuletzt erschien von ihm 2009 *Die längste Nacht, der größte Tag – Deutschland am 9. November 1989* und im Jahr 2010 *Helmut Kohl – Auf dem Weg* (Band 1) und *In Vergangenheit und Gegenwart* (Band 2). 2002 und 2005 wurde er mit dem Journalistenpreis ›Goldene Feder‹ ausgezeichnet, 2009 ernannte ihn das Magazin *Horizont* zum ›Medienmann des Jahres‹. 2011 erhielt Kai Diekmann stellvertretend für die *Bild*-Hilfsorganisation ›Ein Herz für Kinder‹ den Laureus Medien Ehrenpreis für Wohltätigkeit. Kai Diekmann lebt mit seiner Familie in Potsdam.

HARALD SCHUMANN
Die Masse der Journalisten schwimmt mit dem Mainstream

Im Impressum des *Tagesspiegel* ist Harald Schumann als Redakteur für besondere Aufgaben ausgewiesen. So nennt man redaktionelle Mitarbeiter, die in die Alltagsproduktion nicht voll integrierbar sind. Für einen Mann wie Schumann, der längst jeden Karrieregedanken aufgegeben hat, ist das eine ungeheuer privilegierte Position. Er weiß die Freiheit zu schätzen, die ihm seine Zeitung einräumt. Diese Freiheit gestattet es ihm, sein Handwerk nach eigenem Gusto auszuüben. Wenn er sich in eine Geschichte verbissen hat, nimmt er sich die Zeit, die es braucht, um sie zu einem guten Ende zu bringen. Dann hat er keine Kapazitäten übrig für andere Dinge, und jeder im Haus akzeptiert das, bis hinauf in die Chefredaktion.

Sieben Jahre geht das schon so. Natürlich hat er sich die ›besonderen Aufgaben‹ verdient, aber andere, sagt er, hätten das auch. Weil er dies weiß, ist er vor Überheblichkeit geschützt. Er trägt sogar ein schlechtes Gewissen mit sich herum, weil er ja täglich Zeuge wird, unter welchen Bedingungen seine Kollegen zu arbeiten haben. Die kennt er aus eigener Erfahrung zur Genüge. »Die Hälfte meiner Lebensenergie ging drauf für den Kampf mit der Angst«, sagt er und erinnert sich mit Schrecken an die Infights, die er während seiner Zeit beim *Spiegel* auszuhalten hatte. Heute muss er keine Kompromisse mehr schließen. »Falls die mich hier eines Tages loswerden wollen, ist das auch in

Ordnung. Meine Frau verdient ordentlich Geld, sie betreibt eine psychotherapeutische Praxis. Und wie wir alle wissen«, ergänzt er lachend, »wird so etwas dringend gebraucht in unserer Gesellschaft.«

Harald Schumann hat sich nicht nur als Journalist Respekt verschafft. In einer Zeit, in der immer mehr Menschen zu begreifen beginnen, dass unsere Gesellschaft einen generellen Paradigmenwechsel braucht, wenn sie nicht vor die Wand fahren soll, ist er als radikaler Mahner hervorgetreten – seine Vorträge sind gefragt, er ist ein gerngesehener Gast bei Podiumsdiskussionen. Radikal kommt von radix, die Wurzel. Schumann geht an die Wurzel des Übels, er betreibt Ursachenforschung. Seine Analysen sind bretthart, wie man so schön sagt. Nie polemisch, und in der Sache beeindruckend. Um seinen Verpflichtungen als ›Prediger‹ nachzukommen, gibt er so manches Wochenende und so manchen Abend hin. Für *foodwatch* hat er sich gar sechs Monate unbezahlten Urlaub genommen. Die Nichtregierungsorganisation hatte ihn gebeten, einen Report zum Thema Rohstoffspekulation zu erstellen. »Die Tatsache, dass unser persönliches Spargeld in Pensionsfonds, Lebensversicherungen und Stiftungen dazu benutzt wird, Nahrungsmittel künstlich teurer zu machen, als sie sein müssten, und dass allein deshalb mindestens zehn Millionen Menschen hungern müssen, das hat mich doch sehr umgetrieben.« Außer wenigen kleinen Erwähnungen hatte er darüber zuvor nichts gelesen. Den Medien mag er daraus keinen Vorwurf machen, er weiß, dass sich derart komplexe Zusammenhänge der normalen journalistischen Bearbeitung entziehen. »Aber ich wollte diese Lücke mal füllen, das ist Engagement für mich. Auch wenn solche Projekte mühsam und mit großen Unsicherheiten behaftet sind.«

Für sein Buch *Der globale Countdown – Gerechtigkeit oder Selbstzerstörung. Die Zukunft der Globalisierung*, das er 2008 zusammen mit Christiane Grefe von der *Zeit* geschrieben hat, waren sogar sieben Monate unbezahlter Urlaub nötig. »Wir wollten Alarm schlagen«, sagt er, »aber mit einer positiven Aussicht. Nach dem Motto: Wir können die finanzpolitische und ökologische Katastrophe noch abwenden, wenn wir uns anstrengen.« Inzwischen, keine drei Jahre später, räumt er ein, dass seine Coautorin und er wohl zu optimistisch waren, dass sie sich etwas vorgemacht hätten. So schnell kann es gehen. Auch Einsichten wachsen unter den heutigen Umständen exponentiell.

Seine politischen Aktivitäten jenseits des Journalismus dienen Schumann als Ventil, um Ohnmachtsgefühlen und Depressionsschüben vorzubeugen. Aber auch seine journalistische Arbeit dient ihm dazu, sich an der inneren Front Ruhe zu verschaffen. »Es klingt vielleicht zynisch und pervers, aber es funktioniert. Ich denke mir, wenn ich die Welt schon nicht verändern kann, dann will ich wenigstens wissen, was vor sich geht. Nach einer gründlichen Recherche passiert es gelegentlich, dass ich am Schreibtisch einen regelrechten Heureka-Moment erlebe. Wenn sich der Schleier der Propaganda lüftet und ich zu verstehen beginne, wie die Dinge in Wahrheit zusammenhängen, wenn ich meine beiden journalistischen Leitfragen ›Cui bono?‹ und ›Von wo nach wo fließt das Geld?‹ schlüssig beantworten kann, empfinde ich Momente tiefer Befriedigung. Obwohl ich zur Lösung der Probleme nichts beigetragen habe. Aber ich habe zumindest das Gefühl, dass sie mich nicht mehr reinlegen können.«

Dass die Balance zwischen beiden Ventilen, also politischer Aktivität und journalistischer Arbeit, notwendig ist, erläutert er an einem simplen Beispiel. 1996 hatte Harald Schumann in seinem Buch *Die Globalisierungsfalle* unter der Kapitelüberschrift »Supergau im Cyberspace der Kreditderivate« ein Szenario entwickelt, das zwölf Jahre später exakt so eintreten sollte. Im September 2008 war das Vertrauen in die Finanzmärkte von einem Tag auf den anderen verschwunden. »Damals dachte ich, jetzt haben sie einen so gigantischen Schaden angerichtet, das kann so nicht weitergehen. Aber es ging so weiter, das hätte ich wissen müssen.« Die Gesellschaft, sagt er, war auf eine solche Krise nicht vorbereitet. Um Änderungen umzusetzen, hätte es zivilgesellschaftliche Strukturen gebraucht. »Die gab es aber nicht, es gab keine Strukturen wie im Energiebereich, es gab kein Ökoinstitut für den Finanzmarkt. Deswegen sind die politischen Folgen ja so furchtbar ausgefallen. Letzten August nun las ich wie jeden Morgen die *Financial Times*. Dann legte ich die Zeitung beiseite und stellte fest, ich hatte komplett vergessen, was ich gelesen hatte, ich konnte mich nicht einmal mehr an den Aufmacher erinnern, geschweige denn an die anderen Artikel oder Kommentare. Ich hatte plötzlich eine Sperre im Kopf, mein Hirn weigerte sich, die Informationen zu verarbeiten. An diesem Tag im August habe ich gedacht, es war alles umsonst. Ich hatte wirklich hart gearbeitet, jahrelang, aber politisch war das alles folgenlos geblieben. Ich dachte: Aufklärung hat keinen Markt, vergiss es einfach. Ich hatte einen riesigen Frustrationsschub, ich konnte mich nicht mehr zum Thema äußern. Ich hab die Vergeblichkeit nicht ausgehalten.«

Inzwischen ist es nicht mehr so schlimm. Um den Schock zu verarbeiten, hat er eines seiner beiden Ventile geöffnet und sich erneut abseits des Journalismus engagiert. Harald Schumann gehört zu den Gründern von Finance Watch, der ersten gesamteuropäischen NRO[5] mit Sitz in Brüssel, die angetreten ist, die Finanzindustrie zu reformieren. »Wenn die Gesellschaft die Fähigkeit erwerben soll, den Finanzkapitalismus zu zähmen, müssen wir auf breiter Front zivilgesellschaftliche Strukturen aufbauen, die das in die Politik tragen. Es reicht nicht, wenn man Aufklärung betreibt, es muss auch die Akteure geben, die das umsetzen. Davon gibt es im Moment noch viel zu wenig.«

Die Rolle der Medien sei in diesem Prozess eher eine bescheidene, meint Schumann. »Medien können niemals als Speerspitze eines gesellschaftlichen Umbruchs fungieren. Wie soll das auch funktionieren? Es sind ja die Journalisten, die Medienarbeiter, die das tun müssten. Und die sind tief eingebettet in unsere Gesellschaft. Woher sollte denn plötzlich ein avantgardistisches Be-

---

5 NRO: Nichtregierungsorganisation (engl. NGO = Non-Governmental Organisation)

wusstsein der Medienarbeiter kommen, dass sie sagen, wir gehen jetzt voran? Neunundneunzig Prozent unserer Kollegen wären damit überfordert, nicht nur intellektuell, auch von der Ausbildung her. Medien sind nur dann Instrumente zur gesellschaftlichen Veränderung, wenn sich die Gesellschaft schon in einem Umbruch befindet. Wer diese Reihenfolge umdrehen will, hängt einem naiven Wunschtraum an.«

Was macht Harald Schumann Angst, was sind seine schrecklichsten Visionen für die Zukunft? Er zögert, als wolle er sich die Antworten sorgfältig zurechtlegen. »Drei Sachen«, sagt er schließlich. »Erstens: die wirtschaftliche Destabilisierung. Sie bringt in allen Teilen der Welt faschistoide Bewegungen hervor, die nach der Macht trachten – in der einen oder anderen Form. Wenn sich die Angst vor dem Verlust des sozialen Status in der Gesellschaft ausbreitet, nimmt das Maß an Irrationalität in der Politik drastisch zu. Das ist meine größte Angst, und das ist auch das realistischste Szenario unter den jetzigen Bedingungen.« Natürlich meint er nicht den klassischen Faschismus der zwanziger und dreißiger Jahre. Das ist vorbei. Faschistoid ist für ihn das, was sich in Italien unter Berlusconi tat. Faschistoid ist die modernisierte Le-Pen-Partei in Frankreich. Die Phänomene in Skandinavien beunruhigen ihn besonders, weil sie sich vor einem ganz anderen Hintergrund entwickeln als in Resteuropa. »In Skandinavien ist ja nicht die soziale Spaltung das Problem, da ist es ein allgemeines Bedrohungsgefühl in diesem globalisierten Gebilde, was diese kleinen homogenen Gesellschaften durcheinanderbringt, die sich schon vor einer Handvoll Migranten fürchten. Für Populisten, die mit einfachen Botschaften auf Stimmenfang gehen, eröffnen sich ganz neue Felder. Das macht diese Länder immer schwerer regierbar und würde früher oder später die europäische Integration zurückdrehen. Damit hätten wir einen permanenten Niedergang mit Risiken und politisch aufgeheizten Situationen.«

Und zweitens? »Die zweite schlimme Vision ist, dass das Klimasystem kippt. Die Wahrscheinlichkeit, dass dies eintrifft, steigt von Jahr zu Jahr. Wenn die Klimamodelle richtig gerechnet sind, werden so große Flüchtlingsbewegungen weltweit in Gang gesetzt, dass die gesamte Stabilität des bisherigen politischen Systems nicht haltbar sein wird. Das heißt, es werden große Teile der Welt in Gewalt und Konflikt versinken. Europa wäre am wenigsten betroffen. Wir werden indirekt durch die Flüchtlingsströme betroffen sein, die wir natürlich versuchen werden, militärisch abzuwehren. Das wird die Gesellschaft nach innen hinein militarisieren.« Er verweist darauf, dass die NATO ihre ordnungspolitischen Strategien, wie in Zukunft mit Armut- und Umweltflüchtlingen umzugehen sei, längst in der Schublade hat. »Es ist alles schon angelegt. Aber unter den heutigen Bedingungen ist das noch beherrschbar.« Allerdings wisse man aus erdhistorischer Forschung, dass ein Wechsel von einem Klimasystem zum anderen häufig nicht mehr als zehn Jahre braucht. Geologisch gesehen eine Millisekunde. »Wenn das wirklich eintritt, dann gibt es auch keine positiven Utopien mehr. Dann würde es auch nichts nützen, wenn wir von einem Tag auf den anderen sämtliche Autos und Kohlekraftwerke stilllegen würden, wovon nicht auszugehen ist. Dann wäre es einfach zu spät.«

Das dritte Zukunftsszenario, das sich Harald Schumann mit einigem Unbehagen ausmalt, vollzieht sich zwar auch unter den Bedingungen des Klimawandels und der ökonomischen Destabilisierung, entwickelt aber eine andere politische Dynamik. Sie setzt seiner Meinung nach dann ein, wenn es den Ländern, die unter der Führung von China aufholende Entwicklung betreiben, gelingt, der Welt ein anderes politisches Gesicht zu verleihen oder aufzuzwingen. »Es ist durchaus denkbar, dass die sogenannten Schwellenstaaten Brasilien, Südafrika, Indien, China und Teile der ehemaligen Sowjetunion als politische Alliierte auftreten und ihre Vorstellungen von der richtigen Gestaltung der Welt den internationalen Institutionen übertragen. Mit einigem Recht, denn schließlich repräsentieren sie zwei Drittel der Menschheit. Falls sie diese Positionen wirklich einnehmen, könnte das dazu führen, dass es in den niedergehenden Führungsnationen Amerikas und Europas zu Panikreaktionen kommt. Wir könnten so etwas wie einen neuen kalten Krieg bekommen. Gegenseitige Abschottung und Rückentwicklung der Globalisierung. Im Moment leben wir in einer Phase globaler Interdependenz, alle sind voneinander abhängig. Die Chinesen sind von den Amerikanern abhängig, weil sie die Amerikaner und ihre Alliierten als Märkte brauchen. Die Amerikaner sind von den Chinesen abhängig, weil die Chinesen ihre Bank sind und ihnen ihren überkonsumierenden Lebensstil finanzieren. Eine völlig instabile ökonomische Konstellation, die auf Dauer nicht halten kann. Wenn diese gegenseitige Abhängigkeit abbricht, kann es schnell wieder zur Blockbildung kommen. Nicht Ost–West, eher Nord–Süd. Neu–Alt wäre wohl die richtigere Frontstellung. Aber wir wären in jedem Fall in der Minderheit. Ich merke, da bahnt sich was an, weil es schon überall durchscheint. In allem, was ich so lese, und ich habe eine sehr breite Lektüre.«

Wie nehmen die Medien diese Gefahrenpotenziale wahr? Oder verschlafen sie die dramatischen Entwicklungen, weil auch das Mediengeschäft in erster Linie ein Geschäft ist und sie sich im weitesten Sinne als Bestandteil der Unterhaltungsindustrie begreifen?

Teil der Unterhaltungsindustrie? Harald Schumann schüttelt energisch den Kopf. »Also große Teile der Tageszeitungen und der Nachrichtenseiten im Internet sind wenig unterhaltsam. Beim besten Willen, ich kann dabei keine Entspannung finden. Es gibt beim Publikum einen erheblichen Informationsbedarf, der zwischendurch immer wieder drastisch anschwillt. Wo unpolitische Leute plötzlich anfangen, politische Sachen zu lesen.« Als Redakteur bei *Spiegel-Online* konnte er das Publikumsinteresse sozusagen minütlich messen. Er erinnert sich an die Woche nach dem 11. September, als herauskam, dass 18 der 20 Attentäter aus Saudi-Arabien kamen, und jeder sich fragte, wieso gerade Saudi-Aarabien? »Damals kam ein junger Kollege zu mir und sagte, er habe das im Studium gehabt, die haben da eine besonders strenge Form des Islams. Heute wissen alle, was Wahabismus ist, aber damals wusste das kein Mensch.« Drei Tage später kam der junge Kollege mit einem ellenlangen, 20 000 Zeichen umfassenden Artikel zurück, in dem die kulturhistorischen Hintergründe des Wahabismus bis ins Detail erklärt wurden. Harald Schumann schlug die Hände über dem Kopf zusammen. Er versuchte dem Mann zu erklären, dass sie nicht für ein Monatsmagazin, sondern für eine Nachrichtenseite im Web arbeiten würden. Aber interessant fand er den Artikel schon, also machte er kurzerhand drei Teile draus. »Dieser Artikel war drei Wochen lang das meistgelesene Stück auf der Seite! Alle drei Teile! Das war für mich eine wichtige Lektion.«

Das Publikum, davon ist Harald Schumann mehr denn je überzeugt, will aufgeklärt werden. Dass es in unserer vernetzten Welt gelegentlich die Orientierung verliert, liegt an dem Überangebot an Informationen, dem wir uns permanent ausgesetzt sehen. »Die Auswahlkriterien für das, was die Leute lesen wollen, werden in der Regel durch die Bilder bestimmt, die das Fernsehen sendet. Wenn wir schreibenden Journalisten unserer Aufgabe heute gerecht werden wollen, dann müssen wir, und das ist für mich eine sehr schmerzhafte Sache, just in time liefern. Wenn die Aufmerksamkeit für ein Thema hoch ist, müssen wir versuchen, innerhalb kürzester Zeit ein Maximum an Informationsdichte herzustellen, um so viele Leute wie möglich zu erreichen.«

Dieser Zwang zur Aktualität sei der natürliche Feind des Recherchejournalismus, der die Themen selber zu setzen versucht. Wie häufig musste er schon erleben, dass er wunderbare Artikel geschrieben hatte, die niemanden interessierten, weil sie gerade nicht in die Ereignislandschaft passten. »Ich beruhige mich dann damit, dass ich sage, na ja, heutzutage geht nichts mehr verloren, alles bleibt im Netz. Das ist toll. Die Zeitungen, die ihre Archive nicht öffentlich machen, begehen einen großen Fehler. Es ist schwachsinnig, dass zum Beispiel die *Süddeutsche Zeitung* ihre Texte, die älter als vier Wochen sind, im Netz nicht zugänglich macht. Eine Riesendummheit, weil die *Süddeutsche* kaum noch als Archiv benutzt wird von ganz normalen Leuten, von Schülern,

Studenten etc. Wenn man ehrlich ist, muss man eigentlich versuchen, zu Themen, die man kommen sieht, möglichst viele Informationen auf Halde zu legen, um die Sachen dann auspacken zu können, wenn es so weit ist.«

Er kommt zurück auf die Frage, wie die Medien das Gefahrenpotenzial wahrnehmen, welches in der Welt vorherrscht. Er gibt zu bedenken, dass denjenigen, die für die Nachrichten sorgen, also die Akteure aus Politik und Wirtschaft, aufgrund ihrer persönlichen Interessenlage gar nicht daran gelegen sein kann, die langfristigen Perspektiven zu thematisieren. »Bei der Klimafrage wird das überdeutlich. Die Einzigen, die radikal auf die Gefahren aufmerksam machen, kommen aus den Naturwissenschaften, weil die naturwissenschaftlichen Erkenntnisse ihnen eine Form von Radikalität aufzwingen, die sie als politische Personen wahrscheinlich niemals hätten.« Aber Naturwissenschaftler, so Schumann, könnten es sich nicht leisten, Fakten zu ignorieren, nur weil sie einem nicht in den Kram passen. Das liefe in der Politik und in der Wirtschaft ganz anders. Und weil Politiker und Wirtschaftsleute langfristige Probleme gerne zugunsten kurzfristiger Interessen verdrängen, tun es auch die Journalisten. »Wenn aus zehn verschiedenen Quellen neunmal die gleiche Botschaft rüberkommt, dann schwimmt die Masse der Journalisten mit dem Mainstream. Das ist menschlich. Wer dagegen anschreibt, exponiert sich, er riskiert Kritik und Konflikt, legt sich mit mächtigen Leuten an, schläft schlecht. Es sei denn, er genießt die totale Rückendeckung seiner Vorgesetzten, was die meisten von sich jedoch nicht behaupten können, denn Vorgesetzte sind genauso angepasst.«

Um der wirklichen Gefahrenlage als Journalist gerecht zu werden, bräuchte es eine Form von innerer Unabhängigkeit, die die meisten seiner Kollegen nicht haben können. »Auf den Nachwuchs braucht man nicht zu setzen. Der Zugang zum Journalistenberuf ist inzwischen so schwer geworden, dass die jungen Leute, die in den Beruf kommen, eine Orgie der Anpassung hinter sich haben, bevor sie das erste Mal einen festen Vertrag unterzeichnen dürfen. Selbst wenn jemand mit dem alten Impetus und der Fackel der Aufklärung in den Beruf gezogen ist – bis er das in der Praxis umsetzen kann, ist es ihm so was von ausgetrieben worden ... Zu unserer Zeit war das nicht so, wir haben da riesiges Glück gehabt. Das ist kein persönlicher Verdienst, sondern einfach nur Glückssache.«

Harald Schumann gehört zweifellos zu den profiliertesten Medienarbeitern im Lande. Fachwissen, Engagement und eine intensive, saubere Recherche sind sein Markenzeichen. Alles Attribute, die in dem schnelllebigen Geschäft, das zunehmend der Auflage und der Quote verpflichtet ist, kaum noch gefragt sind. Fühlt er sich in der täglichen Arbeit nicht gelegentlich unterfordert? »Keineswegs«, antwortet er, »ich finde es sehr gut, dass ich immer wieder ganz normale journalistische Arbeit leisten muss, weil mich das auf den Teppich holt. Wenn man den Grundprinzipien des Journalismus verpflichtet ist, hat das etwas sehr Disziplinierendes. Das ist gut für mich.«

Wenn er zurückblickt auf die langen Jahre seines journalistischen Schaffens, gibt es da irgendetwas, auf das er noch heute besonders stolz ist? »Sagen wir mal so: Ich bin immer dann am stolzesten, wenn ich richtige Prognosen gemacht habe. 1988 hatte ich ein Essay für den *Spiegel* geschrieben, da ging es um die nächste Integrationsstufe der Europäischen Union, nämlich die Schaffung des Binnenmarktes, der ja eine unheimliche Dynamik losgetreten hat. Der Essay hieß *Europa – Markt ohne Staat*. Darin habe ich vor der Vergemeinschaftung und Liberalisierung der gesamten Wirtschaftspolitik gewarnt. Ich habe vorausgesagt, dass sowohl die sozialen als auch die Umweltstandards in Europa auf niedrigem Niveau vereinheitlicht werden und dass die demokratischen Kontrollmöglichkeiten und die Einflüsse der Parlamente sinken, wenn es nicht gelingt, die europäische Ebene zu demokratisieren. Mit dieser Einschätzung lag ich noch vor Hans Magnus Enzensberger, der ein Jahr später vom vordemokratischen Zustand in Europa geschrieben hat. Es ist ja mehr oder weniger auch alles so gekommen. Aber auch da gab es natürlich

Leute, die mich zu diesen Gedanken inspiriert haben. Ich bilde mir nicht ein, dass ich wie ein Wissenschaftler und Philosoph ganz originelle, ausschließlich aus Harald Schumanns Sicht produzierte Gedankengänge fabriziere. Ich sehe mich eher in der Rolle eines Kindes, das die Dinge, die ihm auffallen, offen ausspricht. Ich sage, dass der Kaiser nackt ist. Viele Menschen können das nicht sehen, weil sie den Kaiser gar nicht sehen vor lauter Nebel, und wenn sie ihn sehen, dann sind sie so nahe an ihm dran, dass sie Angst haben zu sagen, was wirklich ist. Das durchbreche ich häufiger, und dafür bekomme ich dann viel Lob und viel Applaus.«

So angenehm sich diese kleinen Triumphe auch anfühlen mögen, Harald Schumann, das jedenfalls ist mein Eindruck, weiß sie richtig einzuordnen. »Wenn man schreibt und nicht gerade unter einem völlig aufgeblasenen Ego leidet, darf man sich keine Illusionen machen«, sagt er. »Jeder von uns hat beim Schreiben Angst, sich persönlich zu exponieren und sich angreifbar zu machen. Das ist der Quell aller Schreibhemmungen, das ist die ganze Qual, die man vor dem blanken Bildschirm empfindet. Die narzisstische Befriedigung, die man empfindet, wenn man für einen guten Text gelobt wird, ist die Belohnung dafür. Man braucht sie, um sich die Qual immer wieder aufs Neue anzutun. Sonst hält man das alles nicht durch.«

Das Gespräch wurde geführt am 29. August 2011.

Harald Schumann, Jahrgang 1957, studierte Sozialwissenschaften in Marburg, sattelte dann um auf Landschaftsplanung an der TU Berlin. Von 1984 bis 1986 war er Redakteur für Umweltpolitik bei der *taz* und von 1986 bis 1990 Wissenschaftsredakteur beim *Spiegel*. Über eine leitende Funktion beim Ostberliner *Morgen* fand er 1992 zurück ins Berliner *Spiegel*-Büro, wo er bis zum Jahre 2004 als Redakteur tätig war, zwischen 2000 und 2002 auch als Ressortleiter Politik bei *Spiegel-Online*. Seit Oktober 2004 arbeitet er als Redakteur für besondere Aufgaben beim Berliner *Tagesspiegel*. Harald Schumann hat sich auch als Buchautor einen Namen gemacht: *Futtermittel und Welthunger*, *Die Globalisierungsfalle* (gemeinsam mit Hans-Peter Martin), *Attac – Was wollen die Globalisierungskritiker* (gemeinsam mit Christiane Grefe und Mathias Greffrath), *Der globale Countdown, Gerechtigkeit oder Selbstzerstörung – Die Zukunft der Globalisierung* (zusammen mit Christiane Grefe). Schumann ist für seine Arbeiten mehrfach ausgezeichnet worden, unter anderem mit dem Journalistenpreis ›Unendlich viel Energie‹. Er lebt in Berlin.

VOLKER PANZER
Ich bin kein Alarmist

Ich weiß nicht, warum ich Volker Panzer die Aufzeichnung aus meinem Blog zu lesen gebe, in dem ich vor Beginn der Interviewreihe ein paar grundsätzliche Bedenken geäußert habe. Vielleicht hat das mit den Äußerungen Harald Schumanns zu tun, dem ich wenige Tage zuvor begegnet war und der die richtige Einschätzung der Gefahrenpotenziale bei deutschen Medienarbeitern ebenso wenig gegeben sah wie im Rest der Gesellschaft.

»Wenn die Gespräche wirklich fruchtbar verlaufen sollen, braucht es auf Seiten meiner Interviewpartner ein Problembewusstsein. Sie sollten zumindest anerkennen, dass sich unser Leben, falls wir denn so weiter machen wie bisher, dramatisch verändern wird. Man muss gar nicht radikal denken und handeln, um es mit radikalen Ergebnissen zu tun zu bekommen. Für gewöhnlich reicht die pure Ignoranz einer Gefahr, um unversehens mit ihr konfrontiert zu sein. Werde ich in in diesem Punkt auch nur annähernd Einigkeit erzielen können? Was kann ich von Medienleuten erwarten, die sich mit jeder kritischen Äußerung gegenüber dem Medienbetrieb der Gefahr aussetzen würden, als Nestbeschmutzer zu gelten und ihrer eigenen Karriere im Wege zu stehen?«

Volker Panzer, der die Zeilen aufmerksam gelesen hat, scheint in keiner Weise irritiert. »Ihr Satz mit der Angst vor einem Karriereschaden – das würde nicht für unseren Stand sprechen, wenn wir tatsächlich so denken würden«, sagt er. »Im Übrigen: Ich sehe das nicht so pessimistisch wie Sie. In allen Zeiten, in denen wir Menschen auf dieser Welt waren, gab es Kollapse. Die CO_2-Diskussion, die wir heute führen, ist natürlich wichtig und soll auch wichtig geführt werden, aber sie wird politisch oft falsch geführt. Das Problem sind nur bedingt die Autos, das Problem ist die Landwirtschaft. Da kommen viele Komponenten zusammen. Aber ich bin kein Alarmist. Ich glaube tatsächlich, dass die Menschheit so schnell nicht aussterben wird. Bisher ist es immer gelungen, entweder durch einen technischen Fortschritt oder durch intelligente Umlösungsverfahren, also wie wir miteinander umgehen, dagegenzusteuern.« Er zögert einen Moment, als sortiere er die Argumente der Zuversicht. »Wir hier in Europa«, fährt er fort, »leben auf einer Insel der Glückseligen. Wir haben aber auch ein Recht dazu, auf dieser Insel der Glückseligen zu leben, wenn wir uns nicht gegenüber den anderen wie Kolonialherren verhalten. Mental oder tatsächlich politisch. Was hier entstanden ist in den letzten 60 Jahren, dagegen ist diese ganze Debatte über Finanzkrisen, ob wir die Europäer ausschließen, die Schulden machen, Peanuts. Dass wir in einer Zeit leben, in der das blutige 20. Jahrhundert gewütet hat, und dass wir seit 60 Jahren Frieden und Wohlstand haben, das ist ein Unikum.«

Während ich ihn davon sprechen höre, dass er der Giordano-Bruno-Stiftung vor wenigen Tagen ein Interview gegeben hat, suche ich insgeheim nach einer Möglichkeit, den dringend benötigten Konsens zwischen uns herzustellen, selbst wenn dieser nur darin bestünde, der Lebensweise des modernen Menschen eine gewisse Mitschuld an dem Desaster zu geben, dem wir uns heute wohl oder übel zu stellen haben. »Die Giordano-Bruno-Stiftung«, erklärt Panzer, »versammelt lauter Atheisten. Renommierte Wissenschaftler, Philosophen, Künstler etc.« Ziel der Stiftung sei es, eine tragfähige säkulare Alternative zu den bestehenden Religionen zu entwickeln und ihr gesellschaftlich zum Durchbruch zu verhelfen.

Der Hinweis auf die säkularen Alternativen, die in der Stiftung entwickelt werden, hat mich aufhorchen lassen. Ich erwähne, dass fast alle alten Kulturen davon ausgegangen sind, dass die Erde ein lebendiges Wesen ist. »Die Erde ist kein lebendiger Organismus, das ist Unsinn«, antwortet Panzer. »Es gibt keine Gaia-Theorie!« Gaia ist in der griechischen Mythologie die personifizierte Erde. Der Name ist indogermanischen Ursprungs und bedeutet ›die Gebärerin‹. Für mich ist das durchaus nachvollziehbar, denn nur was lebt, kann Leben spenden. Aber die Bestimmtheit, mit der Volker Panzer mit dem »Irrglauben«, der das Leben der Menschen über Jahrhunderte entscheidend mitgeprägt hat, aufräumt, verbietet jede weitere Diskussion.

Volker Panzer ist ein hochintelligenter Mensch. Ich mag das ZDF-*Nachtstudio* und ich mag seine unaufgeregte Gesprächsführung in dieser etwas anderen Talkshow, die er ganz bewusst nicht auf Krawall bürstet. Um das Gespräch auf eine gemeinsame Schiene zu setzen, frage ich danach, wie er seine Rolle als Moderator des Nachtstudios definiert, mit dem er, erstaunlich genug in der heutigen Zeit, bereits seit 14 Jahren auf Sendung ist. Volker Panzer blüht sichtlich auf. »Wir fliegen so ein bisschen unter dem Radarschirm der medialen Beobachtung hindurch«, sagt er und lächelt verschmitzt. »Das heißt, wir haben große Freiheiten.« Zwar stünde auch das *Nachtstudio* unter Quotenzwang, damit habe er aber kein Problem, denn die Quote sei seine Währung. »Wir müssen über das Jahr 7,1 Prozent Marktanteil kriegen, was wir auch bekommen. Das sind etwa 300 000 bis 500 000 Zuschauer. Aber ansonsten werden wir in Ruhe gelassen, wir können das, was wir uns ausdenken, tatsächlich auch umsetzen.« Wegen des späten Sendetermins spielten sie natürlich nicht in derselben Liga wie die anderen Talkshows, das sei ein Nachteil, weil sie weniger Leute erreichten, sie hätten aber den Vorteil, dass sie nicht ständig aktuell reagieren müssten.

»Nehmen wir das Beispiel Finanzkrise. In den anderen Talkshows muss man Befürworter und Gegner einladen. Man will die Konfrontation. Bei uns war die Finanzkrise natürlich auch ein

Thema. Aber meine konzeptionelle Ausrichtung der Sendung zielt nicht auf Konfrontation. Man muss nicht immer einer Meinung sein, das wäre Blödsinn. Aber wir lernen etwas voneinander, nicht nur die Teilnehmer der Runde, sondern auch die Zuschauer draußen. Wenn das so ist, hat die Sendung gut funktioniert. Zu einem früheren Sendetermin hätten wir mit dieser Gesprächsführung keine Chance, da würden die Leute umschalten.«

Die Freiheiten, die das *Nachtstudio* genießt und von denen Volker Panzer eben sprach, würden es doch erlauben, Themen aufzugreifen, die woanders keine gebührende Beachtung finden, aber dringend in die öffentliche Diskussion gehören. Warum gibt er nicht Leuten wie dem streitbaren Schweizer und ehemaligem UN-Sonderberichterstatter für das Recht auf Nahrung, Jean Ziegler, ein Forum? Ziegler hatte in seiner Eröffnungsrede zu den Salzburger Festspielen 2011, die er auf Einspruch einiger Sponsoren dann doch nicht halten durfte, dafür plädiert, die Schuldigen an der Finanzkrise vor ein Tribunal zu stellen, das ähnlich funktionieren sollte wie die Nürnberger Prozesse. Warum sehen wir den Sozialpsychologen Harald Welzer nicht in der Sendung, der in seinem vielbeachteten *Spiegel*-Essay »Empört euch – über euch selbst!« ein Plädoyer gegen die Leitkultur der Verschwendung geschrieben hat? Der zuvor mit seinem Buch *Klimakriege – Wofür im 21. Jahrhundert getötet wird* für Furore gesorgt hatte?

Volker Panzer lehnt sich zurück. »Das machen wir ja«, sagt er. »Jean Ziegler, Harald Welzer, die haben wir alle gehabt. Ziegler war mindestens fünfmal bei uns, aber der sagt immer das Gleiche. Harald Welzer, die *Klimakriege*, haben wir doch alles gehabt!« Der Triumph in seiner Stimme ist unüberhörbar. Was das betrifft, so scheint er zu sagen, habe er sich nichts vorzuwerfen. Und prompt legt er nach. »Wir haben drei bis maximal fünf Gesprächspartner, in der Regel vier. Am letzten Sonntag waren es drei, da ging es um den 11. September. Stehen wir vor einer neuen Weltordnung? Eingeladen waren Herfried Münkler, Politikwissenschaftler an der Humboldt-Universität zu Berlin. Seine Analysen von der ›Logik der Weltherrschaft‹ über die ›asymmetrische

Kriegsführung‹ bis zu den ›Mythen der Deutschen‹ schätzen auch einflussreiche politische Entscheidungsträger, die sich von ihm beraten lassen. Dazu Hamed Abdel-Samad, deutsch-ägyptischer Politikwissenschaftler, der nicht nur ein gefragter Interviewpartner in den Tagen der Revolte direkt vom Tahrir-Platz in Kairo war, sondern auch als Wissenschaftler fundierte Analysen der politischen Zusammenhänge aus der arabischen Welt liefert und als Autor mutige, aufgeklärte Positionen im Kampf um mehr Freiheit und Demokratie vertritt. Als Dritter war Josef Joffe von der *Zeit* dabei, ein ausgewiesener Amerika-Fan. In dieser Sendung war ich fast überflüssig, so gut haben die sich miteinander unterhalten. Ich bin ja der Sachwalter des Publikums, ich greife ein, wenn sich eine Sache verliert oder zu aggressiv diskutiert wird. Meine Aufgabe ist es, die Sendung für das Publikum verständlich zu halten.«

Einmal in Fahrt gekommen, bringt mein Gesprächspartner weitere Namen ins Spiel, die für ihn die enorme thematische Bandbreite widerspiegeln, die man sich im *Nachtstudio* gönnt. Thomas Metzinger wird genannt, ein Professor für theoretische Philosophie an der Universität Mainz, dessen Hauptarbeitsgebiete die Neurowissenschaften und die Neuroethik sind. Er erwähnt Gunnar Heinsohn, »auch so ein Pessimist, der sagt, wir haben kaum noch eine Chance, weil die Frauen in Afrika und Asien zu viele Jungen statt Mädchen gebären. Dieser ›Berg‹ von jungen Männern, er nennt das Youth Bulge, ist für ihn einer der Triebfedern für das Elend der Welt. Die haben ja nichts. Der erste Sohn kriegt vielleicht den Laden oder die Werkstätte des Vaters. Der zweite kann vielleicht in irgendwelchen Institutionen des Staates unterkommen. Was macht der dritte? Der vierte? Er entwickelt kriminelle Energie oder geht zu den Soldaten. Wen ich sehr schätze«, sagt Panzer, »ist Josef H. Reichholf, ein Evolutionsbiologe aus München. Den haben wir in unserer neuen Rubrik ›Erklär mir die Welt‹ gehabt, wo jeweils nur eine Person eingeladen ist. Das ist ein echter Querdenker. Der sagt: Klimakatastrophe? Ja! Von Menschen verursacht? Wir wissen es noch nicht.« Reichholf hatte vor einiger Zeit für Aufsehen gesorgt, als er die ausgeprägte Dogmatik und Kritikunfähigkeit anprangerte, die er beim Thema Klimaschutz auszumachen glaubte. Er unterstellte den Mahnern einen »alarmierenden Katastrophismus« und schlug vor, die »falschen Propheten«, deren meist düstere Prognosen nicht eintreffen, zur Rechenschaft zu ziehen.

Ich gebe Volker Panzer ein Zitat des spanischen Regisseurs Luis Buñuel zu lesen, das aus seinem Buch *Mein letzter Seufzer* stammt, welches er 1983 kurz vor seinem Tod geschrieben hatte: »Die Trompeten der Apokalypse ertönen schon lange vor unseren Toren, und wir verstopfen uns die Ohren. Diese neue Apokalypse galoppiert, wie die alte, in Gestalt von vier Reitern heran, die Überbevölkerung – als erstem, als dem Anführer, der das schwarze Banner schwenkt –, der Wissenschaft, der Technik und der Medien. All die anderen Übel, die über uns hereinbrechen, sind nur deren Folgen. Die Medien rechne ich ohne Zögern zu den apokalyptischen Reitern. Sie sind der bösartigste der vier Reiter, denn er folgt den drei anderen auf dem Fuße und ernährt sich von dem, was sie hinterlassen. Würde ein Pfeil ihn niederstrecken, so würde der Ansturm, der uns erwartet, bestimmt noch etwas aufgeschoben werden.«

Volker Panzer liest den Text aufmerksam durch. Schließlich sagt er: »Tja … was soll ich da antworten? Das sind natürlich großartige Gedanken. Auch ernst gemeint. Aber zwei Sachen muss man wissen: Buñuel war ein hochdepressiver Mensch …«

Depressionen haben ihre Ursachen, wende ich ein.

»Ja gut, die können auch endogen sein. Zweitens: Das hat er kurz vor seinem Tod geschrieben. Jeder Mensch hat Angst vor dem Tod. Und jeder Mensch denkt, dass sein eigener Tod den Tod der ganzen Menschheit bedeutet. Was sind eigentlich die Medien, was ist eigentlich Fernsehen?« fährt er fort. »Denken Sie an das, was Marshall McLuhan gesagt hat: ›Das Medium ist die Botschaft.‹ Wir haben so etwas wie eine Marktplatzfunktion. Da steht ein Stand vom ZDF, da sind die Stände der ARD, von RTL und all den anderen. Man kann sich das vorstellen wie in einer mittelalterlichen Stadt. Da kommen die Troubadoure, da kommen die Harlekine, dann gibt's noch 'ne Prügelei – wenn man sich dieses Bild vergegenwärtigt, dann hat man eine Idee von dem, was die Leute eigentlich wollen. Dieses ganze Prekariatsfernsehen ist ja nichts anderes als das, was früher auf den Marktplätzen passiert ist. Die Leute schauen sich das an und sagen, das ist ja ein Gesocks hier, guck mal, so wollen wir nicht sein. Wem gibt man die Schuld? Dem Sender mit Sicherheit nicht, denn der muss Geld verdienen, er muss ja seine Leute bezahlen. Gibt man die Schuld den Deppen, die das gucken? Dann haben wir ein Demokratieproblem.«

Wie aber kann der Depp zu mehr Bewusstsein kommen, wenn die Medien ihn ausschließlich als Deppen behandeln?

»Wohl wahr«, stimmt Volker Panzer zu. »Die Crux liegt aber in unserem falschen Bildungssystem, nicht bei den Medien. Wir schauen immer nach Finnland und den skandinavischen Ländern, aber wir tun nichts. Warum gibt es keine Ganztagsschulen? Warum gibt es keine Kitas für bildungsferne Familien? Bildung ist ein ganz wichtiges Produkt. Nur wer weiß, mit seinem Kopf umzugehen, hat doch die Chance, ein glückliches Leben zu führen. Unser Demokratiedefizit liegt in unseren Köpfen, nicht im System. Wir wissen nicht, wie Demokratie funktioniert.«

Ich erwähne einen Satz des ehemaligen UN-Generalsekretärs U Thant, der bereits Ende der sechziger Jahre erhebliche Zweifel daran geäußert hatte, ob die Demokratie noch die geeignete Staatsform sei, um den sozialen und ökologischen Herausforderungen, denen sich die Menschheit in Kürze zu stellen habe, wirkungsvoll begegnen zu können.

»Diese Einschätzung halte ich für hoch gefährlich«, entgegnet Volker Panzer. »Die Regeln der Demokratie sind ganz einfach, sie sind nur schwer zu verstehen. Sie haben nichts mit wahr und unwahr zu tun, sie haben nichts mit gut und böse zu tun, sondern es ist ein schlichtes Regelwerk. Und dieses Regelwerk stützt sich im Prinzip auf zwei Säulen: Die Menschenrechte müssen gewahrt werden und die Gewaltenteilung muss funktionieren. Mehr braucht es nicht. Wenn U Thant das sagt, dann spricht er einem aristokratischen Weltbild das Wort, als gäbe es so etwas wie den guten Führer. Oder als gäbe es ein Expertenteam, das es schon richten wird. Nichts ist gefährlicher als das. Platon, die Gelehrtenrepublik – das wäre ein Grauen, wenn wir das hätten. Experten sind wichtig, aber sie dürfen niemals selber entscheiden, sie müssen es den vom Volk gewählten Abgeordneten erklären. Das demokratische Verfahren ist zwar langsamer als das diktatorische, aber dafür ist es effektiver.« Er zitiert den deutschen Soziologen Niklas Luhmann: »Demokratie ist, wenn die Opposition an die Macht kommen kann, ohne das Gemeinwesen zu zerstören.« Schön gesagt, war ja auch ein großer Denker. »Und dann sehen wir, dass es zunehmend schlechter wird. Das ganze Gerede über unfähige Politiker, ich kann es nicht mehr hören. Ich finde, dass jeder das Recht, ja sogar die Pflicht hat, politisch tätig zu werden. Der größte Wahlsieger sind inzwischen die Nichtwähler, das muss man sich mal vorstellen. Wo kommen wir da hin?«

Das ist die Frage. Denn es gibt einiges zu tun. Was genau, darüber ist in unserer Gesellschaft noch immer schwer Einigkeit zu erzielen. Wir ahnen wohl sehr genau, dass diese Aufgabe zu mächtig geworden ist. Es würde ja bedeuten, dass wir unser gesamtes Wertesystem auf den Kopf stellen müssten. So urinieren wir munter weiter in unser Wohnzimmer. Aber anstatt unsere Lebensweise in Frage zu stellen, ziehen wir es vor, in aller Wissenschaftlichkeit über die Saugfähigkeit des Teppichs zu streiten.

Als ich Volker Panzer dieses derbe Gleichnis zu Gehör bringe, wird er einen Augenblick lang nachdenklich. »Ich fordere das auch ein«, sagt er, »aber anders. Ich bin ja ein glücklicher Mensch, von Grund auf glücklich. Ich habe eine tolle Kindheit gehabt, ich weiß, dass ich sterben werde, ich bin endlich, ich glaube nicht an ein Leben nach dem Tod, also habe ich die Pflicht, dafür zu sorgen, rein egoistisch, dass es mir in diesen siebzig bis achtzig Jahren gutgeht. Aber wegen der Spiegelneuronen, wegen der Empathie im Kopf, geht es mir nur gut, wenn es den anderen auch gutgeht. Natürlich fahre ich kein Auto, natürlich fahre ich mit dem Zug, aber aus egoistischen Gründen und nicht, weil ich fanatisch bin und die Welt retten will. Ich kann im Zug arbeiten oder ganz einfach nur aus dem Fenster gucken. Ich habe also eine durchaus empathische kooperative Sicht auf die Dinge. Ich würde mich ja selber zerfleischen, wenn ich nur immer daran denken würde, wie schlecht die Welt ist. Wenn ich morgens aufwache und die Sonne scheint in mein Schlafzimmer, dann ist das ein wunderbarer Moment.«

Er blickt auf die Uhr. »Ich muss zu einer Pressekonferenz«, entschuldigt er sich. »Stefan Kreutzberger und Valentin Thurn stellen ihr neues Buch vor: *Die Essensvernichter – Warum die Hälfte aller Lebensmittel im Müll landet und wer dafür verantwortlich ist*.« Wahrscheinlich ist er nicht unglücklich darüber, den »Schwarzseher« aus Hamburg auf diese Weise loszuwerden. Dabei hatte ich mir für den Schluss so ein schönes Zitat aufgehoben. Ich komme nicht mehr dazu, denn Volker Panzer ist mit seinen Gedanken längst woanders. Das Zitat stammt von dem Philosophen Hans Jonas, aus dessen Buch *Das Prinzip Hoffnung*, und geht so: »Der schlechten Prognose den Vorrang zu geben gegenüber der guten ist verantwortungsbewusstes Handeln im Hinblick auf zukünftige Generationen.«

Zurück in Hamburg lese ich Volker Panzers letzten Eintrag auf seiner Facebookseite: »Wenn ich die Welt nicht retten will, aber noch ein Vierteljahrhundert in Frieden leben will, bin ich dann böse?«

Das Gespräch wurde geführt am 6. September 2011.

Volker Panzer, Jahrgang 1947, studierte Soziologie, Germanistik, Politikwissenschaft und Pädagogik in Frankfurt/M. und Mainz. Von 1975 bis 1977 arbeitete er als freier Journalist für die ZDF-Kultursendung *aspekte* sowie für mehrere ARD-Anstalten. 1989 wurde Panzer Redakteur bei *aspekte*. Von 1992 bis 1994 war er Redaktionsleiter Kultur beim Deutschlandsender (heute Deutschlandradio). Anschließend übernahm er die Redaktionsleitung der ZDF-Redaktion Kultur und Gesellschaft in Mainz. Seit September 1997 leitet Volker Panzer die ZDF-Sendung *Nachtstudio*, die er selbst moderiert. Das *Nachtstudio* ist eine Gesprächssendung, die wöchentlich, jeweils am späten Sonntagabend, gesellschaftlich relevante Themen erörtert. Für den Terra-X-Film *Sahara – ein verlorenes Paradies* wurde Volker Panzer 1989 mit dem ›Nelson Mandela Award‹ der afrikanischen Rundfunk- und Fernsehstationen ausgezeichnet. Er lebt in Berlin.

CORDT SCHNIBBEN
Am Abgrund der Ratlosigkeit

Bei der Grundsteinlegung des neuen *Spiegel*-Domizils in der Hamburger Hafencity sagte Verlagsgeschäftsführer Ove Saffe im November 2008: »Das ›Sturmgeschütz der Demokratie‹ dort anzusiedeln, wo einst eine Festung stand – das ist eine Idee, die mir gut gefällt.« Saffe sagte das mit Blick auf die historischen Wallanlagen, die die Hansestadt dort einst vor Eindringlingen schützten. Ich treffe Cordt Schnibben eine Woche nachdem das Gebäude bezogen wurde. Der Blick aus seinem Büro im 9. Stock des gläsernen Neubaus ist atemberaubend. Hammonia liegt uns zu Füßen. Elbe und Alster glitzern im Sonnenlicht, die imposanten Kirchtürme stehen stramm, und entlang des Flusses drehen sich Baukräne, als gehorchten sie einer ausgefeilten Choreographie, unter der die kühne Konstruktion der Elbphilharmonie erkennbar Gestalt annimmt. Eindrucksvoller könnte die »wachsende Stadt«, so ein Slogan der Hamburg-Werbung, Wohlstand und Wachstum nicht dokumentieren.

Aber der Schein trügt. Die Geldbombe tickt. Auch in Hamburg. Hier im Hause hört man es deutlich. »Die Geldbombe« – so heißt die Titelgeschichte, mit der der Spiegel diese Woche erschien. Untertitel: »Wie aus einer großen Idee eine Gefahr für Europa werden konnte«. Zwölf Redakteure waren unter Leitung Cordt Schnibbens an der Story beteiligt, aus der sich sogar Peer Steinbrück, potenzieller Kanzlerkandidat der SPD, genötigt sah, in der Bundestagsdebatte über die Ausweitung des Euro-Rettungsschirms zu zitieren.

»Politiker und Journalisten teilen ja zur Zeit das gleiche Schicksal«, sagt Cordt Schnibben. »Beide lernen im Zeichen der Finanzkrise in solcher Geschwindigkeit dazu, dass sie die Dinge, die sie vor drei, vier Monaten noch nicht zu denken gewagt hatten, plötzlich denken müssen.«

Der Wirtschaftshistoriker und Philosoph Eric Hobsbawm (94) hatte dem *Stern* vor zwei Jahren ein Interview gegeben, in dem er die heutigen Entscheidungsträger in Wirtschaft und Politik als Theologen des Marktes bezeichnete, die dem kindischen Glauben verhaftet seien, dass der Markt schon alles richten wird. Er sprach von verblendeten Ignoranten, die sich weigerten, die Krisen, die sich immer mehr aufbauen, überhaupt wahrzunehmen. »Was wir im Augenblick erleben«, so Hobsbawm, »ist ja etwas, was es nach der radikalen Moraltheorie des Marktes gar nicht geben darf, es ist also etwas, was das Denkvermögen der Akteure sprengt. Wie ein blinder Mann, der durch ein Labyrinth zu gehen versucht, klopfen sie mit verschiedenen Stöcken die Wände ab, ganz verzweifelt, und sie hoffen, dass sie so irgendwann den Ausgang finden. Aber ihre Werkzeuge funktionieren nicht.«

Cordt Schnibben lächelt, er kennt seinen Hobsbawm, er hat ihn schon 1969 gelesen. »Das ist mir ein wenig zu trompetenhaft«, sagt er, »Polemik ist bei diesem Thema völlig unnötig. Die Dinge, die man beschreibt, sind selbst schon so polemisch, sind so empörend, dass ich sprachlich da gar nichts draufsetzen möchte. Ich muss sie nur ganz genau beschreiben, dann entfaltet sich die Empörung von alleine. Das aber ist schwierig genug. Ich glaube, dass im Journalismus gerade etwas passiert, was ihn total überfordert und ihn zum Teil in ganz neue Bereiche führt. Ich kann das an mir selber beobachten.«

Schnibben hat in Bremen Wirtschaftswissenschaften studiert, unter den großen linken Ökonomen Jörg Huffschmid, Rudolf Hickel und Herbert Schui. »Damals habe ich gar nicht erkannt, welches analytische Instrument mir an die Hand gegeben wurde.

Huffschmids *Politik des Kapitals* las sich in den siebziger Jahren ja wie eine marxistische Kampfschrift, heute ist das ökonomischer Mainstream. Inzwischen weiß jeder, dass sich ein Teil des Kapitals, nämlich das Finanzkapital, aufgeschwungen hat, die Wirtschaft zu dominieren, also zu sagen, das ist ja ganz schön, wenn ihr Autos produziert, und es ist ja ganz schön, wenn ihr Lebensmittel produziert, aber das bringt uns zu wenig Profit. Beispiel Porsche. Denen war es irgendwann zu wenig, Autos zu bauen, die haben dann angefangen, auf den Finanzmärkten zu agieren. Sich Kapital zu leihen, mit diesem Kapital zu spekulieren. Da ist in der Realwirtschaft etwas passiert, was es für uns als Journalisten nötig und möglich macht, sich auf eine ganz neue Art an die Leser zu wenden. Wir müssen Dinge erklären, die wir vor zehn Jahren selber noch nicht verstanden haben. Wie funktioniert das mit den Staatsschulden? Was sind Märkte, was ist eine CDS[6], was eine CDO[7]? Wie funktioniert das Devisengeschäft? Wie funktionieren Derivatemärkte?«

Wie glaubwürdig aber ist das Aufklärungsbemühen der Medien, wenn in den Wirtschaftsressorts erkennbar ein anderer Kurs gefahren wird? Schließlich hat man auf die Befindlichkeiten der Anzeigenkunden Rücksicht zu nehmen. Schnibben widerspricht energisch. »Die Kollegen aus der Wirtschaftsredaktion erfüllen diese Aufgabe genauso wie andere«, sagt er, »jedenfalls beim *Spiegel*. Es ist im Moment die große Herausforderung, Leser aufzuklären, die sich bisher kaum mit wirtschaftlichen Zusammenhängen beschäftigt haben.«

---

6 Credit Default Swap: Kreditderivat, das es erlaubt, Ausfallrisiken von Krediten, Anleihen oder Schuldnernamen zu handeln
7 Collateralized Debt Obligation: Überbegriff für Finanzinstrumente, die der Gruppe der forderungsbesicherten Wertpapiere und strukturierten Kreditprodukte angehören. CDOs bestehen aus einem Portfolio aus festverzinslichen Wertpapieren. Sie sind eine Geldanlage und ein wichtiges Refinanzierungsmittel für Banken auf dem Kapitalmarkt. Im Zuge der Finanzkrise sind sie in die Kritik geraten, da mittels ihres Einsatzes in hohem Maße risikobehaftete Kreditforderungen als vermeintlich sichere Investments auf dem Kapitalmarkt platziert wurden.

Ich konfrontiere meinen Gesprächspartner mit einem Zitat von Thomas Woodrow Wilson, dem 28. Präsidenten der Vereinigten Staaten von Amerika (1913–1921): »Unsere großartige Industrienation wird jetzt von ihrem Kreditsystem kontrolliert. Unser Kreditsystem ist privat konzentriert. Deshalb liegen das Wachstum der Nation und all unserer Aktivitäten in den Händen weniger Männer ... die zwangsläufig durch ihre eigenen Beschränkungen wahre ökonomische Freiheit einschränken, kontrollieren und zerstören. Wir wurden so eines der am schlechtesten regierten, meistkontrollierten und beherrschtesten Länder der zivilisierten Welt – wir haben keine Regierung der freien Meinung mehr, keine Regierung der Überzeugungen und der Mehrheitsentscheide mehr, sondern vielmehr eine Regierung der Ansichten und Nötigungen einer kleinen Gruppe dominanter Männer.«

Cordt Schnibben scheint nicht sonderlich beeindruckt. »Wenn Wilson heute leben würde, wäre er sprachlos«, bemerkt er lakonisch. »Was in den letzten zehn Jahren passiert ist, bedeutet natürlich noch einmal eine gigantische Steigerung. Man kann das ja besichtigen in den verschuldeten Ländern der Eurozone. Von einer Eigenständigkeit dieser Länder kann keine Rede mehr sein. Griechenland, Portugal, Spanien, das sind keine autonomen Länder mehr, sondern eher Protektorate. Wenn Sie fragen, welche Aufgabe den Medien in solchen Zeiten zukommt, dann kann ich nur sagen: erklären, erklären, erklären. Nicht polemisieren. Die Menschen sind ohnehin schon einer Kanonade polemischer Superlative ausgesetzt, das hilft nicht weiter. Sie müssen verstehen, was da passiert.«

Und diese Aufklärungsarbeit ist beim *Spiegel* ungehindert möglich? »Wer soll mich daran hindern?«, fragt Schnibben. »Das Schöne ist, uns gehört der *Spiegel*, das Modell ist immer noch gültig. Hier sitzt kein Großinvestor. Der Laden gehört zur knappen Mehrheit den Mitarbeitern, und das sind größtenteils Leute, die so denken wie ich, die denselben Journalismus machen wollen. Die drei, die in der Chefredaktion sitzen, sind nicht weit von meiner Weltanschauung entfernt.«

Vom *Spiegel* erwartet man ein solches Engagement. Aber was ist mit der Konkurrenz? Wie reagiert die deutsche Medienlandschaft seiner Meinung nach insgesamt auf die aktuellen gesellschaftspolitischen Herausforderungen? »Nicht so schlecht, wie häufig behauptet wird«, sagt Schnibben. »Nehmen wir zunächst die Tageszeitungen. Die *FAZ*, die *Süddeutsche*, die *taz*, das sind hervorragende Zeitungen. Die verstehen es, auf dem Erklärungsniveau von Wochenmagazinen Einblicke zu geben. Dazu gibt es die Internet-Medien, denen man vielleicht vorwerfen kann, dass sie zu oft in eine Ticker-Hektik verfallen. Dass sie einfach nur abbilden, statt zu durchleuchten. Dann kommen die Wochenblätter: *Zeit*, *Stern*, *Focus* und wir. Für diese Wochenblätter besteht die Herausforderung darin, etwas zu leisten, was Tageszeitungen nicht leisten können. Der Leser muss das Gefühl haben, okay, ich weiß aus der Tageszeitung ungefähr, was passiert ist, aber erst indem ich die Wochenblätter lese, begreife ich die Zusammenhänge in ihrer grundsätzlichen und historischen Dimension. Das macht die *Zeit* sehr gut, das macht der *Spiegel* sehr gut. *Stern* und *Focus* tun das nicht in meinen Augen. Der *Stern* ist immer noch zu sehr Illustrierte und begreift nicht, dass dieses illustrierte Abbilden durch Fernsehen und Internet schon geleistet ist.« *Focus*, so Schnibben, hatte einen gewissen Erfolg mit seinem Nutzwertjournalismus: die besten Ärzte, die besten Handys etc. Aber das bekäme man im Internet inzwischen besser und schneller serviert. »Dann haben sie versucht, einen Meinungsplatz zu besetzen, dafür waren sie aber in den Meinungen zu schwach – damit meine ich nicht links und rechts –, das war einfach zu dünn. Am *Spiegel* finde ich interessant, dass er das Enthüllende mit dem Einordnenden verbindet. Die *Zeit* versteht sich fast ausschließlich als einordnendes Medium. Sie haben zu wenig investigative Leute, Abteilungen, Energien. Aber sie erkennen das und versuchen es gerade zu ändern.«

Nun wird die Wahrnehmung der Öffentlichkeit in erster Linie durch den Boulevard, das Fernsehen und das Internet geprägt, durch Medien also, die sich größtenteils als Teil der Unterhaltungsindustrie begreifen und damit der Verdrängung und nicht der Aufklärung Vorschub leisten. Hinzu kommt, dass den Printmedien angesichts der elektronischen Konkurrenz die junge Generation wegzubrechen droht, die inzwischen ganz andere Seh- und Lesegewohnheiten angenommen hat. Natürlich weiß Cordt Schnibben um diese hinlänglich bekannte Gefahr. »Das ist durchaus sehr ernst zu nehmen«, bestätigt er, »aber es liegt an uns, dieser Gefahr zu begegnen. Nehmen wir unsere aktuelle Titelgeschichte über den großen Irrtum Euro. Wie war er mal gedacht, wie ist er missbraucht worden, und wie kommt man aus dem Dilemma wieder heraus? So etwas findet man nur im *Spiegel*, in keinem anderen Medium. Wenn wir das häufig hinkriegen, brauchen wir keine Angst zu haben. Wenn wir uns der Konkurrenz des Internets ergeben, dann wird es gefährlich.«

Die Konkurrenz des Onlines. Ein Teil des Problems ist beim *Spiegel* hausgemacht, denn die meisten User von *Spiegel-Online* glauben noch immer, dass diese Plattform die Inhalte des Heftes transportiert. »Von den durchschnittlich 50 Artikeln im Spiegel kriegst du bei *Spiegel-Online* aber nur fünf zu lesen, die richtig spannenden kriegst du dort nicht«, sagt Schnibben. »Das müssten die Kollegen von *Spiegel-Online* stärker kommunizieren.«

Kommen wir zurück auf das aktuelle finanzpolitische Desaster, auf den ungezügelten globalen Amoklauf der Finanzmärkte. Wenn sich Leute wie der US-amerikanische Investor und Fondbetreuer George Soros oder der wertkonservative englische Journalist Charles Moore, der die autorisierte Biographie von Margaret Thatcher geschrieben hat, oder der Mitherausgeber der *Frankfurter Allgemeinen Zeitung*, Frank Schirrmacher, öffentlich über die enthemmte Finanzmarktökonomie beklagen, wenn sie wie Schirrmacher der bürgerlichen Politik vorwerfen, das Wort Bürgertum so gekidnappt zu haben, wie einst der Kommunismus den Proletarier, dann muss schon einiges extrem schiefgelaufen sein. Selbst die Weltbank sieht dramatische Gefahren für die globale Wirtschaft heraufziehen. »Es geht wieder los!«, warnte ein Händler des US-Bankhauses Goldman Sachs im August 2011 in einem 54-Seiten-Insiderpapier für Hedgefondskunden, das dem Wall Street Journal zugespielt worden war. In diesem Papier verwies die Bank auf die Situation im Euro-Raum. Eine Billion Dollar seien nötig, um die europäischen Banken zu stützen. Und dann heißt es: »Wer ein Verschuldungsproblem mit neuen Schulden lösen will, ändert nichts am grundlegenden Problem.« Die Investmentbank rät ihren Kunden: Profit machen könne jetzt, wer auf einen sinkenden Eurokurs wette. Die Gemeinschaftswährung werde fallen, sobald »zusätzliche Stützungszahlungen von europäischen Regierungen verabschiedet werden«.

Das ist geschehen. Einen Tag nach diesem Interview. Welche Zustände wird uns der kollabierende Kapitalismus bescheren? Man kann die Katastrophe analysieren, aufhalten kann man sie damit nicht. Gibt es überhaupt noch einen Ausweg? Vordenker einer alternativen Geldwirtschaft gibt es seit Silvio Gesell (1862 bis 1930) genug. Heute touren Prof. Margrit Kennedy, Helmut Creutz, Prof. Bernd Senf, Prof. Wolfgang Berger und andere durch die Lande, um ihre Botschaft vom »fließenden Geld« zu verbreiten. Sie sprechen von den »Folterkammern des Geldes«, in denen die Arbeitserträge der Mehrheit ständig sänken und die leistungslosen Einkünfte einer Minderheit aus Vermögen ständig zunähmen. Erst wenn eine Gebühr das Horten bestraft und nicht mehr der Zins die Weitergabe des Geldes belohnt, wäre ein Ausstieg aus diesem exponentiellen und damit zerstörerischen System möglich. Wenn dem so ist, haben wir es nicht mit einem Fehler im System zu tun, sondern mit einem fehlerhaften System. Fehler im System ließen sich beheben, ein fehlerhaftes System aber verlangt nach einem grundlegenden Paradigmenwechsel. Dies ist der Grund, warum das Interesse an den Predigern des »Freigeldes« immer größer wird. Im März 2011 fand in der Arena Berlin ein vielbeachteter Geldkongress statt, und Prof. Margrit Kennedy schafft es inzwischen sogar in die Talkshows, wo sie einem staunenden Publikum den Wahnsinn vom exponentiellen Wachstum des Geldes durch Zins und Zinseszins erklärt.

Cordt Schnibben weiß natürlich um die Freigeldbewegung, aber er weiß eben auch, dass neunundneunzig Prozent der Menschen das zugrundeliegende Problem nicht sehen, weshalb ein Paradigmenwechsel, noch dazu ein schneller, seiner Meinung nach unmöglich zu bewerkstelligen ist. Also zieht er es vor, mir den Verlauf der aktuellen Krise zu erklären. Vom Platzen der amerikanischen Immobilienblase ist die Rede, in die plötzlich, weil die Kredite für Häuserkäufe in undurchsichtigen Wertpapieren verpackt und weltweit gestreut worden sind, internationale Großbanken und Investoren involviert waren. Um den Geldverkehr zwischen den Banken zu erhalten, mussten die Staaten eingreifen. Die ohnehin schon hochverschuldeten Staaten aber gingen durch diese Zusatzschulden in die Knie. »Von der Subprimekrise über die Banken- und Finanzkrise bis hin zur Eurokrise war es ein relativ kurzer Weg«, sagt Schnibben. Für die Deutschen stelle dies ein großes Problem dar, weil sie nun erkennen würden, dass sie 1998 in eine Währung geraten sind, die zwar eine große visionäre Idee war, aber leider nicht zu Ende gedacht worden ist. »Der Euro sollte eine Währung sein, welche die Staaten dazu zwingt, sich einander anzunähern. In der Wirtschaftspolitik genauso wie in Fragen der Staatsverschuldung und der Sozialordnung. Das alles ist nicht passiert. Stattdessen wurde der Euro untergraben. Von Politikern, die die Mängel, die das System Euro hatte, gezielt ausgenutzt haben. Das gilt vor allem für die Möglichkeit, sich als Staat extrem verschulden zu können. Damit ist das Gegenteil von dem gemacht worden, was der Euro eigentlich wollte.« Deshalb, so Schnibben, sei der Euro zurzeit das größte Problem der Weltwirtschaft. »Dahinter liegen aber gleich die nächsten Probleme. Selbst wenn es gelänge, die Eurokrise zu lösen: Was in Amerika auf uns lauert, ist viel gefährlicher als das, was im Euroraum passiert ist. Die Kriege sind teuer, die ganze amerikanische Lebensart widerspricht der Idee vom nachhaltigen Wirtschaften. Mit anderen Worten: Die beiden großen Säulen der westlichen Wirtschaft befinden sich in systemischen Problemen. Und werden im Moment ironischerweise gestützt durch China, durch ein System, das sich immer noch Kommunismus nennt, das in Wahrheit aber eine Art Manchester-Sozialismus ist. Stark auf Konkurrenz gebauter Sozialismus, der in den letzten Jahren aber so erfolgreich war, dass er Billionen an Devisen angehäuft hat. Dadurch sind die Chinesen in der Lage, den Europäern und Amerikanern Bedingungen zu stellen, wenn sie ihnen helfen.«

Schnibben sieht zwei Möglichkeiten, das europäische Problem zu lösen. »Erstens: Die Deutschen als stärkste Kraft in der EU lassen sich ein auf das Modell der Transferunion. Sie sagen, okay, wir wollten dieses Europa, aus Gründen, die mit dem 2. Weltkrieg zu tun haben. Wir wollten die gemeinsame Währung. Wenn diese gemeinsame Währung funktionieren soll, dann müssen wir uns für Griechenland genauso verantwortlich fühlen wie für Bremen, für das Saarland oder für Berlin. In Deutschland bekommt man das hin. Denken Sie an den Solidaritätszuschlag nach dem Fall der Mauer. Wir haben damals gesagt, das sind Landsleute, wir zahlen jetzt jeden Monat den Soli. Das hat nicht die Bevölkerung beschlossen, sondern eine Regierung, aber die Deutschen haben das ohne großes Murren akzeptiert. Nun müssten sie ohne großes Murren akzeptieren, dass man sagt, die Griechen, die Italiener, die Spanier, die Portugiesen sollten mit uns in einer Wirtschafts- und Währungsunion zusammenarbeiten. Das, so erkennen wir jetzt, hat seinen Preis. Wir müssen Transferleistungen erbringen, um diese Länder auf ein Wirtschaftsniveau zu heben, das es ihnen ermöglicht, unsere Produkte zu kaufen.

Die zweite Möglichkeit ist, zu sagen, nee, das ist uns zu viel Geld im Laufe der Jahre und Jahrzehnte, wir reduzieren dieses Europa auf sechs, sieben Staaten, die von den Rating-Agenturen ähnlich gut beurteilt werden. Wir kehren zurück zu einem Kerneuropa und entlassen die anderen wieder in ihre Währungen. Aber selbst wenn wir sie entlassen, gehören sie ja weiter zu Europa. Wir können die Länder nicht einfach pleitegehen lassen. Wir müssen Formen finden, in denen wir unserer Verantwortung nach wie vor gerecht werden. Diese beiden Wege gibt es: a) Transferunion, b) eine Art Kerneuropa.«

Die Würfel sind eigentlich gefallen. In Richtung Transferunion. Ist dem deutschen Steuerzahler auf Dauer zu vermitteln, was er da zu stemmen bekommt? Schnibben bezweifelt das. Er befürchtet, dass es über kurz oder lang einen Rechtsruck geben wird in der Republik. Einer eurokritischen Partei, die sich rund um die FDP versammeln würde, mit Galionsfiguren wie dem ehemaligen Präsidenten des BDI[8] Hans-Olaf Henkel, mit Friedrich Merz, dem ehemaligen Hoffnungsträger der CDU, mit dem Populisten und Ex-Bundesbankvorstand Thilo Sarrazin, könnte nach seiner Einschätzung bei Bundestagswahlen auf Anhieb zwanzig Prozent erreichen. Deutschland im Spiegel der Zeit – nicht gerade ermutigend.

Schnibben erinnert an die Jahre 2003/2004, als die deutsche Wirtschaft Schlusslicht war in Europa. »Stellen Sie sich vor, man hätte den Deutschen damals zugemutet, was wir heute den Griechen zumuten. Die EU würde der Bundesregierung sagen, wenn ihr Kredite haben wollt, müsst ihr die Renten kürzen. Was da in Deutschland los wäre – eine Rentenkürzung, befehligt aus Brüssel! Wenn die EU-Kommission im Verbund mit dem IWF[9] und der EZB[10] gesagt hätte: Ihr wollt Geld von uns? Dann müsst ihr folgende Dinge regeln: erstens, zweitens, drittens etc. Da würden die Leute genauso auf die Straße gegangen sein wie jetzt in Griechenland.«

Ich bringe das Gespräch zum Abschluss noch einmal auf den Artikel von Frank Schirrmacher, den die *FAZ* am 18. 8. 2011 unter dem Titel »Ich beginne zu glauben, dass die Linke recht hat« veröffentlichte und der in der Republik einen gewaltigen Nachhall fand. Ausgerechnet die *FAZ*, ausgerechnet die Zeitung mit dem diskreten Charme der Bourgeoisie, traute sich in der Krise dermaßen aus der Deckung.

Für Cordt Schnibben ist die *FAZ* ein Seismograph bürgerlicher Befindlichkeiten. »Da schreiben viele gute Journalisten«,

---

8 BDI: Bundesverband der Deutschen Industrie
9 IWF: Internationaler Währungsfonds
10 EZB: Europäische Zentralbank

sagt er. »Die Erschütterungen, die das Bürgertum erlebt, werden in dieser Zeitung besonders fein registriert. Weil die Redakteure bürgerlich leben. Die Nervosität, die Unruhe in ihrem Umkreis, in ihrer Familie, in ihrer Verwandtschaft spiegeln sich in ihrer Zeitung wider. Darum ist die *FAZ* so aufregend.« Er erzählt, dass das Feuilleton der *FAZ* kürzlich einen Aufsatz von Botho Strauß veröffentlicht hat, in dem dieser sich mit der Finanzkrise beschäftigt hat. »Wenn die Kreativität eines Dramatikers wie Botho Strauß aufgewendet werden muss, um die Gefährlichkeit von Kreditausfallversicherungen zu erklären, dann sind wir an einem kritischen Punkt.«

Cordt Schnibben, der schon die ganze Zeit amüsiert zugesehen hatte, wie ich immer wieder prüfend auf mein Diktiergerät geschaut habe, um zu sehen, ob es noch aufnimmt, zeigt mir sein i-Pad. Es verfügt über ein Spracherkennungsprogramm, das jede Abschrift überflüssig macht, weil der gesprochene Text sofort auf dem Display erscheint und jederzeit ausgedruckt werden kann. Der erste Demonstrationsversuch schlägt allerdings fehl. »Wenn Ihr Buch erscheint«, sagt er, »wird dem Leser das, was wir hier beredet haben, als vollkommen überholt erscheinen. Ich lebe im Moment in dem Gefühl, dass in den nächsten drei, vier Monaten in Europa Sachen passieren werden, die meine Vorstellungskraft übersteigen, entweder in die eine oder in die andere Richtung. Bei den Recherchen zu unserer Eurogeschichte haben wir mit Insidern wie Kenneth Rogoff gesprochen, dem früheren Chefökonom des IWF, mit griechischen Politikern, mit Leuten aus Brüssel und Berlin, mit Bankenaufsehern. Wenn du die am Rande des Gesprächs, also nicht offiziell, gefragt hast: Wie glauben Sie denn, dass es weitergeht? Dann hast du in einen Abgrund von Ratlosigkeit geblickt. Bei allen. Bei allen.«

Jetzt hat er den Bogen raus und weiß, wie das Programm funktioniert. Er diktiert dem Gerät folgende Worte: »Ich sitze hier mit dem Kollegen Fleck in einem Interview. Wir werden beide erleben, wie die Wirklichkeit über unser Gespräch hinwegrast.«

Tatsächlich, da steht es, schwarz auf weiß …

Das Gespräch wurde geführt am 27. September 2011.

Cordt Schnibben, Jahrgang 1952, studierte an einer Außenstelle der Leipziger Karl-Marx-Universität in Ostberlin Gesellschaftswissenschaften. Das Studienjahr wurde ihm anerkannt, als er an der Universität Bremen das Studium der Wirtschaftswissenschaften aufnahm. Eine Zeitlang arbeitete er als Werbetexter. Nach einer erfolglosen ersten Bewerbung akzeptierte ihn die Henri-Nannen-Schule im zweiten Anlauf. Von 1984 bis 1988 war er Redakteur bei der Wochenzeitung *Die Zeit*. Seitdem arbeitet er beim *Spiegel*, zurzeit als einer der beiden Leiter des Ressorts Gesellschaft/Reportagen. Für seine journalistische Arbeit wurde Cordt Schnibben mit dem Theodor-Wolff-Preis, dem Egon-Erwin-Kisch-Preis und zwei Adolf-Grimme-Preisen ausgezeichnet. Für *Hamburger Gift* erhielt er gemeinsam mit Horst Königstein 1993 einen Sonderpreis für Drehbuch und Recherche beim Fernsehfilmpreis der Deutschen Akademie der Darstellenden Künste. Zusammen mit den Journalisten Stephan Lebert und Ariel Hauptmeier gründete er 2007 das Reporter-Forum. Cordt Schnibben lebt in Hamburg.

GERT SCOBEL

Fünfzehn Fragen – fünfzehn Antworten

Herr Scobel, Sie sind sowohl Wissenschaftsjournalist als auch Kulturjournalist. Der Quantenphysiker Hans-Peter Dürr sagte angesichts der immer dramatischer werdenden ökologischen Probleme auf diesem Planeten: »Wir müssen im Augenblick viel reparieren – es gibt keine andere Möglichkeit. Aber langfristig werden wir die ökologischen Probleme nur in den Griff bekommen, wenn wir unser Bild von der Welt verändern.« Wie müsste Ihrer Meinung nach unser neues Bild von der Welt aussehen?

Reparieren? Ich muss gestehen, dass ich daran überhaupt nicht glaube. Das Prinzip der Evolution, dem auch wir unterliegen, heißt mit Sicherheit nicht ›Reparatur‹. Die Natur arbeitet zwar mit allem, was übrig ist – das ist richtig. Das ist ihre Ökonomie. Aber mit Reparatur hat das nichts zu tun. Denn die Natur repariert nur sehr bedingt. Entweder ein Lebewesen funktioniert, oder es wird früher oder später – als Individuum oder sogar als Art – kompostiert. Und kompostieren bedeutet nicht nur: Es stirbt aus, sondern auch: Seine Einzelteile kommen in einem anderen Zusammenhang zum Einsatz. In der Natur gibt es keinen Abfall.

Zum Zweiten: Was heißt hier »im Augenblick«? Richtig ist zwar, dass allen Prognosen zufolge sich die weltweite Bevölkerung Ende dieses Jahrhunderts auf etwa 8 Milliarden einpendeln wird – aber eben ›einpendeln‹ und ›wird‹! Ich fürchte also, dass man nicht wirklich von einem »Augenblick« wird sprechen können, in dem man eben mal ein bisschen mehr reparieren müsste. Richtig ist so eine Aussage nur, wenn man die Zeit seit der Entstehung des Lebens zum Maßstab wählt.

Und was drittens unser Bild der Welt angeht: Neu muss es nicht sein. Es muss nur so konstruiert sein, dass es acht Milliarden Menschen und einigen Pflanzen- und Tierarten ein nachhaltiges Überleben sichert. Tatsächlich gilt: Bilder halten uns gefangen. Das ist ein alter Topos der Philosophie, der sich immer wieder bewahrheitet hat. Das Problem ist, dass wir nicht wirklich wissen, welches Bild uns guttut. Und weil das so ist und wir uns nicht auskennen, wursteln wir einfach weiter, wie Robert Musil das treffend nannte. Wir reihen eine Parallelaktion neben die andere und freuen uns, wenn BP, wie gerade bekanntwurde, für das Jahr 2011, das Jahr nach der großen Ölkatastrophe, wieder einen Nettogewinn von 23,9 Milliarden US-Dollar vermelden kann. Weiterwursteln führt nicht nur in Kakanien zum Untergang. Wenn man glaubt, die Wissenschaft wenigstens wurstle nicht weiter: Ein Blick hinter die Kulissen, und Sie werden feststellen, es ist dort nicht anders als überall, wo Menschen arbeiten. Unser Leben ist, ebenso wie unser Blick, immer endlich.

Nanotechnologie, Quantenphysik, Organische Physik, Bionik, Geo-Engineering, Genmanipulation – aus welcher Ecke der neuen Wissenschaften erwarten Sie die effektivste Hilfe im Kampf gegen den drohenden Ökozid?

Es wäre anmaßend, wenn ich behaupten würde, zu wissen, aus welcher Ecke mögliche Rettung naht. Das würde voraussetzen, dass ich einen Überblick habe, den ich faktisch nicht habe. Und ich würde behaupten: den kaum ein Wissenschaftler hat. Machen Sie sich die Mühe und fragen Sie nach. Ich tue das immer wieder und bin erstaunt: Kaum ein Wissenschaftler ist in der Lage, auch nur annähernd alle Artikel zu verstehen, die in einer Woche sagen wir bei *Science* und *Nature* veröffentlicht werden. Wie sollte er oder sie auch dazu in der Lage sein? Unser Wissen ist eben extrem spezialisiert. Eines allerdings wage ich zu behaupten nach vielen Gesprächen mit Naturwissenschaftlern aus den unterschiedlichsten Bereichen. Der Schlüssel zu unserer Zukunft, das ist fast ein Konsens, der über die verschiedenen Disziplinen hinweg herrscht, liegt nach Auskunft der Wissenschaftler in einem besseren Verständnis komplexer Systeme. Komplexe Systeme zeichnen sich u.a. durch eine starke Rückkopplung der Teilsysteme aus. Sehr oft bemerken wir die Wirkweise und die Folge dieser Rückkopplungen nicht – sondern erst, wenn es zu spät ist: Wenn ein Ökosystem kippt, eine Art ausstirbt oder wir selber auf einmal verstärkt bestimmte Krankheiten und Missbildungen aufweisen. Politiker – und ich muss leider sagen: wir alle – neigen fälschlicherweise immer noch dazu, komplexe Systeme wie lineare Systeme zu behandeln, also so, als würde ein Input immer wieder zum selben Output führen. Dabei müssten wir es längst besser wissen, nicht nur aufgrund der Erkenntnis von Nobelpreisträgern wie Ilya Prigogine oder Manfred Eigen oder aufgrund der Erforschung des Komplexen, sondern auch aus unserer eigenen, deutlicher sichtbaren Geschichte. Ich benutzte beispielsweise DDT – und schon sind die bösen Insekten weg. Ist das nicht wunderbar? Das mag tatsächlich auch eine Zeitlang gutgehen: Aber dann setzen die Nebenwirkungen, die unbemerkten Rückkopplungen ein.

Politik ist nichts anderes als der Versuch, komplexe Systeme zu verstehen und sie zu steuern. Pech ist nur, dass wir diese Systeme faktisch kaum verstehen, geschweige denn in der Lage sind, sie gut zu steuern. Die Kognitionspsychologen sagen uns, dass wir Menschen nur sehr selten in der Lage sind, Komplexität wirklich zu meistern. Ich neige dazu, die sehr pragmatische, nachhaltige Meisterschaft von Komplexität mit einem Wort zu benennen, das in der Tradition aller Kulturen dafür verwendet wurde (und deshalb verwende ich es gerne, zumal es global verstanden wird) – Weisheit. Wenn wir nicht daran arbeiten – und das hat, ich kann es nicht oft genug betonen, nichts, aber auch gar nichts mit

Esoterik zu tun –, weiser zu sein, d. h., nachhaltig in komplexen Systemen zu agieren (sie zu verstehen und zu steuern), wird es aus sein mit uns – früher oder später. Die einzig gute Nachricht ist, aber das würde jetzt zu weit führen: Wir können Weisheit aktiv kultivieren und in einem gewissen Umfang erlernen. Leider tun wir es nicht. Auch das ist ja lange bekannt: Der Schlüssel heißt Bildung. Mit der Bildung kommt ein Verstehen auch von Komplexität – und etwas, das sehr eng mit Weisheit verbunden ist: Empathie.

Rudolf Bahro forderte 1987 in seinem Buch *Logik der Rettung*, dass die Leitvorstellungen der politischen Ökonomie den Leitvorstellungen der Ökologie radikal untergeordnet werden müssen: »Es gilt, mit den Machtstrukturen zu brechen, die der ungezügelte Kapitalismus bis zur Selbstvernichtung aufrechterhalten wird.« Teilen Sie diese Ansicht?

Ich bin mir da nicht sicher. Wissen Sie, was das erste Argument zu sein scheint, dass beispielsweise in der gegenwärtigen Lärmdiskussion wirklich zieht? Nicht, dass Lärm eine Belästigung ist. Belästigungen wird man akzeptieren, wenn viel Kapital auf dem Spiel steht. Selbst, dass Lärm nachweislich die Gesundheit von Menschen und Tieren gefährdet und zerstört, ist nicht das zentrale Argument, das uns zum Umdenken bringen wird. Nein – der eigentliche Clou ist der Nachweis, dass ein Flughafen wie der Frankfurter Flughafen in Wahrheit kein Jobmotor ist und die Behauptung, es sei so, in Wahrheit falsch ist. Faktisch wurden bei Fraport trotz erhöhtem Flugaufkommen Arbeitsplätze abgebaut (Sie können sich im Internet selbst davon überzeugen, indem Sie sich die Geschäftsberichte ansehen) und in den absoluten Billiglohnsektor abgeschoben. Die Menschen leiden darunter. Aber das ist Unternehmen, die börsennotiert sind und damit weltweit verstreut, weitgehend egal. Das Einzige, was ihnen nicht egal ist, ist der Umstand, dass sie langfristig Geld verlieren werden – unter anderem weil, wie Studien in anderen Ländern belegen, das Rhein-Main-Gebiet im weiteren Umfeld des angeblichen Jobmotors Flughafen zunehmend verslumen wird. Es werden am Ende nur noch Menschen dort wohnen ›wollen‹, die es sich woanders nicht mehr leisten können. Falls Sie denken, das sei doch keine Antwort auf Ihre Frage: Ich fürchte doch. Denn die Ökonomie der Ökologie unterzuordnen ist eine nette, brave, letztlich in einem positiven Sinn hochmoralische und bürgerliche Denkweise. Das ist nicht falsch – aber leider hat es sich damit auch schon. Können Sie einem Hedgefonds mit Moral beikommen? Glauben Sie ernsthaft, sie könnten einem börsennotierten Unternehmen, dessen Eigentümer weltweit verstreut sind, mit Argumenten kommen, die sich auf das (schwer messbare) Wohlergehen von ein paar hunderttausend Bürgern irgendwo auf der Welt beziehen? Das einzige Argument, das weltweit verstanden wird, lautet: Ihr geht ökonomisch den Bach runter, wenn ihr nicht ökologisch denkt. So schlimm die Umweltsünden in China etwa beim Abbau der für den IT-Sektor und die Smartphones so wichtigen Seltenen Erden sind: Man beginnt, vielleicht aufgrund des taoistischen Erbes, zumindest in manchen Teilen des Landes allmählich umzudenken, weil man sieht, was es kosten wird, den Dreck, den man jetzt geschaffen hat, wieder zu beseitigen. Vielleicht wird er ja dann nach Europa exportiert, und wir freuen uns zur Abwechslung mal, auf diese Weise Geld zu verdienen.

UN-Generalsekretär Boutros-Ghali fand in einem kaum beachteten Dossier im August 1993 zu der Erkenntnis: »Globale Umweltaspekte könnten sogar wichtiger sein als die Souveränität eines Landes.« Grünhelme statt Blauhelme? Ist das vorstellbar und wünschenswert?

Sie erinnern sich sicher an die Vorfälle im ehemaligen Jugoslawien – wie den in Srebrenica. Die Stadt war 1995 eine UN-Schutzzone. Niederländische Blauhelme hatten das Sagen, als Ratko Mladić, ein aggressiver Schlächter und Kriegsverbrecher, vor den Augen der Blauhelme rund 8000 Männer brutal ermordete. Ähnliches passierte in Ruanda. Blauhelme sind eine gute

Idee, sicher. Und sie repräsentieren die Idee einer friedlichen, globalen und demokratischen Staatsordnung. Blauhelme sind sozusagen Kantianer im Einsatz. Alles, wofür auch wir in der Bundesrepublik stehen wollen. Und doch haben sie wenig – manche sagen: nichts – ausgerichtet. Glauben Sie, dass ein paar Grünhelme, die sagen, dass es böse ist, wenn wir den Regenwald abholzen oder Atomfässer in der Nordsee versenken, die Leute aufhalten werden, denen es lediglich um eines geht: um Macht und Geld? Die Vorstellung, dass es Wichtigeres gibt als die Souveränität eines Landes, ist nicht zuletzt die Idee Europas. Ich stimme dem durchaus zu. Aber das würde auch ein Hedgefonds-Manager tun: Es gibt Wichtigeres als die Souveränität eines Landes – nämlich sein Geld. Was Sie meinen, ist vermutlich, dass uns all die schönen Ländergrenzen nichts mehr nutzen, wenn die Flüsse verseucht, die Erde verstrahlt, die Tiere ausgerottet und Nahrung und Wasser nicht mehr zu finden sind. Diese Einsicht hatten, auf eine bewundernswerte Art, längst schon die Ureinwohner Amerikas – die Indianer. Ihre heutigen Reservate entsprechen nicht einmal mehr Ländergrenzen.

Angenommen, es gelänge der Weltgemeinschaft, sich vor dem Hintergrund kollabierender Naturhaushalte auf eine ›Magna Charta der Ökologie‹ zu verständigen – welche fünf Programmpunkte müsste diese unbedingt enthalten?

Ich fürchte, ich kann Ihnen nichts sagen, was nicht andere, die sich wirklich in den Details auskennen, wesentlich klüger und besser formuliert haben. Ich denke, dass wir andere Lebewesen, zu denen beispielsweise die Menschenaffen gehören, von denen es weltweit nur noch geschätzte 300 000 Exemplare gibt, aber eben auch Pflanzen, so etwas wie ein eigenes Recht auf Leben, ein Grundrecht, zubilligen müssen. Ohne Ethik, die in eine solche rechtliche, überall verbindliche Norm überführt wird, ist am Ende nichts zu wollen. Die Diskussion um die Fortführung des Kyoto-Protokolls zeigt, wie tief die Angst vor einer verbindlichen rechtlichen Regelung sitzt. In einer Ordnung, in der die Ökonomie das Sagen hat, zählt Ethik am Ende so viel wie eine Sonntagspredigt in einer leeren Kirche. Wer etwas erreichen will, muss der Natur verbindliche Rechte einräumen.

Zweitens dürfen wir keine Unternehmungen mehr dulden, die einschneidende, weitreichende Folgen haben. Unsere Politik muss eine Politik der kleinen Schritte sein – denn nur so lässt sich nachvollziehen, was falsch läuft.

Wir sollten drittens darauf achten, dass das, was wir verbrauchen, wiederverwendet werden kann und nicht nach einem Mal verbraucht ist und weggeschmissen (wohin eigentlich?) werden muss. Handys etwa müssen in modularer Bauweise konstruiert werden – sodass ich hinterher Seltene Erden, Coltan, Kupfer, Gold etc. wiedergewinnen kann.

Viertens sollten wir darauf achten, nicht weiterhin 1/3 aller weltweit produzierten Lebensmittel bei der Produktion, im Handel oder beim Kunden (bei uns) zu verlieren – durch Überproduktion, falsche Lagerung, Wegschmeißen. Wenn wir das in den Griff bekommen, wird die Rodung der Regenwälder nachlassen. Wir werden weniger Fleisch essen (CO_2) – und weniger Lebensmittel allein für den Abfall produzieren.

Und fünftens sollten wir all das tun, was ich jetzt noch nicht einmal angesprochen habe: Treibhausgase reduzieren, keine Stoffe in die Umwelt bringen, die erst in Zehntausenden von Jahren abgebaut sein werden etc. etc. Ich glaube, Sie alle kennen diese Überlegungen. Sie sind hinreichend bekannt. Schade nur, dass wir uns nicht daran halten. Sie sehen, wie diese fünf Programmpunkte, die man sicher durch klügere ersetzen könnte, ein Tropfen auf den heißen Stein sind.

Der Soziologe Ulrich Beck sagt, dass sich die Umweltschutzbewegung ein Stück Machiavellismus zu eigen machen müsse, und meint, dass die demokratische Entscheidungsfindung, die heute über das Diktat der Unaufgeklärten und Manipulierten zustande kommt, durch das Diktat der Vernunft ersetzt werden müsste. Stimmen Sie ihm zu?

Diktat der Vernunft? Das erinnert mich, leider, an die Französische Revolution. Eine gute Sache, der Theorie nach. Durchaus vernünftig. Gleiche Rechte für alle, selbst für Frauen. Sie ahnen, worauf ich hinaus will. Das Diktat der Vernunft war eine Diktatur der Macht. Die Vernunft hatte das Sagen, und die Köpfe rollten. Ich will nicht behaupten, dass es immer so war. Aber es war, leider, sehr oft so. Denn das Diktat der Vernunft ist meist nur eine andere Umschreibung für das Diktat derer, die die mediale, ökonomische und politische Macht haben, zu definieren, was vernünftig ist, und diese ›Vernunft‹ dann mit aller Brutalität und Gewalt durchsetzen. Bis sich die Vernünftigkeit der Frauenrechte durchsetzte, wurde es jedenfalls ziemlich spät (es hat, sozusagen, bis gestern gedauert – und immer noch erhalten Frauen in Deutschland, trotz gleicher Rechte, im Durchschnitt und im Vergleich zu einem Mann, der dieselbe Arbeit verrichtet, rund 1/3 weniger Lohn). Ich traue dem Diktat der Vernunft genauso wenig wie dem Diktat des vor Mitleid triefenden guten Herzens oder der Gesinnung eines esoterisch gesinnten Hundeschützers, der im Notfall bereit wäre, einen Menschen lebensgefährlich zu verletzten, nur um einen an Leishmaniose erkrankten Hund über die Grenze zu schmuggeln.

Sie werden jetzt zu Recht fragen: Ja, wie dann? Wenn weder Rationalität noch Irrationalität ein gangbarer Weg sind? Das Geheimnis liegt in der Dosierung. Mit Rationalität alleine können Sie vielleicht schnellere Autos bauen. Aber bei der Bewältigung von komplexen Problemen hilft Ihnen Rationalität alleine nicht. Sie müssen zugleich auch Ihre Sinne entwickeln, müssen aufmerksam und klar in sich selbst sein. Verdächtig ist mir die Nennung von Niccolò Machiavelli. Ein kluger, sehr rational denkender, sarkastischer Diplomat und Philosoph. Menschen muss man misstrauen, lautete seine Botschaft. Grundsätzlich. Ein Herrscher muss, nach Machiavelli, nicht an Normen gebunden sein. Meint Ulrich Beck, dass die Umweltbewegung sich zur Not auch hier und da mal über ein Gesetz hinwegsetzen kann? Die wichtigste Machtstütze des Fürsten ist das Heer. Soll sich der Fürst mit dem

Heer über das Diktat der Dummen – denn das scheint Ihre Frage ja nahelegen zu wollen – hinwegsetzen? Ich halte das für falsch. Oder, auch wenn es Machiavelli sicher gefallen würde, für zynisch. Was Ulrich Beck völlig vergessen hat – und das dürfte der entscheidende Punkt sein – ist, dass eine Vernunft ohne Empathie leer ist. Sie wird nichts bewegen. Erst vernünftiges Handeln, das im Dienste von Empathie – eigentlich compassion, aber dafür gibt es keine wirklich gute deutsche Übersetzung – steht, wird etwas bewegen.

Die internationale Klimapolitik hat auf breiter Front versagt. Das Ziel von maximal zwei Grad Erderwärmung wird zur Illusion. Wer erinnert sich noch an die ehrgeizigen Ziele der großen Industrienationen, den CO_2-Ausstoß innerhalb der nächsten zwanzig Jahre zu halbieren? Seitdem stieg der globale Energiekonsum um 5,6 Prozent an; die damit einhergehenden klimarelevanten Emissionen gar um 5,8 Prozent. Jochem Marotzke, Direktor am Max-Planck-Institut für Meteorologie in Hamburg, äußert sich über den aktuellen Stellenwert der Klimapolitik folgendermaßen: »Das Interesse in Berlin und anderswo hat sich merklich abgekühlt. Weil auch die Bürger sich abwenden, besteht für die Politiker kein großer Handlungsdruck.« Wenn dem so ist, wäre die Presse da nicht in besonderer Weise gefragt? Wie könnte, wie sollte ihr Engagement in einer Situation extremer Bedrohung aussehen? Und wie ist es um dieses Engagement Ihrer Meinung nach heute in Wirklichkeit bestellt?

Immer, wenn es in der Politik nicht weitergeht, ist die Presse gefragt – die dann, am Ende, die Politiker fragt. Will ich mich von der Politik abwenden, um mich dem Programm der *Bild* zuzuwenden? Am Ende, wenn alles schiefgeht, war meist die Presse schuld. Hätten die von den Medien nicht vorher noch was bewegen können? Manchmal vielleicht, sehr oft aber auch nicht. Andererseits glaube ich nicht, dass das Interesse der Bürger an Veränderung – ich mag das Wort ›Bürger‹ lieber als das ständige Reden von ›den Menschen‹, das in Berlin gepflegt wird – wirklich nachgelassen hat. Was zugenommen hat, ist allerdings ihre Arbeitsbelastung. Es fällt zunehmend schwer, mit Optimismus und Kreativität zu sehen, was noch möglich ist. Tatsächlich müssen neue Formen des zivilen Aufrüttelns entwickelt werden. Und ja – es muss Berichte und Sendungen über die Klimakatastrophe und all die anderen Baustellen der Menschheit geben. Ich bin nicht ganz so pessimistisch. Die jüngere Generation beispielsweise interessiert sich – zum Leidwesen der Autoindustrie – deutlich weniger für Autos als meine Generation. Und das ist gut so. Vielleicht wird etwas daraus.

Welche Gefahren sehen Sie auf die europäischen Länder zukommen, wenn der Klimawandel an Fahrt aufnimmt?

Die, die ich überall sonst auf der Welt auch sehe. Europa ist keine Insel.

Seit Jahrzehnten schon streiten sich jene, die den Klimawandel aus nachvollziehbarem Eigeninteresse leugnen, mit denen, die zutiefst alarmiert sind. Nach den Mahnern kommen in den Medien nun wieder vermehrt aus Sicht der Mahner sogenannte Schönredner und Verharmloser zu Wort. So dürfen beispielsweise Michael Miersch und Dirk Maxeiner ihre Thesen (»Die Flüsse sind sauberer geworden, die Luft auch. Wenn Sie die Ökoapokalypse malen, wo ist sie denn bitte?!«) in Talkshows verbreiten. Das Bedürfnis nach heiler Welt ist beim Publikum verständlicherweise sehr ausgeprägt, aber sollten es die Medien wider besseres Wissen auch bedienen?

Sie werden mich vermutlich jetzt nicht mehr mögen, aber: Viele Flüsse sind sauberer geworden. Es gibt auch positive Nachrichten. Und diese Nachrichten zu verschweigen nutzt wenig. Aber selbstverständlich kann man auch das Positive missbrauchen, um ruhigzustellen. Selbst das Positive ist also nicht mehr das, was es mal war. Ich weiß nicht, ob Sie sich erinnern: Vor einiger Zeit wurden E-Mails zwischen den Chefs einiger globaler Energiekonzerne veröffentlicht – eine Indiskretion, die vermutlich aus dem eigenen Kreis der Mächtigen kam. In diesen Mails ging es um Absprachen zwischen den führenden Köpfen der Energieunternehmen, in denen sie weitere gefälschte Studien in Auftrag geben wollten. Dasselbe hatten wir damals beim Thema Rauchen. Mit einem Mal wurde ›nachgewiesen‹, dass Passiv-Rauchen sogar die Immunabwehr stärkt. Diese Studien gab es. Sie wurden ernsthaft diskutiert – und waren doch von vorne bis hinten gefälscht.

Warum sollte ich nicht zugeben, dass ich natürlich das Bedürfnis nach einer heilen Welt habe? Das ist völlig legitim – und ich habe keinerlei Absicht, es mir von irgendjemand ausreden zu lassen. Das bedeutet jedoch auf keinen Fall, wider besseren Wissens zu ›informieren‹. Mein Verständnis von Journalismus schließt solche Formen von bewusster Täuschung aus.

Die Zahl der Menschen, die sich vor dem Hintergrund eines ungezügelten Wirtschaftswachstums zum Widerstand bereit finden, wächst. Das Internet ist die ideale Kommunikationsplattform für Aktivitäten aller Art. Es ist ein Glaubenskrieg, der dort stattfindet, und diejenigen, die ihn führen, sind moralisch hoch gerüstet. Zukunftsforscher prognostizieren einen Quantensprung der Gewalt. Sehen Sie das ähnlich?

Ein Quantensprung ist der kleinstmögliche Sprung, den Sie machen können. Insofern nicht empfehlenswert. Aber Sie haben recht: Die Glaubenskriege sind bedrohlich. Allerdings stehen auch hinter den Glaubenskriegen noch weitere Faktoren, die nichts mit Religion zu tun haben. Es geht nicht zuletzt bei diesen Kriegen auch um Zugang zu Wasser und um Verzweiflungstaten, um einer bedrückenden Armut und Kindersterblichkeit zu entkommen. All das zusammen ergibt ein gefährliches Gemisch. Und Sie haben recht: Über die Religion erreichen Sie viele. Religion ist ein wunderbares Druckmittel – es drückt auf die Gefühle, auf die eigene Courage und auf die Vernunft. Religion ist und bleibt aber ein zweischneidiges Schwert. Nämlich dann, wenn Sie Religion an die Stelle jeder Vernunft und vor allem an die Stelle einer Ethik setzen, die auch die ›Feinde‹ mit meint.

Wie sieht Ihrer Meinung nach ein politischer Notwehrreflex aus, wenn die Ressourcen erkennbar zu Ende gehen? Glauben Sie, dass wir auf eine Ökodiktatur zulaufen?

Diktatur – wahrscheinlich. Öko – eher wenig. Wenn geschossen wird, dann nicht aus Ökogewehren mit Fair-Trade-Patronen im Magazin.

Die Empörung über das Gebaren der internationalen Finanzindustrie ist seit Monaten in der Berichterstattung zu spüren. Die Politik stolpert angesichts der Finanzkrise von einer Ratlosigkeit in die nächste. Umso erstaunlicher ist es, dass bisher in keiner Sendung, in keinem Artikel der Mainstream-Medien die Alternativen zu unserem Geldsystem diskutiert werden. Warum spricht man nicht über das ›Schwundgeld-Modell‹ im österreichischen Wörgl, das inmitten der Weltwirtschaftskrise für Wohlstand sorgte und 1933 erst durch die Klage der österreichischen Notenbank und der Androhung eines Armeeeinsatzes beendet wurde? Warum hören wir nichts über Vordenker wie Silvio Gesell, Leopold Kohr oder Ernst Friedrich Schumacher? Der Nationalökonom Kohr empfahl bereits vor 60 Jahren die Rückkehr zum menschlichen Maß. Dieses Plädoyer für die »richtige Größe« entstand in einer Zeit, in der Wachstum und internationale Zusammenschlüsse dominierten, und ist heute – im Zeitalter der Globalisierung – aktueller denn je. Kohrs Schüler und Freund Schumacher (»Small is beautiful!«) zerlegte in den siebziger Jahren die Ideologien des Größenwahns in Politik und Wirtschaft. Warum kümmern sich die Medien nicht um diese Leute? Warum begeistert die Architektin, Ökologin und Freiwirtschafts-Befürworterin Margrit Kennedy seit Jahren eine wachsende Fangemeinde, ohne von den Medien wahrgenommen zu werden? Mit anderen Worten: Warum drücken wir uns so konsequent vor neuen Sichtweisen?

Warum? Weil die Dinge komplex sind. Und wir diese Komplexität nicht verstehen und sie auch nicht in den Griff bekommen durch angebliche Lösungen, die, wenn man erst einmal ein, zwei Schritte weiter ist, auch keine sind. Weil die Antworten, die wir geben, oftmals reine Gutmenschantworten zu sein scheinen, die nicht allzu weit reichen. Mit diesen Antworten werden Sie keinen Hedgefonds bekämpfen (geschweige denn einen verwalten) können. Weil die Modelle – wie sollte es auch anders sein – meist nicht wirklich bis zu Ende gedacht wurden. Der Teufel steckt im Detail. Und die Details sind oft erst sichtbar, wenn Sie mittendrin stecken. Das ist eine Einsicht, die man bereits aus einer vergleichsweise so banalen Tätigkeit wie dem Aufbau eines Ikea-Produktes gewinnen kann. Ein Argument, das in dieser schlechten Lage für alternative Wirtschaftstheorien allerdings relevant ist, wäre die Gegenfrage: Ist das derzeit etablierte Geldsystem zu Ende gedacht worden? Die klare Antwort – die sich übrigens hier und da bereits Politiker zu geben trauen, die über den Eurorettungsschirm sprechen – lautet: Nein.

Übrigens scheinen Sie meine Sendung nicht zu sehen, was ich Ihnen nicht einmal verübeln kann, denn auch Fernsehen ist Teil des Problems, das zu lösen es vorgibt – ganz abgesehen davon, dass es Fernsehsendungen wie Sand am Meer gibt. Aber wir haben häufiger bereits über solche Themen in unseren Sendungen berichtet. Ich mag es nicht, wenn man von »den« Medien spricht – auch wenn ich selber manchmal in die Falle der Verallgemeinerungen tappe.

Eine Online-Befragung der Leipziger Journalistik an der Universität Leipzig hat ergeben, wie Deutschlands Journalisten ihre eigene berufliche Zukunft sehen und wie sich der Journalistenberuf nach Meinung der Befragten in den nächsten fünf bis zehn Jahren verändern wird. Demnach verliert die Aufgabe der Journalisten, Kritik und Kontrolle zu üben, erheblich an Bedeutung. Wichtiger wird es sein, eine Rundumorientierung sowie Lebenshilfe und Nutzwert zu geben. Wie beurteilen Sie persönlich die Entwicklung der Medien innerhalb der nächsten zehn Jahre?

Auch im Journalismus gibt es einen Schweinezyklus. Ich gebe Ihnen recht insofern, dass ich derzeit auch beobachte, wie Journalismus in dem Sinne, in dem er mir vermittelt wurde und für den ich einstehe, immer seltener wird. Ich kenne eine Menge Kolleginnen und Kollegen, denen es ähnlich geht. Wir fühlen uns zuweilen wie Dinos. Aber es gibt guten Journalismus, ohne Zweifel. Und vielleicht ist es sogar heilsam, die eigene Denkweise radikal in Frage zu stellen. Auf diese Weise ändert sich etwas – und derartige Dinge ändern sich immer wieder. Warum sollte es im Journalismus anders sein als in der Mode? Nietzsche war der Ansicht, am Ende sei die Stimme der Geschichte doch die der ewigen Wiederkehr des Gleichen. Mag also sein, dass es jetzt um Wellness und »Ich höre so viele Stimmen in mir – welches Shampoo soll ich jetzt nehmen?« – Fragen geht. Aber das wird sich auch wieder ändern. Spätestens, wenn dem Wellnessbereich das Wasser, die Luft und auch die Energie fehlt.

Franz Josef Radermacher, Leiter des Forschungsinstituts für anwendungsorientierte Wissensverarbeitung in Ulm, behauptet, dass es sehr viele Machteliten auf dem Globus gibt, die nichts mehr fürchten, als dass es vergleichbare Lebensverhältnisse für alle Menschen auf der Erde gibt. Die aus der Umweltkrise resultierenden Restriktionen an ökonomischen Möglichkeiten würden instrumentalisiert, um Aufholprozesse zu verhindern. Rademacher weiter: »Die Menschen in großer Armut zu belassen ist ein Traumprogramm, man spart Energie und Ressourcen. Natürlich ist man klug genug, das nie zu sagen.« Können Sie der These Rademachers folgen?

Die Überlegung ist, wenn man nur brutal und krude genug denkt, kaum von der Hand zu weisen. Warum? Erstens, weil arme Menschen immer nach etwas streben – nämlich danach, ihre Situation zu verbessern. Wenig mehr ist in dem Fall immer besser als nichts. Also sind Menschen, die wenig haben, leicht (und das bedeutet übertragen auf den Bereich der Ökonomie: für wenig Lohn) bereit, für ihre schlecht entlohnte Arbeit dennoch am Ende ein wenig mehr zu haben.

Zweitens kann man als Faustregel behaupten, dass arme Menschen über eine schlechtere Bildung verfügen. Gerade Deutschland zeigt auf eine vielfach dokumentierte, von der Mehrheit der

Bevölkerung immer noch für Ideologie oder schlicht für falsch gehaltene Art und Weise, wie sehr Bildung von nichts anderem abhängig ist als vom Geldbeutel derer, die dafür bezahlen können und wollen. Wer über geringere Bildung verfügt, ist aber, im Sinne multinationaler Konzerne, leichter zu beeinflussen und zu lenken.

Drittens aber gilt: Wenn alle Menschen in vergleichbaren Lebensverhältnissen leben würden, wäre das nur möglich, wenn wir – die sogenannte westliche oder Erste Welt – deutliche Abstriche an unserem eigenen Lebensstil machen würden. Unser Steinzeitgehirn – das wir, bei allem, was sich an Bewundernswertem über unser Gehirn sagen lässt, eben auch in uns haben – ist allerdings davon überzeugt, dass ein Abrücken von dem, was einmal erreicht ist, was wir einmal haben, immer ein Verlust und eine schlechte Wahl ist. Abzugeben bedeutet zu verlieren; und etwas zu verlieren bedeutet, sein Belohnungszentrum nicht mehr so erfolgreich stimulieren zu können. Das Ergebnis: Wir fühlen uns schlecht. Die Vorstellung, dass wir glücklicher wären, wenn es gelänge, uns alle oder doch wesentlich mehr Menschen nicht mehr im Elende leben zu lassen – etwa indem jedem Mensch der Zugang zu frischem Trinkwasser möglich wäre – ist schön; doch wir sind weit davon entfernt, diese Vorstellung ernst zu nehmen und die Verwirklichung dieser Vorstellung als Glück zu empfinden. Der Schlüssel liegt, wie gesagt, in einer richtig verstandenen Empathie, die nicht in Gefühlsduselei endet, sondern in einem aktiven Handeln. Einstweilen gewinnen wir als Individuen lieber im Lotto oder machen eine Urlaubsreise, als zu verzichten. Denn das, so glauben wir, macht uns glücklicher als das Glück von Menschen, die wir noch nie im Leben überhaupt zu Gesicht bekommen haben. Oder nie zu Gesicht bekommen werden, weil wir uns bescheiden und weniger reisen – wobei reisen hier nur pars pro toto steht, ein Bild für das, worauf jeder Einzelne von uns verzichten muss.

George Soros, der Welt größter Finanzmogul, kommt zu der Erkenntnis, dass mit den zunehmenden Fähigkeiten, die wir im Bereich Marketing und Spin-Doctoren[11] entwickelt haben, die Machtstrukturen, auch die demokratischen, dazu tendieren, dass sie im Letzten gar nicht mehr die Wahrheit wissen wollen, sondern dass sie eine Vorstellung der Realität zu ihrem Zweck erzeugen. Inwieweit wirken die Medien Ihrer Meinung nach daran mit?

Erlauben Sie mir, bevor ich auf diese suggestive Frage, die offensichtlich nur ein entrüstetes »Na auf eine sehr starke, sehr gefährliche Weise« erlaubt, kurz den Kontext zu erläutern, in dem diese Frage steht. Zunächst nehme ich an, dass Ihnen die Frage »Was ist Wahrheit?« ebenso bekannt vorkommt wie der Umstand, dass die Mächtigen an einer ›richtigen‹ Antwort auf die Frage nie interessiert sind. Ein Mann namens Pilatus stellte die Frage nach der Wahrheit in den Raum, mehr rhetorisch als ernst gemeint, denn er erwartete in seinem Machtraum keine wirkliche Antwort. Oder besser: Er erwartete sie. Und zwar durch eine Abstimmung. Pilatus war der Ansicht, man könne über Wahrheit abstimmen. Wen wollt ihr? Den Barnabas? Den Jesus? Sagt Bescheid – ich lasse dann entsprechend eurem Wunsch jemanden kreuzigen. Soros hat seine sehr zweifelhaften Spekulationen immer in den Dienst einer politischen Idee gestellt. Gleich, wie man diese Ideen bewertet – das Prinzip seines Handelns war es, an den Börsen entsprechend einer von ihm entwickelten Theorie der Reflexivität mit der Diskrepanz zwischen wahrgenommener und tatsächlicher Realität zu spielen. Dies war die Theorie, der er folgte und seine Milliarden verdiente. Wie groß diese Diskrepanz zwischen wahrgenommener und wirklicher Realität ist – das hat sich insbesondere in der letzten, noch andauernden Finanzkrise gezeigt. Die Wahrnehmung der Hedgefonds-Manager und die der Betroffe-

---

11 Spin-Doctoren: Medien-, Image-, Politikberater, zuständig für die Öffentlichkeitsarbeit. Sie generieren in den Medien auf subtile Art eine vorher festgelegte Sichtweise.

nen, die ihre Rente oder Altersversicherung verloren haben und im hohen Alter wieder vor dem Nichts stehen, könnte nicht weiter auseinanderklaffen. Soros ist inzwischen selber ausgestiegen. Doch was verbirgt sich hinter Soros' Theorie der Reflexivität? Der Milliardär bezieht sich dabei auf seinen Lehrer, den Philosophen Sir Karl Popper. Im Gegensatz zu der weitverbreiteten Meinung, dass sich die Märkte automatisch auf einen optimalen Gleichgewichtszustand einpendeln, in dem sie dann verharren, besagt Soros' Theorie der Reflexivität geradezu das Gegenteil. Nichts ist automatisch. Preise beeinflussen die Strukturen der Wirtschaft. Und die auf diese Weise oder andere Weise veränderten Strukturen – an dieser Veränderung und ihrer Kommunikation haben die Medien in der Tat hohen Anteil – wirken ihrerseits auf die Erwartungen derer zurück, die an den Märkten handeln. Und diese Erwartungen – das, was an der Börse meist als Psychologie bezeichnet wird – beeinflussen wiederum die Preise. Es handelt sich also um ein Geschehen, in dem die Wirkungen (veränderte Strukturen) die Ursachen (bestimmte Preise) bestimmen. Dies nennt man Reflexivität. Präziser noch: Selbstorganisation durch Fluktuation und Verstärkung. Indem ich verstärkt iPhones umsetze, wird das iPhone zum Referenzmodell für ähnliche andere Produkte. Es geht in diesem Sinne also gar nicht darum, dass in Wahrheit das iPhone besser wäre als alle anderen vergleichbaren Produkte. Es geht lediglich darum, dass wir (durch Apple und eine geschickte Marketing-Strategie) eine Vorstellung bekommen haben davon, wie ein solches Produkt aussehen sollte. Diese Vorstellung bewirkt dann, dass wir etwas verstärkt kaufen. Und das führt weiter zu einem höheren Absatz dieses Produktes. Negative Erwartungen können den Prozess in die entgegengesetzte Richtung beeinflussen. Die Vorstellung der Realität erzeugt also eine Realität. Damit hat Soros gearbeitet. Am Ende hat dieser Mechanismus mit einer Wahrheit, von der Sie eben sprachen, mit einem Besser oder Schlechter, nichts zu tun.

Dass Medien etwas mit der Kommunikation und massenweisen Verbreitung von Vorstellungen zu tun haben, versteht sich von selbst. Die Frage ist, wer in den Medien oder wer die Medien dazu bringt, eine bestimmte Vorstellung oder Handlungsweise für ›richtig‹ oder ›wahr‹ zu halten. Dass dies kein objektiver Prozess ist, dürfte bei einem kurzen Blick in eine Ausgabe der *Sun* oder *Bild* schnell deutlich sein. Insofern hat sich ein Teil des Kampfes, der bislang auf dem Markt ausgetragen wurde, in die Medien verlagert – die ihrerseits ein wichtiger ökonomischer Faktor geworden sind. Das kommerzielle Fernsehen beispielsweise existiert nur, weil es den Machern gelingt, Werbung zu verkaufen. Das ist das Ziel von kommerziellem Fernsehen. Was Sie eigentlich sehen wollen – die Filme zwischen der Werbung – ist lediglich die Methode, mit der man Sie darauf konditioniert hat, auch noch die Werbung zu sehen. Es kommt daher inzwischen weniger darauf an, ein gutes Produkt zu machen (im Gegenteil: ein Produkt sollte nicht mehr lange halten, damit die User schnell ein neues kaufen und damit den Profit des Unternehmens steigern) als vielmehr ein gutes Image, ein gutes Marketing um das Produkt herum zu erfinden. Der Schein zählt nicht immer, aber immer öfter mehr als die Wirklichkeit. Was wirklich ist, in diesem Sinn, wird an der Kasse entschieden. Womit wir beim Ausgangspunkt wären: Bei der irrigen Vorstellung von Pilatus, dass man über Wahrheit abstimmen könnte. Aber diese Meinung von Pilatus ist inzwischen die wohl am weitesten verbreitete Theorie der Wahrheit.

Die Antworten wurden im Februar 2012 gegeben.

Gert Scobel, Jahrgang 1959, studierte Philosophie und Theologie in Frankfurt am Main und in Berkeley (Kalifornien). Einer kurzen Lehrtätigkeit an der University of San Francisco folgten vielfältige journalistische Aufgaben: freie Mitarbeit beim *FAZ-Magazin*, Radio-Essays für den Hessischen Rundfunk, und, ebenfalls beim HR, ein Volontariat mit Schwerpunkt Kultur und Wissenschaft. Anschließend moderierte Gert

Scobel regelmäßig Kultursendungen in Hörfunk und Fernsehen, unter anderem für HR, WDR und das ARD-Magazin *Kultur Plus*. Außerdem war er verantwortlicher Autor und Regisseur von Dokumentationen und Features für die ARD, darunter für die WDR-Reihe *Philosophie heute*. Von 1995 bis 2007 moderierte Gert Scobel das 3sat-Magazin *Kulturzeit* sowie verschiedene Buchsendungen. Er war außerdem zwei Jahre als Anchorman beim Morgenmagazin der ARD tätig. Ab Mai 2003 übernahm er die Moderation der Sendung *sonntags – TV fürs Leben* im ZDF. 2004 bis 2008 leitete und moderierte Gert Scobel das Magazin *delta*, das im April 2008 von der Sendung *scobel* abgelöst wurde. Seitdem leitet er den Programmbereich »Wissen« und die Redaktion »scobel«. Für den Kinderkanal KiKa war er an der Entwicklung der ersten Philosophie- und Kultursendung für Kinder und Jugendliche beteiligt.

GESEKO VON LÜPKE
Ansichten eines journalistischen Schmetterlings

Objektiv? Was soll das sein? Geseko von Lüpke hält nichts von diesem journalistischen Credo, das in unserem Gewerbe krampfhaft hochgehalten wird. »Objektivität ist ein Mythos«, sagt er, »jede Konfliktgeschichte, auf die ich mich einlasse, ist eine Geschichte, in der ich auf subtile Art und Weise Stellung beziehe, indem ich den einen Gesprächspartner so und den anderen so zitiere, das macht jeder. Die Idee vom neutralen Journalismus ist eine Selbstlüge. Warum kaufen sich Leute verschiedene Zeitungen? Weil jede für sich ganz ›objektiv‹ eine andere Wirklichkeit abbildet.« Dass Journalisten dem Konsumenten das Denken abnehmen, indem sie versuchen, ›eine Wahrheit‹ objektiv darzustellen, hält der Publizist für überholt: »Die Welt ist nicht monokausal, und die Leute sind nicht blöd«, sagt er. »Es gibt mehrere Wahrheiten, die jeder für sich selbst definieren muss. Statt eine verlogene Objektivität vorzugaukeln, halte ich eine engagierte journalistische Meinung, die auf guter Recherche beruht, für viel gesünder.« So ganz falsch kann er nicht liegen. Für eine seiner engagierten Reportagen wurde er vom früheren Bundespräsidenten Horst Köhler mit dem Medienpreis Entwicklungspolitik ausgezeichnet.

Von Lüpke, der auch als Buchautor in Erscheinung trat (*Politik des Herzens*), arbeitet hauptsächlich für die Rundfunkanstalten der ARD. Besonders gerne tut er das für das Kulturjournal des

Bayerischen Rundfunks, das ihm genügend Zeit für Hintergrundreportagen und Interviews einräumt. Auf diese Weise hat er eine Reihe bedeutender Menschen kennengelernt, die sein Weltbild entscheidend geprägt haben: Vertreter der neuen Wissenschaft, der ganzheitlichen Ökologie, Kulturkritiker. Leute, die weit über den Tellerrand hinausschauen und die von Lüpke als Pioniere der globalen Zivilgesellschaft bezeichnet. »In meinen Interviews dreht es sich ganz oft um eine andere Form von Wahrnehmung, um eine andere Form von wissenschaftlicher Herangehensweise. Das sind ja alles Leute, die nicht mehr sagen, wir können hier an einem Schräubchen drehen und da an einem Schräubchen drehen, sondern sie vertreten die Meinung, dass wir eine völlig andere Sichtweise brauchen. Man muss sich das wie ein Kaleidoskop von alternativen Denkweisen vorstellen, die letztlich ein geschlossenes System aus vielfältigen Ansätzen ergeben, das den reduktionistischen Blick auf die Realitäten nicht mehr zulässt.«

Eines seiner »Erweckungserlebnisse« hat Geseko von Lüpke dem philippinischen Soziologen, Umweltaktivisten und Träger des Alternativen Nobelpreises Nicolas Perlas zu verdanken, der ihm am Beispiel einer biologischen Transformation aus dem Tierreich die Augen geöffnet hat für den Umwandlungsprozess, der nun auch von der globalen Zivilgesellschaft Besitz ergriffen hat. »Er hat mir beschrieben, was in einem Raupenkörper passiert, wenn der sich verpuppt. Da tauchen in diesem verpuppten Körper Zellen auf, die die Wissenschaft ›Imago-Zellen‹ nennt. Das sind Schmetterlingszellen, welche in dem Raupenkörper entstehen und quasi die Zukunft vorausnehmen. Dafür werden sie vom Immunsystem der Raupe als Fremdkörper angegriffen und vernichtet. Aber da sich der Raupenkörper in zunehmender Desintegration befindet, hat es die zweite Generation der Imago-Zellen schon leichter. Natürlich werden auch sie von dem alten System attackiert, aber die Eindringlinge wissen jetzt, wie man die Immunzellen der Raupe so infiziert, dass sie selber Imago-Zellen hervorbringt. Irgendwann schließen sich diese bislang isolierten Imago-Zellen in Clustern zusammen und werden zu so was wie ›Inseln der Zukunft‹. Dann fangen sie an, sich zu vernetzen und sich durch Zellstraßen zu verbinden. Zeitgleich wird das System des sich auflösenden und nicht mehr gut funktionierenden Raupenkörpers immer instabiler. Irgendwann kommt ein Moment, wo dieses Netzwerk von Zukunftsinseln beginnt zu kapieren: ›Wir sind keine Raupe mehr, wir sind etwas anderes!‹ Von dem Augenblick an geht es rasend schnell. Es ist nur noch eine Frage der Zeit, bis aus einem wilden Zellhaufen ein Schmetterling erwächst, der eine völlig andere Realität vorfindet und dem andere Ebenen des Ausdrucks zur Verfügung stehen.«

Geseko von Lüpke hat Politikwissenschaften studiert, er war schon als Schüler von der 68er Bewegung inspiriert. Aber die Erfahrung, die er später an der Universität machte, hat ihn enttäuscht. »Zumindest das, was an Engagement bei denjenigen entstanden ist, die das studierten. Ich habe unter meinen Kommilitonen wenig Interesse an Aufklärung und fundierten Analysen feststellen können.« Als engagierter Umweltjournalist beobachtete er das auch später immer wieder bei Lesern und Hörern: »Ihre Ohren gehen zu, wenn man ihnen nur harte Fakten und schlechte Nachrichten präsentiert. Irgendwann habe ich mich gefragt, welche Mechanismen Leute wohl dazu bringen, nicht mehr zuzuhören? Über diesen Weg bin ich auf das Thema der Verdrängung und Verzweiflung gestoßen. Dabei ist mir die amerikanische Systemtheoretikerin und Begründerin der Tiefenökologie Joanna Macy begegnet, die den Ansatz der Verzweiflungs- und Ermutigungsarbeit kreiert hat, um die Mauern der Verdrängung aufzubrechen. Joanna Macy sagt, wir müssen uns viel emotionaler mit dem auseinandersetzen, was in der Welt passiert, weil erst das unser Mitgefühl weckt, aus dem dann die Bereitschaft entsteht, etwas zu verändern. Also nicht weiter zuzumachen, sich nicht der Panik zu ergeben durch ein Übermaß an nur rationaler Verarbeitung. Denn das führt uns nicht weiter. Wir müssen Gefühle integrieren und aus dem Mitgefühl heraus eine neue Politik erschaffen. Diese Perspektive hat bei mir viel verändert. Die Frage ›Was haben Gefühle, was haben psychologische

Prozesse wie Verdrängung, Verzweiflung und Zukunftsangst mit unserer Politik und auch mit unserem Journalismus zu tun?‹ war für mich der Impuls, anders zu arbeiten, mich mit mehr Emotionen einzubringen. Hinzu kam ein grundsätzliches Interesse an meinem inneren Wachstum, für das in einer politikorientierten rationalen Welt kein Platz war. Das waren zwei parallele Schienen ohne Querverbindungen. Erst über den tiefenökologischen Ansatz gab es einen Zusammenfluss von politischer Arbeit und innerem Wachstum.«

Nun neigt unsere Gesellschaft dazu, derartige Gedanken als esoterischen Schnickschnack zu deklarieren. Sobald der enge Rahmen der klassisch naturwissenschaftlichen Ökologie verlassen wird und Begriffe wie ganzheitlich, evolutiv oder spirituell ins Spiel kommen, wird die Sache in der Regel als suspekt betrachtet, da solche Begriffe unserem wissenschaftlich geschulten Geist fremd sind. Nachvollziehbar wird der ökologische Gedanke für die meisten Menschen nur, wenn man ihn in den konkreten Zusammenhang von Wissenschaft und Politik stellt. Wie geht Geseko von Lüpke damit um?

»Das Wort Esoterik ist für mich auch eher negativ besetzt«, sagt er, »weil es sich dabei um die vermarktete Form von Spiritualität handelt. Spiritualität heißt doch eigentlich nur, tiefere Fragen zu stellen. Es ist passender, von Werten zu sprechen, die dem Leben dienen: Ich meine damit Werte, die nicht in Gesetzbüchern oder Verträgen stehen und dennoch von Menschen auf der ganzen Welt geteilt werden. Wenn die eine Qualität haben, wo Menschen aus tiefster Überzeugung und aus ihrem Herzen sprechen, dann ist das etwas, was sie stärkt. Insofern ist Spiritualität kein Schnickschnack, sondern die Fähigkeit, Menschen resilienter zu machen gegen Angriffe auf das Leben. Sie ist die Grundlage dafür, dass wir uns für Gerechtigkeit, Menschenrechte, Umwelt und Zukunft einsetzen. Spiritualität ist dann nicht Weltflucht oder abgekoppelt von den politischen Prozessen, nein, sie ist eine höchst politische Angelegenheit. Deshalb gehört sie auch nicht in die Esoterikecke. Natürlich ist so mancher Vorwurf gegenüber einigen Veröffentlichungen aus dieser Ecke völlig gerechtfertigt. Ich traue auch keinem Artikel, in dem die absurdesten Dinge behauptet werden. Es braucht auch jenseits des puren Rationalismus eine handfeste und gute Recherche, aber es braucht im Journalismus auch ein enormes Aufbiegen von Scheuklappen gegenüber neuen Ansätzen. Und es braucht eine große Bereitschaft, das Paradigma, aus dem sich unsere Kultur in diese ganze ökologische Problematik hineinmanövriert hat, zu hinterfragen. Und da sollte man nicht alles, was dem rein rationalen, linearen Denken zu widersprechen scheint, in eine Schublade tun, die man dann ›Esoterik‹ nennt. Damit wird der Umbruch in den Werten, der in der Gesellschaft sowieso stattfindet, nicht ernst genommen und diffamiert. Letztlich diffamiert sich die Medienwelt durch solche Winkelzüge selbst, weil sie nicht mehr die Wirklichkeit abbildet.«

Je tiefer Geseko von Lüpke als berichterstattender Zeitzeuge in die Problematik des Klimawandels und kollabierender Naturhaushalte eindrang, je mehr Kenntnis er von den Folgen dieser Prozesse gewann, desto klarer wurde ihm seine journalistische Aufgabe. »Am prägnantesten ließe sie sich vielleicht mit dem Slogan ›Der Erde eine Stimme geben‹ übersetzen«, sagt er, »oder dem sich entwickelnden neuen Bewusstsein auf der Erde eine Stimme zu geben. So ähnlich, wie es *Democracy Now!* macht.«

Democracy Now! ist ein US-amerikanisches Politikmagazin im nichtkommerziellen Rundfunk, das international von über 700 Hörfunk- und Fernsehsendern übernommen und im Internet täglich von Millionen verfolgt wird. Gegründet wurde es 1996 von der charismatischen Moderatorin Amy Goodman – auch sie wurde mit dem ›Alternativen Nobelpreis‹ ausgezeichnet, über den von Lüpke verschiedene Bücher geschrieben hat. Sie sagt, wir müssten denen eine Stimme geben, die im medialen Mainstream keine haben. Ihr geht es darum, Stellung zu beziehen, und nicht darum, den Versuch zu unternehmen, in einer Welt, die sich irgendwo zwischen mörderisch und selbstmörderisch bewegt, den Zustand des kollektiven Suizids emotionslos zu beschreiben.

»Stellung zu beziehen bedeutet ja nicht, einseitig zu recherchieren. Aber ich nehme mir durchaus das Recht heraus, Meinungen zu präferieren, die für gewöhnlich wenig bis keine Öffentlichkeit erfahren, und jene zu ignorieren, die ohnehin ein Übermaß an Aufmerksamkeit genießen.«

Von Lüpke erinnert sich, dass er im Rahmen einer Recherche einmal an einem Seminar des australischen Umweltaktivisten John Seed teilgenommen hat, der sich für den Erhalt des subtropischen Regenwaldes einsetzt. »Er hat uns aufgefordert, auf einem Spaziergang versuchsweise die Sichtweise eines der Tiere einzunehmen, die uns gerade begegneten. Wie könnte das, was wir machen, aus der Perspektive eines anderen Lebewesens ausschauen? Wenn man dazu bereit ist, entsteht eine andere Wirklichkeit als das, was wir normalerweise als Realität bezeichnen. Ich habe daraus gelernt, dass wir unser anthropozentrisches Weltbild in Frage stellen müssen, welches ja die Hauptursache für das gegenwärtige Dilemma ist. Wenn ich ein guter Geschichtenerzähler sein will, wenn ich erzählen will, was auf der Welt passiert, dann muss ich aus unterschiedlichen Perspektiven heraus erzählen. Man kann aus der Perspektive indigener Kulturen berichten, man kann aus der Perspektive eines südafrikanischen Straßenkindes berichten, man kann sogar aus der Perspektive aussterbender Elefanten berichten, wenn man es in den richtigen Zusammenhang stellt. Dazu gehört auch, dass man mit dem, was an negativen Informationen auf einen einstürmt, anders umgeht. Ich kann mich mit einem Thema wie ›abgereichertem Uran‹ nur auseinandersetzen, wenn ich gleichzeitig die Möglichkeit habe, mich mit Initiativen zu befassen, die weltweit auf die Schweinereien aufmerksam machen, die mit diesem radioaktiven Müll gemacht werden. Ich kann mich den ökologischen Zerstörungen nur stellen, wenn ich mich zugleich mit den positiven Entwicklungen in der globalen Zivilgesellschaft befasse. Sonst halte ich das gar nicht aus, ohne mich emotional völlig zu verschließen. Das gilt für alle Horrorthemen. Nehmen wir die Erdölförderung im Nigerdelta. Was dort mit Menschen, mit Frauen und Kindern, mit der biologischen Vielfalt passiert aufgrund unserer Sucht nach fossilen Ressourcen, kann ich nur aushalten, wenn ich gleichzeitig sehe, was an positiven Entwicklungen und Initiativen aus dieser Not heraus entsteht. Für mich ist die Auseinandersetzung mit dem, was man als Journalist und mitfühlender Mensch aufdecken muss, nur möglich, wenn ich im Gleichgewicht bleibe. Und das Gleichgewicht erreiche ich durch die Erkenntnis, dass in jeder Krise ein Neuanfang steckt. Wenn ich nur auf die Kloake schaue oder auf die Zerstörung schaue oder auf Leid und Verzweiflung schaue, dann brenne ich selber aus.«

Geseko von Lüpke kommt noch einmal auf die Systemtheoretikerin Joanna Macy zurück, die in einem Interview mit ihm davon gesprochen hatte, dass wir heute zwei Aufgaben zugleich bewältigen müssen: als Sterbebegleiter für ein abgewirtschaftetes System zu dienen und als Geburtshelfer für eine neue Kultur. »Wir wissen heute, dass unser System, das uns so viel Wohlstand gebracht hat, nicht überlebensfähig ist. Ein System, das in einer Welt begrenzter Ressourcen auf unendliches Wachstum setzt, ist nicht überlebensfähig. Bisher sind alle Versuche, es zu heilen, immer geprägt durch ein Mehr vom Gleichen. Das ist so unglaublich kurzsichtig. Aber wir können Probleme nicht mit den Denkmustern lösen, die zu ihnen geführt haben, wie Albert Einstein sagte. Wenn Joanna Macy von Sterbebegleitung spricht, dann meint sie, dass die Haltung des Sterbebegleiters eine mitfühlende Haltung sein muss. Wenn ich den Prozess als Journalist begleite, muss ich ergründen, wie die Zerstörung systemisch begründet ist, ich muss also die Zusammenhänge herstellen, ich muss erklären, dass die wirtschaftliche Globalisierung zwangsläufig zu einer Verstärkung von Armut und Hunger, Wasserknappheit und ökologischem Kahlschlag führt. Gleichzeitig kann ich in meiner Analyse beruhigend auf die Leute wirken, indem ich sage: ›Ihr schaut einem sterbenden System zu, achtet darauf, dass ihr es sanft zu Boden bettet, aber achtet auch darauf, was uns aus diesem Tod an neuen Möglichkeiten geboten wird.‹«

Geseko von Lüpke verweist darauf, dass es schon heute unglaublich viele Ideen und Entwicklungen gibt, die zeigen, wie man mit der zerstörerischen Dynamik umgehen kann. Weltweit. Und er sieht es als seine Aufgabe an, diese ›Inseln der Zukunft‹ zu identifizieren. »Wir sind in einer Situation, wo die etablierten Medien überhaupt nicht wahrnehmen, was an kreativen neuen Kulturentwürfen entsteht. Die ›alternativen Nobelpreisträger‹, als die Spitze eines Eisbergs von zivilgesellschaftlichen Pionieren, werden zwar bei jeder Verleihung mit einem Einspalter erwähnt, aber sie werden nicht wirklich analytisch behandelt, sie werden nur als skurrile Spinner am Rande dargestellt. Dass sie die Vordenker einer sozialen Bewegung sind, die mittlerweile die größte Bewegung in der Geschichte der Menschheit ist, nämlich der globalen Zivilbewegung, die Unglaubliches leistet, das wird überhaupt nicht wahrgenommen. Der Blick der Medien ist auf die Metropolen gerichtet, er ist auf die Eliten gerichtet, auf die Regierungen, auf die unmittelbare Opposition. Es wird nicht begriffen, dass Politik längst nicht mehr nur top-down, sondern immer öfter bottom-up passiert, dass sie von unten her passiert. Es wird nicht begriffen, dass das alles Initiativen eines anderen Denkens sind, die nach und nach die Wertegrundlage der Bevölkerung verändern. Werteveränderungen, die zum Beispiel dazu führen, dass die Atomstromideologie nicht mehr mehrheitsfähig ist. Der konstante Wertewandel an der Basis der zunehmend globalisierten Zivilgesellschaft, den wir seit dreißig, vierzig Jahren beobachten, bringt Tausende von Projekten hervor, die in Konflikt sind mit der Politik der Eliten. Die klassische Politik wird immer gestaltungsunfähiger, weil sie immer weniger in Kontakt ist mit den Veränderungen an der Basis der Gesellschaft. Das muss Journalismus abbilden!«

Gelegentlich zieht es Geseko von Lüpke vor, sich nicht als Journalist, sondern als Zukunftsforscher zu bezeichnen. Weil er dort hingeht, wo Zukunft heute schon ausprobiert wird. »Nicht zu den ›No Future‹-Pessimisten, aber auch nicht zu den blinden Optimisten, die alle Probleme durch die Wissenschaft lösen lassen wollen. Sondern zu den ›Possibilisten‹, die tun, was menschenmöglich ist.« Wo Menschen andere Denkweisen, andere Wirtschaftsweisen, andere Sozialstrukturen, andere Kommunikationsformen entwickeln, die zu Flößen werden können, wenn die Titanic sinkt, wie er sagt. Die die Basis bieten könnten für den Postkollaps, für Postwachstumsgesellschaften, für einen gesellschaftlichen Neuanfang. »Ich spüre eine unendliche Sehnsucht der Mediennutzer, verantwortlich und gut recherchiert informiert zu werden und zu erfahren, wo Alternativen stattfinden. Und dieser wichtige hoffnungsvolle Anspruch, den wir Journalisten eigentlich erfüllen müssten, um Menschen aktiv zu machen und nicht depressiv, wird durch die standardisierten Massenmedien nicht bedient. Das ist bei denen völlig außerhalb der Wahrnehmung, weil man in der Regel nicht über einen Krieg berichtet, der nicht stattgefunden hat, sondern über fünf, die stattfinden.«

Letztes Jahr hatte er den Auftrag, eine Sendung über die Friedensbewegung zu machen. Was ist aus ihr geworden, wo steht sie? »Ich dachte zunächst, dass mir gar nichts anderes übrigbleibt, als einen Abgesang zu schreiben. Dann bin ich auf Mary Wynne Ashford gestoßen, die 1985 den Friedensnobelpreis für die Organisation IPPNW[12] entgegengenommen hatte und die mittlerweile am ›Human Security Institute‹ in Kanada arbeitet. Dieses Institut hat festgestellt, dass die Kriege in den letzten zwanzig Jahren um neunzig Prozent zurückgegangen sind! Das ist ein Wunder und müsste eigentlich in jeder Zeitung mit großen Headlines berichtet werden. Die Friedensforscher dieses renommierten Instituts sagen, wir wären das erste Mal nach 8000 Jahren ständiger Kriege auf dem besten Wege, den Krieg abzuschaffen. Die Grundlage dafür, stellen sie fest, sei die Aktivität der Zivilgesellschaft. Fünfundsiebzig Prozent aller Friedensaktivisten auf der Welt, so fanden sie heraus, sind Frauen. Frauen stehen für

---

12 IPPNW: International Physicans for the Prevention of Nuclear War (Ärzte gegen den Atomkrieg)

eine völlig neue Kommunikationskultur, in der lokale Konflikte auf andere Art und Weise, auf kooperative Weise gelöst werden. Wenn das kein Schwein weiß, haben die Medien versagt. Glaubten wir den Massenmedien, müsste man zu der Meinung gelangen, wir leben in einer immer gewalttätiger werdenden Welt. Das Gegenteil aber ist der Fall. Wir leben in einer immer friedlicher werdenden Welt mit weniger Attentaten, mit weniger terroristischen Anschlägen, mit weniger Bürgerkriegen und mit weniger großen Kriegen. Ein anderes Beispiel: Die globale Zivilgesellschaft hat in den letzten zwanzig Jahren 97 Diktatoren gestürzt, die sind alle friedlich beseitigt worden. Das ist ein Zeichen für eine kulturelle Macht, die man nicht einmal den Vereinigten Staaten oder dem Pentagon zubilligen würde. Damit müssen sich die Feuilletons beschäftigen! Da ist so etwas entstanden wie eine ethische Weltmacht. Die wächst in einer rasanten Geschwindigkeit heran, und es ist noch gar nicht abzusehen, wie sich das auf die weltweite Politik auswirken wird.«

Geseko von Lüpke arbeitet auch für Wissenschaftsredaktionen in der ARD. Ihn reizt dabei die Möglichkeit, einem total wissenschaftsgläubigen Publikum immer wieder beweisen zu können, dass die moderne Naturwissenschaft sich längst jenseits des Weltbildes bewegt, das in unseren Schulen nach wie vor vermittelt wird. »Wenn man Beiträge oder Sendungen über Systemtheorie, über Chaosforschung, über Quantenphysik, über Kybernetik, über neue Ansätze ökologischen Denkens macht, dann geht man ja immer hinaus über Descartes und Newton und all dem, worauf wir nach wie vor unsere Welt bauen. Unser Weltverständnis baut auf ein Denken auf, das sich im siebzehnten und achtzehnten Jahrhundert entwickelt hat, aber nicht auf den Erkenntnissen des zwanzigsten und einundzwanzigsten Jahrhunderts. Verantwortlicher Journalismus besteht auch darin, immer wieder darauf hinzuweisen, dass es längst andere Erklärungsansätze auf der wissenschaftlichen Ebene gibt. Das mag kompliziert sein, aber dann müssen Journalisten wie engagierte Dolmetscher handeln, die solche aufregende neue Denke verständlich machen.«

Von Lüpke sieht zwei Entwicklungen im Journalismus. Neben den klassischen Mainstream-Medien etablieren sich immer mehr »kulturkreative Medien« wie zum Beispiel die noch kleine, neue Zeitschrift *Oya – anders denken, anders leben*, für die er ebenfalls arbeitet. Der Begriff ›kulturkreativ‹ geht auf den amerikanischen Soziologen Paul Ray zurück, der in einer bahnbrechenden Studie über den Wertewandel von einer neuen sozialen Gruppe spricht, die er »Kultur-Kreative« nennt, weil sie ihr Verhalten und Weltbild nach ganz anderen sozialen und kulturellen Werten ausrichten. Die Untersuchungen zeigen, dass jeder vierte Erwachsene in den USA zu dieser Gruppe gehört – beinahe 63 Millionen Menschen. »Ray hat die Werteentwicklung in den westlichen Ländern unter die Lupe genommen und festgestellt, dass es eine ständig wachsende Zahl von Menschen gibt, die nach anderen Grundwerten leben wollen. Die sich anders ernähren wollen, die für einen Nord-Süd-Ausgleich sind, für Schuldenerlass, für ein anderes Verständnis von Arbeit. Und dass diese Menschen mittlerweile schon knapp ein Viertel der Bevölkerung ausmachen und tendenziell immer mehr werden. Politisch sind sie aber noch nicht wirklich sichtbar, weil sie mit dem parlamentarischen System nicht mehr viel anfangen können. Obama hat als Erster in seinem ›Yes, we can‹-Wahlkampf auf diese Gruppe gesetzt, und plötzlich waren zehn Millionen Stimmen mehr da, die bisher nicht in Erscheinung getreten waren. Dass sich für so eine Klientel neue Medien bilden, ist nur logisch. Wenn man ähnlichen statistischen Erhebungen Glauben schenken darf, leben heute auch in Europa über 70 Millionen Menschen, die ihre Werte neu ausgerichtet haben. Da befindet sich also eine große Zahl von Leuten unter uns, die nicht mehr so ticken, wie der Zeitungsleser vor 30 Jahren, aber leider ticken die Redaktionen größtenteils noch so. Es gibt unter den Journalisten noch nicht wirklich die Bereitschaft, diesen kulturellen Wandel zu verstehen und abzubilden.«

Während wir miteinander sprechen, stelle ich fest, dass sich die oben erwähnte Geschichte von den Raupen und den Imago-Zellen nachhaltig in mein Bewusstsein einzunisten beginnt. Geseko von Lüpke muss schmunzeln, als ich ihm das erzähle. »Nicolas Perlas behauptet, dass wir uns genau in dieser Situation befinden«, sagt er, »und zwar schon seit dreißig Jahren. Überall auf unserem Planeten beginnen Menschen, sich eine andere Zukunft vorzustellen. Noch werden sie von dem alten System bekämpft und mit Repressionen überzogen. Aber die Cluster einer anderen Zukunft haben sich längst gebildet, und sie nutzen die elektronischen Medien und das World Wide Web, um sich weltweit zu vernetzen.« Er erzählt von dem ›World Social Forum‹, eine Gegenbewegung zu den Gipfeln der Welthandelsorganisation, dem Wirtschaftsforum in Davos und den jährlichen Wirtschaftsgipfeln der G8-Staaten. »Dort waren bis zu 160 000 Aktivisten aus aller Welt versammelt, die ohne hierarchische Strukturen auskamen und die aus bestehenden Netzwerken neue bildeten. Die Menschen, die sich diesen Initiativen angeschlossen haben und in ihnen arbeiten, haben begriffen, dass sie nicht mehr das alte System sind. Die kulturelle Transformation könnte also sehr viel schneller vonstattengehen, als viele es erwarten. Ich sehe das Verhältnis zwischen Zerstörung und Gegenbewegung nicht in einem Verhältnis von 90 zu 10, wie viele behaupten, was natürlich eine ungeheure Depression nach sich zieht. Das Tempo, in dem sich die Gegenbewegungen aufbauen, kann inzwischen durchaus mit dem Tempo der Zerstörung mithalten.«

Natürlich ist von Lüpke bewusst, dass sich die Lebensbedingungen auf der Erde erst einmal dramatisch verschlechtern werden. »Das ist, was wir realisieren müssen«, sagt er. »Die Zukunftsforscherin Elisabet Sahtouris benutzte mir gegenüber mal den Slogan ›Living better on a hotter Planet‹. Davon wollte ich zunächst gar nichts wissen. Aber sie sagt ganz klar: ›Es wird einen Klimawandel geben, er wird sich nicht mehr verhindern lassen, wir müssen deshalb gucken, wie wir unter den veränderten Verhältnissen ein besseres Leben kreieren. Und zwar für alle Beteiligten des Ökosystems!‹ Auch ich ertappe mich gelegentlich in der Hoffnung, dass sich das noch verhindern lässt, aber wir müssen realistisch bleiben. Wir müssen uns fragen, was jenseits der Verdrängung tatsächlich passiert, und dann sollten wir entscheiden, worauf wir gesamtgesellschaftlich und kulturell unsere Aufmerksamkeit legen müssen. Wenn wir das nicht tun, sind wir immer in der Situation desjenigen, der auf vorhersehbare Entwicklungen erst dann reagiert, wenn der Knüppel auf seinem Hirn landet.«

Zum Schluss erzählt mir Geseko von Lüpke, was ihm der norwegische Philosoph Arne Næss (1912 – 2009) auf die Frage geantwortet hatte, ob er angesichts der Zukunft eher Pessimist oder Optimist sei. »Der sagte damals, er sei Pessimist fürs 21. Jahrhundert und Optimist fürs 22. Jahrhundert. Diese Aussage hat sich bei mir fest eingeprägt. Weil sie uns herausnimmt aus der Sichtweise ›Wir retten in vier Jahren die Welt‹. Gleichzeitig habe ich verstanden, dass ich mit meiner publizistischen Arbeit möglicherweise dazu beitragen kann, die Lebensverhältnisse meiner Ur-Ur-Enkel positiv zu beeinflussen. Dabei muss ich natürlich anerkennen, dass die Lebensverhältnisse für meine Kinder und Enkelkinder schlechter sein werden als die meinigen. Damit findet sich unsere Gesellschaft viel zu locker ab, aber sie guckt sowieso nicht in die Tiefe der Zeit.« Und er fügt nachdenklich hinzu: »Bei den indianischen Kulturen Nordamerikas gab es die Forderung, bei allen Entscheidungen auf die Auswirkungen zu achten, die diese für die nächsten sieben Generationen haben werden. Wenn Journalismus heute darauf achten würde, welche Folgen die aktuelle Politik für die kommenden Generationen hat, wäre er auf der Höhe der Zeit. Das verstehe ich unter journalistischer Verantwortung!«

Das Gespräch wurde geführt am 28. November 2011.

Geseko von Lüpke, Jahrgang 1958, studierte Journalismus, Politikwissenschaft und Völkerkunde in Münster, München und Bremen. Nach Studienabschluss arbeitete er zunächst wissenschaftlich für das Bundeskanzleramt in der Stiftung

Wissenschaft und Politik, promovierte über die chinesische Wiedervereinigungspolitik und besuchte anschließend die Deutsche Journalistenschule in München. Er arbeitet seit 1989 als freier Journalist, Buchautor und selbständiger Redakteur für verschiedene Rundfunkanstalten, Tageszeitungen und Zeitschriften. Schwerpunkt seiner Tätigkeit sind die interdisziplinären Bereiche zwischen nachhaltiger Entwicklung, Zukunftsforschung, neuen ganzheitlichen Ansätzen in Kultur und Naturwissenschaft, Reformpädagogik, ökologischer Ethik, moderner Spiritualität und menschlicher Entwicklung. Durch seine zahlreichen Kontakte in aller Welt versteht er sich selbst als Netzwerker und ›Dolmetscher‹ zwischen verschiedenen Kulturen, Ansätzen und Weltbildern. Besonderer Forschungsschwerpunkt sind die Projekte der globalen Zivilgesellschaft, in der das Morgen heute schon ausprobiert wird. 2010 organisierte er die Konferenz kursWECHSELN mit über 80 Laureaten des Alternativen Nobelpreises in Bonn.
Zu seinen bekanntesten Büchern zählen *Altes Wissen für eine neue Zeit. Gespräche mit Heilern und Schamanen des 21. Jahrhunderts* (Kösel-Verlag), *Zukunft entsteht aus Krise* (Riemann-Verlag) und *Politik des Herzens. Nachhaltige Konzepte für das 21. Jahrhundert – Gespräche mit den Weisen unserer Zeit* (arun-Verlag). Geseko von Lüpke lebt in Olching bei München.

DIETMAR SCHUMANN
Planet Plastik: Vergiftet. Zubetoniert. Vollgemüllt.

»Lache, wenn es nicht zum Weinen reicht ...«, schrieb die *Süddeutsche Zeitung* letztes Jahr nach der Premiere von Anton Tschechows *Der Kirschgarten* im Schauspielhaus Köln. Das Stück beschreibt die Geschichte einer hochverschuldeten Gutsbesitzerin, deren Haus, das vermutlich versteigert werden muss, von einem wunderschönen Kirschgarten umgeben ist. Rettung könnte der zu Vermögen gekommene ehemalige Leibeigene der Familie bringen. Er schlägt vor, Ferienhäuser auf dem Grundstück zu errichten und sie an Sommergäste zu vermieten. Die Voraussetzung dafür wäre das Abholzen des Kirschgartens, der gerade in voller Blüte steht. Am Ende kommt es tatsächlich zum Kahlschlag. Die Gutsbesitzerin zieht nach Paris, sämtliche Beschäftigten verlassen das Haus, nur der alte Diener Firs wird aus Versehen eingeschlossen und sich selbst überlassen.

»Die Symbolik des *Kirschgartens* erinnert mich auf fatale Weise an das Schicksal von Russlands größter Insel Sachalin, an deren Westküste übrigens ein Dorf nach Tschechow benannt worden ist«, sagt Dietmar Schumann, der fünf Jahre als Auslandskorrespondent des ZDF in Moskau stationiert war. Schumann hat das nördlich von Japan gelegene Sachalin mehrmals bereist. Er beschreibt es als ehemaliges Naturparadies, wunderschön und weitläufig. Es leben ja kaum Menschen dort. Nun verfügt Sachalin über enorme Erdgas- und Erdölvorkommen. »Das

überlebt die Insel nicht«, sagt Schumann, »bereits jetzt ist der gesamte Nordteil durch Erdöl verseucht. Da verenden die Tiere massenweise, und die ehemals kristallklaren Seen sind von einem schwarzen Ölfilm überzogen. Dasselbe habe ich in der Republik Baschkirien am südlichen Ural erlebt. Weite Teile Russlands sind heute landschaftlich ruiniert, das gilt vor allem für Sibirien, dort kann normales Leben gar nicht mehr stattfinden. Die Renaturierung solcher versauten Flächen wäre ein Projekt über mehrere Jahrhunderte.«
Dietmar Schumann erzählt nüchtern, fast emotionslos von den Eindrücken, die er während seiner langjährigen Auslandsaufenthalte gewinnt. Wundern tut er sich nur, wenn er zwischendurch nach Deutschland zurückkehrt, dann hat er den Eindruck, in eine Art Wunderland versetzt zu sein, das mit der Welt »dort draußen« nur wenig gemein hat. In dieser Welt leben weit über die Hälfte der sieben Milliarden Erdenbürger in absoluter Armut. »Die meisten haben nicht mehr als einen US-Dollar pro Tag zur Verfügung«, sagt Schumann, »die kämpfen ums nackte Überleben. Ich war die letzten Jahre im Nahen Osten, in Afrika, in Bangladesch, Pakistan, Indien, Malaysia, Kambodscha und vielen anderen südasiatischen Ländern. Dass man sorgsam mit unserer sehr schutzbedürftigen Umwelt umgehen muss, dieses Bewusstsein sucht man bei der übergroßen Mehrheit der Bevölkerung vergebens. Das kann sich unter den katastrophalen Lebensbedingungen, denen die Menschen ausgesetzt sind, auch gar nicht entwickeln.«
Nun lassen aufgrund der Flutkatastrophen gerade die asiatischen Länder Pakistan und Bangladesch erahnen, welch verheerende Folgen der Klimawandel haben kann. Hat das keine Auswirkungen auf administrative Maßnahmen? Dietmar Schumann schüttelt den Kopf. »Es gibt vereinzelte vernunftbegabte Spitzenleute in Politik und Wirtschaft, die das Problem erkannt haben. Aber auch sie sind ratlos. Bangladesch ist mindestens einmal pro Jahr in weiten Teilen des Südens überschwemmt, und dennoch siedeln sich die Leute dort immer wieder an. Oder nehmen wir

die Hochwasserflut in Pakistan, als der Indus das Land unter Wasser setzte. Übrigens schon zum zweiten Mal hintereinander, was in Deutschland kaum noch zur Kenntnis genommen wurde. Was sollen die Menschen machen? Die sind so arm, die müssen am Fluss siedeln. Die müssen ihren Reis dort anbauen, ihr Gemüse oder ihre Maniokwurzeln, sie haben nur diese Möglichkeit. Da gibt es keine funktionierende Abfallwirtschaft. Was übrig bleibt an Haushaltsresten, an Verpackungsmaterialien, wird in den Fluss geschmissen. Die Leute waschen sich im Fluss, die verrichten ihre Notdurft am Fluss oder sogar an den Trinkwasserkanälen. Die staatlichen Organe sind nicht in der Lage, auf die Gefahren aufmerksam zu machen. Das geht nur ansatzweise durch ausländische Hilfsorganisationen, die den Menschen beibringen, dass man sorgsam mit dem Trinkwasser umgehen muss, dass man den Abfall nicht in den Fluss wirft. Das ist ein langer, langer Prozess.«

Aber auch in den aufstrebenden Schwellenländern wie Brasilien, Indien oder China werde kaum ein Gedanke an den Umweltschutz verschwendet, so Schumann. In Russland schon gar nicht. »Dort wird seit siebzig Jahren Raubbau an der Natur betrieben. Dieses riesige Land wird regelrecht entholzt! Die rücksichtslose Ausbeutung der natürlichen Rohstoffquellen Erdöl, Erdgas, Buntmetalle, Gold, Diamanten und Holz setzt sich ungebrochen fort, ohne dass man sich weitgehende und vom Staat geförderte Gedanken macht, wie denn das in 30 bis 50 Jahren aussehen soll, wenn die Ergas- und Erdölquellen möglicherweise erschöpft sind und das Land entlaubt ist. Womit verdienen die Russen dann ihr Geld?«

Im Moment lässt man die Milliarden einfach sprudeln. Die Zukunft liegt in weiter Ferne. »Nach den Beschränkungen und der Gleichmacherei in der Sowjetunion sagt sich eine kleine Kaste von maximal ein Prozent, jetzt wollen wir endlich mal vernünftig leben«, bemerkt Schumann. »Unterhalb dieser superreichen Kaste ist eine relativ wohlhabende Mittelschicht entstanden, das muss man einfach zur Kenntnis nehmen. Mit der letzten

Finanzkrise wurde die Mittelschicht zurückgestoßen in die Armut. Aber jetzt ist sie, zumindest in den großen Städten, wieder da. Und abermals lautet die Devise: Bereichert euch, und zwar jetzt! Nehmt euch die Freiheit, die ihr braucht, um euch zu bereichern. Auf diese Weise sind 0,1 Prozent der Russen stinkreich geworden, ein Prozent sehr reich und fünfzehn bis zwanzig Prozent wohlhabend. Der Rest ist bettelarm. Die Superreichen gebärden sich wie sonst nirgendwo auf der Welt. Die bremst niemand, die wollen immer mehr. Der Gedanke, wie wohl unsere Kinder und Enkelkinder in dieser Welt leben werden, die wir ja nur gepachtet haben, ist ihnen völlig fremd. Und der neuen Putin-Administration sowieso. Wie soll unsere Welt einmal aussehen? Vergiftet? Zubetoniert? Vollgemüllt? Gehen Sie mal nach Japan, dort breiten sich die Zivilisationswüsten unaufhaltsam aus. Wenn das so weitergeht, gibt es Natur bald nur noch im Museum zu besichtigen. In Japan sind inzwischen ganze Inseln unter Beton begraben. Nachhaltiges Denken? Da ist noch extrem viel Erziehungsarbeit nötig – überall auf der Welt. Und ich bin äußerst skeptisch, ob das gelingt.«

Wer wie Dietmar Schumann das laufende Elend ständig vor Augen hat und zudem als Journalist unterwegs ist, hat große Möglichkeiten, sein Publikum in Deutschland mit den Zuständen dieser Welt vertraut zu machen. »Das tun wir auch nach Möglichkeit«, sagt Schumann. »Natürlich behandeln wir in unseren Filmen in den seltensten Fällen explizit Umweltthemen, aber häufig sprechen die Bilder für sich. Im Nahen Osten, in Asien, in Südamerika gibt eigentlich jede Außeneinstellung Aufschluss. Man sieht doch den Dreck, man sieht doch die Straßen voller Müll. Und unkommentiert ist es fast erschreckender, weil wir hier den durchaus richtigen Eindruck bekommen, dass dies nicht die Ausnahme, sondern der Normalzustand ist im Leben von Milliarden Menschen.«

Dietmar Schumann ist mit dem, was sein Sender mittlerweile an umweltpolitischer Aufklärungsarbeit leistet, durchaus zufrieden. Er verweist auf die zweiteilige Dokumentation von Claus

Kleber mit dem Titel *Burnout – Der erschöpfte Planet*, die zur besten Sendezeit ausgestrahlt worden ist und in der es unter anderem um die bisher kaum diskutierte Rolle der Militärs an der Klimafront ging. Bereits der Einführungstext ließ eine radikale Sicht auf die Problematik vermuten. Etwas Vergleichbares hatte man im deutschen Fernsehen zuvor noch nicht vernommen: »Wir lassen keinen Stein auf dem anderen. In nicht einmal 200 Jahren haben wir den Blauen Planeten umgegraben, zugebaut und ausgeweidet. Inzwischen ist der größte Teil des Lebens auf der Erde von Menschen gezüchtet und in die Welt gesetzt, Pflanzen wie Tiere ...«

»So etwas findet nur in den Öffentlich-Rechtlichen statt«, sagt Schumann und verweist darauf, dass das ZDF eine eigene Umweltredaktion hat. »Wenn Sie sich außerdem Sendungen wie *Terra-X* angucken, das *Auslandsjournal* oder das neue Format *ZDFzeit*, für das ich jetzt tätig bin, dann scheint sich aus journalistischer Sicht gesehen doch einiges in die richtige Richtung zu bewegen. Vielleicht noch nicht oft genug und nicht eindringlich genug. Das ist ja ein weites Feld, aber ich kann mir schon vorstellen, dass das Umweltthema immer mehr zum Schwerpunktthema wird. Man muss das Problembewusstsein der Menschen immer wieder aufs Neue schärfen. Für den Erhalt unserer Welt.«

Wie beurteilt er das Engagement der deutschen Medien im Allgemeinen, was den Erhalt der Welt betrifft? »In der täglichen Berichterstattung spielt das sicher noch keine entscheidende Rolle, wenn nicht gerade über Größtkatastrophen berichtet wird. Dann diskutiert das ganze Land schon mal darüber, dann hat es gelegentlich auch politische Folgen wie nach Fukushima. Erfreulicherweise. Aber das ist eine Kampagne, darüber redet man drei Monate später nicht mehr. Dass wir es aber nicht nur mit Fukushima zu tun haben, sondern mit einer ganzen Reihe anderer Problemfelder, machen sich die wenigsten Menschen klar. Was ist mit den schwindenden Ressourcen? Mit der Luft- und Meeresverschmutzung? Mit dem schmelzenden Polareis? Den Dürrekatastrophen und der Bevölkerungsexplosion? Was mit dem

Auftauen der russischen Tundra und die damit verbundene Freisetzung ungeheurer Mengen an Methan? Das sind nur einige Aspekte, die man bedenken müsste. Wir Journalisten können nur appellierend wirken, als Augenöffner fungieren. Ich denke, es ist nötig, dass die Medien überall in der Welt, nicht nur in Deutschland, den Leuten die Augen öffnen über den wahren Zustand, in dem sich unsere Erde befindet. Das gilt für alle Medien, auch fürs Internet. Wir wollen in diesem Jahr einen Schwerpunkt setzen zum Thema Armut. Die Armut in der Welt hängt direkt mit dem Klimawandel zusammen, weil viele Auswirkungen sich auf das Lebensniveau und die Lebensumstände der Menschen niederschlagen. Speziell in Afrika. Ich kann mir schon vorstellen, dass in Zukunft immer mehr Redaktionen auf das Thema Umwelt setzen. Einfach nur, um die Bedrohung für die Menschen ins Blickfeld zu rücken. Wenn die Entwicklungen so weitergehen, sind die Auswirkungen nämlich sehr bald für jedermann und überall spürbar.«

Die globale Umweltkrise hat viele Ursachen, das ist ein weites Feld, da hat Dietmar Schumann recht. Wo würde er denn als Weltenretter ansetzen? »Beim Atom«, antwortet er spontan, »ich meine die komplette Kette: Uranproduktion, Plutoniumpoduktion, Anreicherung von Uran, Atomenergieproduktion, Atommüllentsorgung. Jedes Glied dieser Kette ist dermaßen risikobehaftet, dass man sofort aussteigen müsste. Übrigens war ich nach Fukushima mehrere Wochen in Japan. Dort ist inzwischen so etwas wie eine grüne Bewegung entstanden. Verursacht übrigens durch die deutsche Energiewende, deren Signalwirkung auf andere Länder man nicht unterschätzen sollte. Also: Der weltweite Atomausstieg steht für mich im Vordergrund. Dann die Verseuchung unserer Luft und unserer Meere, da muss dringend etwas passieren. CO_2, Methan, Stickoxyde und was an chemischen Abfällen und Dämpfen noch alles so abgelassen wird, das ist ungeheuer massiv.«

Vor drei Jahren war Schumann in Spitzbergen und auf Franz-Josef-Land, wo er Gelegenheit hatte, sich mit norwegischen

Klimaforschern auszutauschen. »Wenn Erdelagerstätten brennen, wenn die Kohlenbergwerke und Kokereien in China und in Russland Hochbetrieb fahren, schlägt sich das, wenn der Wind ungünstig steht, bis in die Arktis nieder. Es gibt keine abgeschlossenen Räume. Wenn irgendwo Dreck in die Luft geschleudert wird, dann spüren das die Menschen überall. Und auch das, was in Flüsse und Meere geschmissen wird, landet irgendwann woanders. Gucken Sie sich die Flusstäler und Mündungen in Asien an, was da an Müll, an Dreck, an allen möglichen Abfällen strandet. Auch im Mittelmeer, an der Adria oder an den Küsten Afrikas.«

Dietmar Schumann ist Profi genug, um zu wissen, dass die Aufklärungsarbeit der Medien sich nicht in Horrorinformationen und Schreckensbildern erschöpfen darf. »Das ist auf lange Sicht kontraproduktiv. Es macht die Menschen müde und depressiv. An dieser Stelle sollten wir den alten Journalistengrundsatz ›Only bad news are good news‹ überdenken. Wir müssen anfangen davon zu erzählen, was sich an positiven Entwicklungen und Initiativen tut. Das ist spannend, interessant und unbedingt berichtenswert. Es gibt solche Beispiele überall auf der Welt, in den Schwellenländern wie in den Industrieländern. Im Fernsehen unterliegen wir allerdings dem Manko, dass etwas bereits so weit gediehen sein muss, dass man es optisch auch darstellen kann. Dann allerdings macht das großen Nutzen, übrigens für alle Sendegefäße, die es bei den Öffentlich-Rechtlichen gibt. Natürlich dürfen wir die schrecklichen Fakten nicht außer Acht lassen. Aber nur schwarzmalen, nur in Pessimismus machen, das können wir vergessen. Jemand, der krank ist, will nichts über andere kranke Menschen hören. Man kann das Problembewusstsein der Menschen ja auch auf unterhaltsame Weise schärfen. Was wäre die Welt, was wären wir ohne Visionen? Ohne Zukunftsplanung, ohne Zukunftsforschung, ohne Futurologie – wenn sich niemand mehr Gedanken darüber macht, wäre doch alles noch viel schlimmer.«

Wie würde der Journalist Schumann auf einen Mann wie Paul Watson reagieren, dem Gründer der Sea Shepherd Conservation

Society, der mit seinem Schiff auf offener See illegale Walfänger rammt und von den norwegischen und japanischen Behörden als Terrorist gejagt wird, während er bei Umweltschützern auf der ganzen Welt eine Art Heldenstatus besitzt unter dem Slogan »It's not legal but it's right!«. »Schwer zu sagen«, antwortet Schumann. »Auf der einen Seite ist das ehrenwerte Motiv anzuerkennen, auf der anderen Seite denke ich, stößt viele die Art und Weise des Widerstands ab. Das Inkaufnehmen von Todesopfern, da hätte ich meine Zweifel. Aber natürlich kommt man als Journalist gelegentlich in die Nähe von Leuten, die man als Personen interessant findet, mit deren Vorgehensweise man sich aber nicht identifizieren möchte. Ich bin Kommunisten begegnet, deren Vorstellungen davon, wie man die Welt verändert, ich nicht unbedingt teile, aber ich habe unter ihnen hochehrenwerte und gebildete Menschen getroffen. Leute von großer Menschlichkeit, vor denen ich den Hut gezogen habe. Ich habe Muhammad Yunus kennengelernt in Bangladesch, den Gründer der Grameen Bank, die Leute mit Kleinkrediten versucht hat aus der Armut zu holen. Teilweise mit Methoden, die ich nicht unbedingt unterstützt hätte. Da muss man eine unabhängige Position beziehen, es ist ja nicht unsere Aufgabe, Partei zu ergreifen. Unsere Aufgabe ist es, zu beobachten.«

Dietmar Schumann ist seit 35 Jahren in beobachtender Funktion unterwegs. Wenn er dabei eines gelernt hat, dann dies: Mache dich nie gemein mit einem Vorurteil, denn die Wahrheit ist in jedem Fall differenzierter! Als Beispiel nennt er die Ukraine, zurzeit schaut ja alle Welt auf den Austragungsort der Fußball-Europameisterschaft. »Das Vorurteil über die Ukraine lautet doch: Korruption, politischer Gegner im Knast, fehlende Infrastruktur, mafiaähnliche Verhältnisse, Herrschaft der Oligarchen. Kann man so sehen. Aber ohne die Oligarchen hätte es keine EM in der Ukraine gegeben. Die Stadien, die Hotels, die Flughäfen, alles wurde von den reichsten Leuten der Ukraine finanziert. Vier Austragungsorte, vier Oligarchen. Nun kann man natürlich sagen, die Reichen, wie kommen die zu ihrem Geld etc. Man kann das aber auch anders sehen. Das sind teilweise sehr sympathische Leute. Natürlich verfolgen die mit ihrem Engagement ökonomische und politische Ziele, aber sie haben die modernsten Stadien der Welt bauen lassen, für ein Mordsspektakel gesorgt und in den betreffenden Städten eine völlig neue Infrastruktur geschaffen, was den Menschen extrem zugutekommt.«

Irgendwie, hab ich den Eindruck, sind wir froh, der belastenden Schwere, die das Elend der Welt nun einmal mit sich bringt, entronnen und urplötzlich beim Fußball gelandet zu sein. Die Versuchung, die knapp bemessene Restzeit dieses Interviews zu nutzen, um herauszufinden, ob die Leichtigkeit des deutschen oder des spanischen Spiels schwerer wiegt, ist groß. Aber dann erinnere ich mich an einen Science-Fiction-Roman, in dem die Verhältnisse auf der Welt so schrecklich geworden sind, dass Fernsehteams einfach keine Chance mehr hatten. Sobald die Menschen Mikrofone und Kameras ausmachten, wurden die Teams vom Ort des Geschehens geprügelt. Hat Dietmar Schumann im Einsatz schon einmal derartige Aggressionen zu spüren bekommen? »Bei Neonazis in Deutschland ist mir das einmal passiert«, sagt er, »bis hin zu brutalen Attacken. Auf meinen Reisen habe ich das bisher nicht erlebt. Aber nicht jeder ist bereit, im Fernsehen zu erscheinen, da muss man sehr behutsam vorgehen. Die schreibenden Kollegen haben es natürlich leichter als wir.«

Dietmar Schumann bringt mich hinunter in den Zollernhof, dort wo Maybrit Illner jeden Donnerstag Hof hält. »Wollen Sie mal was Positives hören?«, höre ich meinen Begleiter fragen. »Die Wölfe sind wieder da im Lande Brandenburg. Sie pirschen sich bis an die Stadtgrenzen von Berlin. 25 Wolfsrudel. Die Tiere sind mit Sendern ausgestattet, man weiß immer, wo sie sind. Meist befinden sie sich auf den ehemaligen Truppenübungsplätzen.« Wir lachen und schütteln uns die Hände. Das ist doch mal ein gelungener Rückschlag.

Das Gespräch wurde geführt am 5. Dezember 2011.

Dietmar Schumann, Jahrgang 1951, absolvierte ein Volontariat beim DFF Berlin. Von 1970 bis 1974 studierte Schumann an der Sektion Journalistik der Leipziger Karl-Marx-Universität und in Moskau. Nach dem Studium arbeitete er zunächst als Redakteur im außenpolitischen Magazin des DFF *Objektiv* und in der Nachrichtensendung *Aktuelle Kamera*. Von 1977 an ging er als DFF-Auslandskorrespondent nach Moskau. Sieben Jahre später wurde er Leiter des DFF-Studios in Budapest und war zuständig für die Berichterstattung aus Ungarn, Österreich und Jugoslawien. Ab Oktober 1990 arbeitete er als Redakteur und Reporter im ZDF-Magazin *Kennzeichen D*. Ab August 1998 war er Auslandskorrespondent im ZDF-Studio Moskau. Im Oktober 2003 wechselte Schumann von Moskau nach Tel Aviv und übernahm die Leitung des ZDF-Studios Tel Aviv. Seit 1. September 2011 gehört Schumann zum Mitarbeiterstab der Redaktion *ZDFzeit*.

ANNE GESTHUYSEN
Die Menschen werden umdenken, weil sie nur so überleben können

Ich traf Anne Gesthuysen in Köln. Als ich ihr von diesem Buch erzählte, sagte sie ihre Mitarbeit spontan zu. Wir beschlossen, unser Gespräch in aller Ruhe per E-Mail zu führen. Hier ist das Ergebnis.

Liebe Frau Gesthuysen, Sie haben ein acht Monate altes Baby. Denken Sie gelegentlich darüber nach, in welcher Welt Ihr Sohn leben wird, wenn er erwachsen ist?

Lieber Herr Fleck, jetzt hatte ich ein Wochenende Zeit und habe mir überlegt, was ich schreiben könnte. Etwas, was natürlich so klingt, wie es sich für einen informierten, aufgeklärten Menschen, zumal eine Journalistin gehört, die ja selbst auch schon oft genug über die Folgen des Klimawandels berichtet hat. Und zwar über die Folgen für die Umwelt, Flora und Fauna, aber auch für das menschliche Miteinander auf der Erde. Die Welt in 40 Jahren könnte ich mir schrecklich vorstellen, ich hätte alle Indizien dazu. Die Wahrheit aber ist: Ich stelle mir die Welt genauso vor, wie sie heute in Europa ist. Freundlich, friedlich und reich. Und ich stelle mir vor, dass unser Sohn sich mit 40 darüber Gedanken macht, ob er mal ein Sabbatjahr nehmen sollte, um die Welt zu bereisen, oder nicht. Vielleicht denkt er auch darüber nach, Kinder in die Welt zu setzen. Oder, oder, oder.

Es ist eine Verweigerungshaltung. Ich will mir nicht vorstellen, dass mein Sohn dann Lebens- oder eher Todesängste haben muss. Die pure Verdrängung. Wenn ich den Gedanken daran zulasse, wenn ich wirklich beginne zu glauben, dass die Welt mit allem, was wir an ihr lieben, den Bach runtergeht, wie sollte ich dann meinem Sohn gegenübertreten? Müsste ich mich dann nicht täglich bei ihm entschuldigen, für den Egoismus, ihn in die Welt gesetzt zu haben?

Liebe Frau Gesthuysen! Ingeborg Bachmann hat einmal gesagt: »Die Wahrheit ist den Menschen zumutbar.« Ist sie das? Sie ist doch kaum auszuhalten, deshalb verstehe ich sehr gut, was Sie meinen. Wir alle sind in individuelle Geschichten verstrickt, und es ist nicht einfach, sich dort herauszunehmen. Selbst wenn dies gelänge, wären wir dann doch nur mit unserer persönlichen Ohnmacht konfrontiert. Angesichts der Hiobsbotschaften, die es heute zu verarbeiten gilt, ist unsere Aufnahmefähigkeit und unser Empörungspotenzial schneller erschöpft, als es der Sache dienlich ist.

Entschuldigen müssten Sie sich sicher nicht bei Ihrem Sohn. Und Angst machen muss man ihm auch nicht. Aber wäre er nicht verdammt stolz auf seine Mutter, wenn er irgendwann feststellen dürfte, dass sie sich zu einer Zeit engagiert hervorgetan hat, als alle negativen Entwicklungstrends bereits absehbar waren, aber weitgehend verdrängt wurden?

Lieber Herr Fleck! Also, ich finde, da gelangen wir nun auf ein falsches Gleis. Sie wollen mich doch vom Engagement überzeugen. Aber das geht nicht über das, was mein Sohn in 40 Jahren von mir denkt, oder auch nicht. Ich werde mein Handeln heute sicher nicht von der Bewertung meines Sohnes in ferner Zukunft abhängig machen. Abgesehen davon wäre der wahrscheinlich stolz auf seine wahnsinnig engagierte Mutter, würde aber beim Therapeuten sitzen, weil nie jemand Zeit für ihn hatte. Das Kapitel sollten wir jetzt beenden, sonst diskutieren wir nachher noch Erziehungsfragen.

Sie haben ja in Ihrer Frage schon alles beschrieben. Ich glaube, dass den Menschen die Wahrheit zumutbar ist, im Sinne von: sie darf gesagt werden. Aber wie bitte bringt man die Wahrheit, oder die mutmaßlich wahre, schlechte Nachricht, denn wirklich bis ins Bewusstsein? Sie sehen es an mir, Sie kennen es sicher von sich selbst, dass kognitive Dissonanzen ein Unwohlsein auslösen, dem man lieber aus dem Weg geht, solange man kann. Und das geht ja noch ganz gut!

Nehmen Sie unser *Morgenmagazin* als Beispiel. Es ist ja nicht so, dass wir nicht ausführlich über den Weltklimarat oder über den G8-Klimagipfel oder, oder, oder berichtet hätten. Es fällt nur auf, dass die Quoten dann in der Tendenz absacken. Und das, obwohl die Zuschauer beim *Morgenmagazin* normalerweise nicht um- oder abschalten. Die Zuschauer gehen eher mal schnell Zähne putzen oder Kaffee kochen, wenn sie etwas nicht interessiert. Die Menschen wollen die Informationen also gar nicht unbedingt haben oder vertiefen.

Leider merkt man auch an anderen Themen, dass Fernsehzuschauer nicht interessiert sind an unbestimmter Zukunft. Auch wenn es beispielsweise um Hungersnöte in Afrika geht. Die Medien wussten schon vor langer Zeit, dass in Ostafrika diese furchtbare Hungersnot droht. Darüber berichtet hat kaum jemand. Warum? Weil zynischerweise die Nachricht erst in dem Moment relevant wird, wo die ersten Kinder an Hunger sterben – noch schlimmer: Erst in dem Moment, in dem man die ersten Hungerbäuche im Bild hat, wird das Thema real und bedeutend. Übertragen auf das Klimaphänomen bedeutet das wohl, dass die Folgen erschreckend sichtbar sein müssen, bevor die Menschen hier sich ernsthaft mit dem Thema beschäftigen.

Ein zweites Phänomen ist, dass viele Menschen das Gefühl haben, es werde permanent über den ›Klimawandel‹ berichtet. Dieses Wort wird sehr oft benutzt, gerade in der Katastrophenberichterstattung, und ist daher sogar schon abgenutzt. So kommt schnell das Gefühl auf, ach Gott, schon wieder die alte Leier. Man verweigert also eine tiefergehende Information, weil man glaubt, das Wichtigste schon zu wissen. Sie haben doch mit einem Vertreter des *Spiegel* gesprochen. Haben die auch das Gefühl, dass sich Umwelt-Titel nicht gut verkaufen?

Weil ich diese Informationen alle habe, fühle ich mich im Übrigen auch nicht wirklich ignorant. Und ich fühle mich schon gar nicht als Täterin. Die Kleinigkeiten, die ich im Alltag tun kann, von bewusstem Autofahren oder Fliegen, möglichst regionale Produkte kaufen etc., die tue ich – wohl mehr für mein Gewissen als für die Erde, aber immerhin. Deshalb, sagen Sie es mir: Welches Engagement wünschen Sie sich von einem Normalbürger? Und welches von einem Journalisten?

Sie sind gewiss keine Ignorantin oder Täterin, liebe Frau Gesthuysen, das will ich auch nicht unterstellen. Mir geht es eher darum, was unsere Gesellschaft im Kollektiv anrichtet. Ich gebe Ihnen recht: Die meisten Menschen wollen gar nicht wissen, was da über uns hereinzubrechen droht. Das Worldwatch Institute schrieb bereits 1993 in seinem Bericht *Zur Lage der Welt* dazu Folgendes: »Diese Art der Verleugnung kann für die Gesellschaft und die natürliche Umwelt so gefährlich sein wie die Verleugnung eines Alkoholikers für die eigene Gesundheit und der seiner Familie. Statt sich der Wahrheit zu stellen, wählen sie den langsamen Selbstmord. Auf ähnliche Weise opfern wir langfristig unsere Gesundheit und unser Wohlergehen zugunsten augenblicklicher Befriedigung, indem wir Lebensstile und wirtschaftliche Ziele anstreben, die die Umwelt zerrütten – ein Handel, der kein glückliches Ende nehmen kann.«
Sie fragen, welches Engagement ich mir von einem Journalisten wünsche. Das gleiche Engagement, das ich mir von jedem Menschen wünsche: nämlich anzuerkennen, dass die Lösung unserer Probleme nicht ausschließlich wissenschaftlicher oder technischer Natur sein kann, sondern dass es einen grundlegenden Bewusstseinswandel erfordert, und zwar in jedem von uns. Nur so können wir aus der Rolle des Getriebenen in die Rolle des Gestalters schlüpfen, unseren alten, durch Konkurrenzdenken geprägten Wertekanon in Frage stellen und einen längst fälligen Paradigmenwechsel gesellschaftsfähig machen. Jeder an seiner Stelle.

Lieber Herr Fleck, heute beginnt der Klimagipfel in Durban, am vergangenen Freitag hat der Weltklimarat einen Sonderbericht in Kurzform präsentiert und all Ihre und meine Unkenrufe werden damit bestätigt. Es ist nicht so, dass nicht darüber berichtet würde, aber das Wie ist fast erschreckend: ein bisschen lustlos, so, als wäre es eine lästige Pflichtübung, die man lieber versteckt.

Die *Süddeutsche Zeitung* hat einen 20-Zeiler auf der ersten Seite, die ausführlichere Berichterstattung aber erst auf der Wissensseite, also dorthin verbannt, wo man nur noch die erreicht, die ohnehin ›katholisch‹ sind. Der *Spiegel* hat sich an diesem Montag für ein anderes Titelthema entschieden, der Bericht des IPCC[13] ist mit viel Grafik auf zwei Seiten im hinteren Bereich abgedruckt, und andere Medien schreiben sogar nur die Agenturmeldung ab. Warum?, fragt man sich. Und nur ein Teil der Antwort ist – glaube ich – der Geschäftssinn der Medien.

Die Seriosität der wissenschaftlichen Aussagen macht eine aufrüttelnde Schlagzeile wirklich schwierig. Der Weltklimarat warnt, das kann man noch titeln. Aber wovor eigentlich genau? Vor mehr Stürmen, vor mehr Überschwemmungen? Wenn ich die Berichterstattung über den Sonderbericht des Weltklimarates richtig verstehe, dann gibt es im Moment wohl nichts, was auf einen Trend zu stärkeren Wirbelstürmen hindeutet. Nach Katrina hat man gesagt, dieser heftige Wirbelsturm sei erst der Anfang. Danach ist aber in diesen Breiten zumindest nichts Vergleichbares mehr passiert – glücklicherweise für die Bewohner. Aber eine solche Wirbelsturm-Ruhephase, so wird im *Spiegel* der Wissenschaftler Roger Pielke von der Colerado State University zitiert, habe es zuletzt zwischen 1911 und 1914 gegeben.

Ähnlich schwierig ist wohl ein Alarmismus in Sachen Niederschläge und Starkregen zu begründen. Was also sollen die Medien

---

13 IPCC: Intergovernmental Panel on Climate Change (Zwischenstaatlicher Ausschuss für Klimaänderungen)

machen? Einen Bericht abdrucken, der mit schwammigen Begriffen von »recht wahrscheinlich« bis »könnte sein« agiert? Das wirkt vermutlich eher kontraproduktiv, denn jeder, dem diese Fakten aus den früher schon besprochenen Gründen unangenehm sind, wird sein Gewissen beruhigen können mit dem Gedanken daran, dass das alles ja nicht sicher sei. Erst mal abwarten. Da kommt nicht wirklich genug Druck auf für einen Paradigmenwechsel. Für eine Abkehr von dem, was man hier in Europa von Kindesbeinen an gelernt hat.

Sie haben das Wegsehen vor der Klimakatastrophe mit der Angst des Alkoholikers verglichen, sich seiner Krankheit zu stellen. Werden Sie doch mal etwas konkreter mit Ihrer Forderung an die Journaille! Erwarten Sie – um im Beispiel zu bleiben –, dass man den Alkoholiker als Außenstehenden anzeigt, ihn einweisen lässt, vielleicht auf die Gefahr hin, ihm eine tatsächliche Sucht zu Unrecht zu unterstellen? Na ja, Bilder geraten leicht schief, also: Sollen die Medien eine Panik herbeischreiben, die vielleicht ihre Wirkung erzielt, aber wissenschaftlich nur schwer zu begründen ist?

Klimakatastrophen, die wahrscheinlich in 30 Jahren vor allem in außereuropäischen Ländern zuschlagen, geben offenbar nicht den Impuls, bei uns das Leben und Denken umzukrempeln. Etwas anderes scheint das hingegen eher in Gang zu bringen, nämlich die Schuldenkrise. Jetzt, mit der zweiten schweren Finanzkrise und der Angst und Sorge der ›reichen‹ Europäer, dass ihr Geld verschwindet, hört und liest man plötzlich – selbst in ausgewiesen konservativen Medien – die Zweifel daran, ob denn höher, schneller, weiter in die richtige Richtung weist. Es findet also gerade ein Umdenken statt. Auch wenn es nicht durch die Fakten zur Klimakatastrophe ausgelöst wurde, so könnte es doch dem Umweltbewusstsein zugutekommen.

Ich bin sicher, Sie werden diese Woche Durban verfolgen. Was erhoffen Sie sich? Und was würden Sie gerne – beispielsweise im ARD-*Morgenmagazin* – berichtet wissen?

Liebe Frau Gesthuysen, solange es die Wissenschaft gibt, gibt es auch den Wissenschaftsstreit. Daten können so oder so interpretiert werden, das ist beim Klimawandel nicht anders. Die Medien, da gebe ich Ihnen recht, sind dort in der Tat in der Zwickmühle. Aber eines muss auch klar sein: Mit der herkömmlichen Wachstumsideologie, an der Politik und Wirtschaft nach wie vor festhalten, muss entschieden gebrochen werden. Vor einigen Wochen war der US-Ökonom Dennis Meadows in Deutschland, der Anfang der siebziger Jahre mit seinem Buch *Die Grenzen des Wachstums* weltweit Aufsehen erregt hatte. In einem Interview mit dem Deutschlandradio sagte er: »Wenn man ein Kind hat, dann ist man die ersten 15–20 Jahre sehr stolz und froh, wenn es physisch wächst. Wenn es aber mit über 20 Jahren immer noch weiterwächst, würde man anfangen sich Sorgen zu machen. Mit unserer Wirtschaft ist es das Gleiche. Wachstum war in der Vergangenheit gut, jetzt müssen wir uns nichtmateriellen Dingen zuwenden: Kultur, Sprache, Bildung, Gesundheit, Versorgung der Alten – solche Bereiche. Unsere Zivilisation wird sicher noch weiter existieren, aber wir brauchen jetzt eine andere Art von Modell. Wir brauchen ein Modell, das uns hilft, uns in eine vollkommen andere Richtung zu bewegen. Und das geht nicht mit World 3, da braucht man etwas ganz anderes.«

Diese ganz anderen Modelle sind längst zahlreich angedacht oder bereits im Kleinen verwirklicht worden. Warum nehmen sich die Medien ihrer nicht an? Natürlich macht es in unserer heutigen Situation wenig Sinn, eine Panik herbeizuschreiben, da bin ich mit Ihnen einer Meinung. Dann sollte man sich aber auf Spurensuche nach attraktiven Alternativen begeben, da schließe ich das *Morgenmagazin* nicht aus.

Lieber Herr Fleck, als regelmäßiger Zuschauer des ARD-*Morgenmagazins* müssten Sie eigentlich wissen, dass wir viele Alternativen zu unserem Lebensstil aufzeigen. Es gab mehrfach ›Reportagewochen‹, also fünf Tage täglich ca. 20 Minuten Live-Berichterstattung zu Themen wie »Anders leben«, wo Menschen und Ideen vorgestellt wurden, die sich dem Wachstumswahnsinn entziehen, oder »Leben mit Holz«, wo ein Ökodorf porträtiert wurde, etc. Wir haben immer mal wieder Interviewgäste, die eine andere Form des Wirtschaftens und des Wachstums propagieren. Über die Dringlichkeit einer anderen Klimapolitik berichten wir ohnehin. Ich gebe allerdings zu, solche Themen finden sich nicht täglich im Programm, und es gibt auch keine feste Rubrik »Anders Leben«. Aber in einem Dreieinhalb-Stunden-Magazin ist relativ häufig Platz dafür. Und der wird auch genutzt. Ob das allerdings wirklich das Interesse der Zuschauer findet, können wir ehrlicherweise kaum feststellen.

Mit dieser Berichterstattung über neue Wachstumsmodelle sind wir nicht die Einzigen. Ich habe schon den Eindruck, dass fast alle Medien ab und an über alternative Lebensweisen berichten, allein, weil es natürlich eine große Sehnsucht gibt nach einem Leben mit weniger Druck. Nun ist aber die Frage, wie macht man aus einer latenten Sehnsucht und entsprechenden Berichterstattung einen Trend? Und zwar einen weltweiten Trend! Denn Ziel ist ja ein Nachahmungseffekt, der irgendwann die Masse erreicht. Nur so können wir ernsthaft über eine andere Gesellschaftsform nachdenken.

Wahrscheinlich gibt es in Deutschland längst viele Menschen, die gerne bereit wären, über andere Formen des Wachstums nachzudenken. Vielleicht finden sich auch wirklich welche, die bereit sind, auf ein gewisses Maß an Luxus zu verzichten. Theoretisch! Aber würde die Mehrheit Politiker wählen, die in den Wahlkampf gehen mit dem Slogan »Die fetten Jahre sind vorbei«? Wer wählt denn eine Regierung, die einen dicken Pullover statt muckelige 24 Grad in der Wohnung empfiehlt? Erinnern Sie sich nur an die Panik, die aufkam, als es hieß, mit dem Abschalten der Atomkraftwerke könne eventuell in einem sehr kalten Winter der Energiebedarf nicht zu hundert Prozent garantiert werden. Glauben Sie, die Mehrheit wählt eine Regierung, die darauf hinweist, dass man nicht unbedingt für jeden Kilometer ein Auto braucht, oder die darauf hinweist, dass Geld nicht fürs Alter angespart werden soll, sondern zurück in den Wirtschaftskreislauf gehört und Zinsen deshalb gestrichen werden. Ich wette, so eine Partei bekommt noch weniger Stimmen als die FDP derzeit. Gewählt werden die, die Wohlstand und Wachstum versprechen – ohne den Preis zu nennen, den man dafür zahlt.

Was soll man dagegen tun? Brauchen wir eine Ökodiktatur, um diesen Teufelskreis zu durchbrechen, Herr Fleck? Und was, davon mal abgesehen, ist mit denen, die Staaten und Wirtschaft derzeit lenken? Wenn man sich anschaut, was in Durban gelaufen ist, dann hat man das Gefühl, es ist wie in den Achtzigern beim Thema Abrüstung. Jeder hat Angst, dass der andere ihn überrollt, wenn er seine Atombombe verschrottet; die USA haben Angst, dass China und Indien sie wirtschaftlich plattmachen, wenn sie nicht weiter wachsen. Wie bekommt man denn diese Angst aus den Köpfen der führenden Politiker heraus? Oder ist diese Angst sogar berechtigt? Was passiert, wenn wir in Europa anfangen und unser Wirtschaftswachstum drosseln? Werden wir dann irgendwann zum Freizeitpark Asiens, wie es der Amerikaner John Naisbitt einmal prophezeit hat?

Der Equilibrismus, von dem Sie mir im persönlichen Gespräch berichteten, will einen Weltföderalismus. Ein spannender Gedanke. Wenn es eine Instanz auf der Welt gäbe, die in Sachen Ökologie oder ökologisches System die Fäden in der Hand hat und die föderalen Staaten koordiniert, könnte das Problem ›Wer macht den Anfang?‹ gelöst werden. Das könnte den Staaten die Angst vor dem wirtschaftlichen Abstieg nehmen. Aber wie wollen Sie den Verzicht auf einen Teil Souveränität weltweit durchsetzen? Würden die USA da mitziehen? Oder China? Oder Deutschland? Es ist nicht im Interesse der reichen Länder. Die Egoismen der Staaten sind viel zu groß. Das funktioniert ja nicht einmal im ›kleinen‹ Rahmen, in Europa. Und wenn sich dieser Gedanke doch durchsetzt, allein, weil uns die Natur dazu zwingt, wie lange soll es dauern, bis das mal Realität ist? Bis es eine Welt-Umwelt-Regierung gibt, mit Befugnissen. Und die, anders als der UN-Sicherheitsrat, nicht doch wieder nur die Interessen der großen Staaten vertritt und durchsetzt?

Vielleicht kommen wir irgendwann genau da hin, aber lässt uns das Klima noch die Zeit?

Liebe Frau Gesthuysen! Jetzt haben wir uns in diesem kurzen Briefwechsel fast zwangsläufig auf eine niederschmetternde Perspektive einigen müssen. Und die heißt: Wir werden es nicht schaffen. Wir werden den notwendigen Bewusstseinswandel nicht rechtzeitig hinbekommen. Einige Gründe dafür haben Sie selbst genannt. Wir würden es nicht einmal in unserem vergleichsweise kleinen Deutschland schaffen, das in Sachen Umweltbewusstsein einsame Spitze ist in der Welt. Dem Klimawandel und seinen Folgen aber kann man nur in globaler Verantwortung begegnen, und das ist ein Ding der Unmöglichkeit.

Es fällt schwer, sich mit einer so deprimierenden Analyse abzufinden. Aber Sie, ich und alle anderen, die augenblicklich auf der Erde leben, befinden sich in einem dramatischen Strudel der Zeit – das gilt es irgendwann zu akzeptieren. Umso wichtiger ist es, sich auf das zu besinnen, was den Menschen eigentlich ausmachen sollte: Respekt und Mitgefühl, und zwar für alle Lebewesen. Bereits vor hundert Jahren warnte der US-amerikanische Forstwissenschaftler und Wildbiologe Aldo Leopold: »Wenn die Schöpfung im Laufe der Äonen etwas aufgebaut hat, wer anderes als ein Tor würde scheinbar nutzlose Teile wegwerfen? Jedes Zähnchen und Rädchen aufzubewahren ist die erste Vorsichtsmaßnahme allen intelligenten Herumbastelns.« Allzu intelligent haben wir wohl nicht herumgebastelt. Das beginnt sich zu rächen.

Aber natürlich kann sich jeder Einzelne von uns frei machen von Mitschuld. Das braucht allerdings Courage. Auch oder gerade in den Medien. Lassen Sie mich zum Schluss den großen spanischen Regisseur Luis Buñuel zitieren, der zeitlebens auf die »Journaille« geschimpft hat: »Trotz meines Hasses auf die Medien würde ich später gerne alle zehn Jahre von den Toten auferstehen, zum Kiosk gehen und mir ein paar Zeitungen kaufen. Mit den Zeitungen unterm Arm würde ich zum Friedhof zurückkehren und von den Katastrophen der Welt lesen, um dann im sicheren Schutz meines Grabes beruhigt wieder einzuschlafen ...«

Danke, dass Sie sich für diesen Gedankenaustausch Zeit genommen haben.

Lieber Herr Fleck! Ich weigere mich, diese Conclusio zu akzeptieren – siehe Ihre Eingangsfrage und meine Antwort darauf. Es kann nicht sein, was nicht sein darf.

Sie haben recht, wir brauchen einen Bewusstseinswandel. Einen globalen Bewusstseinswandel. Aber mein Eindruck ist: Da tut sich was.

Natürlich schneller in der bereits ›ausgewachsenen‹ Welt. Hier gibt es zum Teil eine Einsicht, eine Sehnsucht nach kulturellem statt ausschließlich ökonomischem Wachstum. Und wenn hier der Keim gelegt ist und das Pflänzchen wächst und wächst, dann wird es zwangsläufig irgendwann auch andere Teile der Erde erfassen.

Haben wir die Zeit, dieses Pflänzchen in Ruhe wachsen zu lassen?

Die Frage beantworten Sie mit Nein. Aber vielleicht kann man sich die Zeit ›erkaufen‹ durch kluge Technik und wissenschaftliche Erkenntnisse.

Gerade erst habe ich von einer Studie gelesen, die man bei der NASA erstellt hat und deren Ergebnisse offenbar auch andere unabhängige Klimaforscher bestätigen. Jedenfalls haben diese Wissenschaftler festgestellt, dass man mit vergleichsweise einfachen Mitteln den Klimawandel verlangsamen und um bis zu dreißig Prozent reduzieren kann.

Die Idee dahinter ist eigentlich ganz einfach. CO_2 als Treibhausgas bleibt extrem lange in der Atmosphäre. Andere klimaschädliche Substanzen wie Methan und Ruß wärmen zwar stärker auf, werden aber schneller abgebaut. Die Idee der Forscher: Man sollte sich eher um die Vermeidung von Ruß und Methan kümmern. Das hat auch noch den angenehmen Nebeneffekt, dass die Luft und Lebensqualität besser wird. Niemand behauptet, dass das die Lösung der Klimaprobleme ist, aber sie verschafft Zeit.

Natürlich muss ein Wertewandel sich dann auch durchsetzen.

Aber hat das bisher nicht immer geklappt? Bei allem, was man Schlechtes über den Menschen sagen kann. Letztlich haben wir uns von einem Höhlenmenschen zu einem ziemlich beeindruckenden intelligenten Wesen entwickelt. Spricht das nicht bei allen Mängeln, die der Mensch hat, auch dafür, dass sich langfristig immer das durchsetzt, was das Überleben der Art sichert? Nehmen Sie das Beispiel Kalter Krieg. Mehrfach standen wir kurz vor dem Abgrund, vor einer völligen Zerstörung durch Atombomben. Am Ende hat die Vernunft gesiegt.

Die Menschen werden auch in Sachen Ökonomie und Ökologie umdenken, weil sie nur so überleben können. Und die Medien werden dieses Umdenken begleiten. Nehmen Sie die Rolle der Medien nicht zu wichtig. Die Medien springen auf den rollenden Zug. Sie versichern denen, die schon im Zug sitzen, dass es in die richtige Richtung geht. Vielleicht können sie manchen animieren, auch noch einzusteigen, mehr aber nicht. Der Zug fährt mit oder ohne die Medien.

Und auch Bücher sind Medien. Und Sie haben mich mit diesem Buch gezwungen, mich dem Thema zu stellen. Vielen Dank dafür!

Der Mailwechsel fand zwischen Oktober 2011 und Januar 2012 statt.

Anne Gesthuysen studierte Journalistik an der Universität Dortmund. In den Jahren 1990 und 1991 absolvierte sie ihr Volontariat beim WDR in Köln. Als freie Autorin war sie in der Folgezeit für die Sender WDR, VOX und ZDF aktiv. In den Jahren zwischen 1997 und 1999 stand sie als Moderatorin für das WDR-Fernsehen erstmals vor der Kamera. Seit März 2004 moderiert sie zusammen mit Sven Lorig das vom WDR produzierte ARD-*Morgenmagazin*. Nach eigenen Angaben waren für den Wechsel dorthin insbesondere der Reiz zu den internationalen politischen Themen sowie die freie Moderation die entscheidenden Antriebskräfte. Von Januar bis Dezember 2010 moderierte sie neben dem ARD-*Morgenmagazin* die *Phoenix-Runde* im Ereigniskanal Phoenix. Anne Gesthuysen lebt in Köln.

Robert Misik
Die Welt schießt plötzlich zurück

Was Robert Misik seit vier Jahren Sonntag für Sonntag auf der Website des Wiener *Standard* abliefert, ist im deutschsprachigen Raum einmalig. In seinem wöchentlichen Videoblog *FS Misik* tritt der Journalist seinem Publikum quasi von Angesicht zu Angesicht gegenüber. Hier versteckt sich keiner hinter dem gedruckten Wort. Die bis zu zwölf Minuten dauernden Monologe zum selbstgewählten Thema der Woche sind lebendigstes Infotainment – mit äußerst bescheidenen Mitteln. Eine Kamera, ein Mikro. Wenige Einblendungen. Misik pur, großflächig bis in die Poren, fast nackt. Wir schauen uns gemeinsam seinen letzten Blog an: »12 Minuten Hass«. Der Titel ist ein wenig irreführend, denn Misik lässt hier nicht etwa eine Hasstriade vom Stapel, er räsoniert über den Hass des allgegenwärtigen Wutbürgers, der unsere demokratische Streitkultur im blinden Zorn zu ersticken droht. »Wie wollen wir eine Gesellschaft, die auch nur eine Prise lebenswerter ist, mit Leuten hinkriegen, die vollgefüllt sind mit Hass?«, fragt er und zitiert das Gedicht »An die Nachgeborenen« von Bertolt Brecht. In diesem hebt Brecht die negative Seite des allzu menschlichen Gefühls des Hasses hervor, die auch dann bleibt, wenn das Gefühl als solches situativ vielleicht begründet wäre.

Eine derartige Zurechtweisung lassen sich die Empörten unserer Tage natürlich nicht gefallen. Wie zur Bestätigung dessen, was er gerade gesagt hatte, handelte sich Robert Misik prompt einen dieser bitterbösen Kommentare ein, wie sie nur in der Anonymität des Internets gedeihen. »Sie sind ein jeglicher Intelligenz enthobener Vollidiot mit dem Rückgrat eines schleimigen Fäkalwurmes«, heißt es da. »Leute wie Sie, welche über den ›Hass‹ anderer schimpfen und den eigenen nicht erkennen, bedürfen keiner intellektuellen Hochschätzung.«

Robert Misik hat es längst aufgegeben, auf derartige Tiraden zu antworten. Er nimmt sie zur Kenntnis, mehr nicht. »Die Arbeit des Journalisten wird durch das Internet gerade auf so vielfältige Art und Weise verändert, dass man gar nicht richtig weiß, wo man anfangen soll«, sagt er. »Einen nicht geringen Teil ihrer Zeit verbringen Journalisten heute damit, sich in den Social Networks zu tummeln, ihre Storys zu posten und zu schauen, dass die Leute sie wahrnehmen, möglichst auch weiterempfehlen. Man sucht seine Fans auf *Twitter* und *Facebook* und stellt sich die Frage: Wie werde ich zur Marke, wie werde ich unverwechselbar? Ich skizziere das sehr holzschnittartig, natürlich gibt es auch den völlig uneitlen Journalisten, aber das Internet kann die Persönlichkeit des Autors sehr viel mehr herausstellen, als es früher der Fall war. Eine weitere Veränderung ist, dass die Journalisten über die angezapften Kanäle plötzlich Antworten bekommen. Jeder Fehler wird sofort reklamiert und damit öffentlich gemacht. Früher haben die Leute auch Fehler entdeckt, aber wenn sie nicht gerade einen Leserbrief geschrieben haben, ist das als Beschwerde nicht angekommen. Man wird auch beschimpft. Diese Maßlosigkeit und Gehässigkeit in Posting-Form bestimmt den Ton einer Debatte mit. Du bist als Journalist heute einer Welt ausgesetzt, die plötzlich zurückschießt, während man es früher mit zumeist stummen Konsumenten zu tun hatte.«

Die linksliberale österreichische Tageszeitung *Der Standard* wurde 1988 von Oscar Bronner gegründet, der schon die Nachrichtenmagazine *trend* und *Profil* zu verantworten hatte. Sieben Jahre später legte der *Standard* den ersten Webauftritt einer deutschsprachigen Zeitung hin, mit eigener Redaktion und als eigene Gesellschaft, auch wenn diese mit der Standard Verlagsgesellschaft gesellschaftlich verwoben ist. Mit anderen Worten: Die Online-Ausgabe ist weitgehend autark. Nun ist der Videoblog von Robert Misik nicht unumstritten, der Autor provoziert und redet auf erfrischende Weise Klartext. Ist er im Vorwege einer Veröffentlichung der Redaktion Rechenschaft schuldig, gibt es eine Kontrollinstanz?

»Null Kontrollinstanz«, sagt Misik, der sich erst ein, zwei Tage vorher entscheidet, welches Thema er am Sonntag behandelt. »Ich produziere den Blog sehr kurzfristig und lade ihn direkt auf die *Standard*-Seite. Die Kolleginnen und Kollegen in der Redaktion verlinken das dann auf die Startseite. Bisher hat es noch nie die Spur eines Einwands gegeben. Ich achte von mir aus darauf, keine Dinge zu machen, aufgrund deren man mich verklagen könnte. Das wissen die Kollegen, die meine Meinungen ja im Übrigen auch größtenteils teilen. Aber selbst wenn das nicht der Fall wäre, würden die Dinge kaum anders laufen. Da macht sich der Außenstehende eine völlig falsche Vorstellung. Die Leute denken sich häufig, dass der Kapitaleigner dem Chefredakteur die Blattlinie vorschreibt. Das ist eine haarsträubende Vorstellung und weit von der medialen Realität entfernt. Ich will damit nicht sagen, dass die mediale Realität so viel besser ist. Die mediale Realität ist doch, dass jeder Chefredakteur versucht, ein so unterhaltendes Medium wie möglich zu machen, das heißt, der Journalismus ist Teil des Entertainments geworden, sogar der politische Journalismus. Und zum Entertainment gehört, dass ich polarisierende Meinungen habe, die möglichst viel Krach schlagen, weil erst das die Aufmerksamkeit der Leute garantiert. Ich werde sicherlich nicht nur deshalb nicht zensiert, weil die Kollegen eh meiner Meinung sind, sondern ich bin natürlich auch jemand, der häufig eine diametral entgegengesetzte Meinung ins öffentliche Spiel bringt, und das ist Teil des Entertainment-Charakters der Medien. Da braucht man sich ja nur die Talkshows anzuschauen. Je bizarrer die Meinungen, desto mehr kracht es in der Sendung. So ähnlich ist das im Print- oder Internetjournalismus auch.«

Robert Misik plädiert dafür, sich die Aufmerksamkeitsökonomie von Medienform zu Medienform einmal genauer anzuschauen. »Im Printmedium muss ich nicht jeden Artikel so schreiben, dass ihn jeder liest«, sagt er. »Sobald jemand die Zeitung gekauft hat, ist der Verleger schon zufrieden. Wichtig ist das Titelblatt. Das Titelblatt entscheidet über den Verkauf. Was drinsteht, entscheidet höchstens über den Kauf von morgen. Im Fernsehen ist das anders. Die Macher wissen, dass die Leute zappen oder abschalten können. Die Methode, mit denen die Einschaltquoten gemessen werden, ist allerdings lächerlich. Da wird von 500 Leuten auf Millionen Konsumenten hochgerechnet, mit enormen Fehlerquoten, wie sich denken lässt. Dennoch muss ich meine Sendungen so gestalten, dass die Zuschauer möglichst nicht abschalten, das hat man im Kopf. Im Onlinejournalismus konkurriert jeder einzelne Text um Aufmerksamkeit. Wenn ein Anreißer zu fad gestaltet ist, wird ihn niemand anklicken. Dieser Kampf um Aufmerksamkeit dehnt sich inzwischen auf jeden Zentimeter der Website aus. Im Internet sind die Zugriffe ja exakt messbar. Wenn meine Kolumne von 300 Leuten angeklickt wird, überlege ich mir schon, ob ich diese Thematik ein zweites Mal verfolge, erst recht, wenn ich in der Vorwoche mit einem anderen Thema 60 000 Klicks zu verzeichnen hatte. Das beeinflusst natürlich wohl langfristig auch die Chefredaktion, die dann schon eingreift, weil bei zu geringem Interesse die Werbekunden davonlaufen. Das spielt heute noch keine so große Rolle im Internet, wird in den nächsten Jahren aber sicher sehr viel stärker werden. Der subtile Druck der Quote – hier liegt eine große Gefahr für den Journalisten. Aber da Online ja nichts kostet, ist die Eintrittsschwelle sehr niedrig. Deshalb wird es auch immer kreativen Input geben. Heute kann man mit wenigen Mitteln eine Website ins Netz stellen, und wenn sie gut gemacht ist, wird sie auch ihr Publikum finden. Von daher ist der Taktschlag der immer wiederkehrenden kreativen Innovationen im Onlinebereich garantiert.«

224 Folgen seines Videoblogs hat Robert Misik zur Zeit unseres Gesprächs bereits auf der Website des *Standard* veröffentlicht.

Sie haben ihn in Österreich in den Stand eines Kultautors erhoben – neben seinen Büchern natürlich, denen es an gesellschaftspolitischer Brisanz nie mangelt. Wie kam es zu der Idee mit dem Blog? »Wie so vieles im Leben handelte es sich auch hier um einen Zufall«, antwortet Misik. »Ein uralter Verwandter hat mir eine Videokamera geschenkt. Ich brauchte keine Videokamera, aber stur und obsessiv, wie alte Leute so sind, bestand mein Verwandter darauf. Schließlich habe ich mich mit dem Gerät vertraut gemacht und gelernt, wie man Filme auf dem Computer schneidet und wie man die Beiträge auf *YouTube* hochlädt. Zu der Zeit schrieb mich der *Standard* an. Sie wollten, dass ich etwas für ihre Online-Seite mache, was genau, das wussten sie gar nicht. Wenn ich einen geschriebenen Blog vorgeschlagen hätte, wäre es auch okay gewesen. Aber davon gab es schon Hunderttausende. Ich wollte aber etwas machen, was noch keiner gemacht hat, zumindest nicht bei uns. Was ich damals nicht wusste: Das Zuschauerverhalten ist brutal. Die Quote pendelt nicht etwa zehn Prozent rauf oder runter, sondern differiert um den Faktor zehn. Nach einiger Zeit weiß man, welche Themen laufen und welche nicht. Natürlich achte ich auch auf die Mischung. Wenn ich fünfzehnmal die Wirtschaftskrise behandelt habe, wird es Zeit, etwas anderes zu präsentieren. Ein Kunstthema beispielsweise oder ein Korruptionsskandal. Unser Land gibt da ja eine Menge her.«

In den letzten zwei Jahren hat er sich vermehrt makroökonomischen Themen zugewandt, die er als ein Schlüsselproblem ausgemacht hat seit der Finanzkrise. »Unser Wirtschaftsjournalismus hat nie etwas erklären können«, sagt Misik, »der hat, von wenigen Ausnahmen einmal abgesehen, vollkommen versagt in den letzten zehn, zwanzig Jahren. Die Wirtschaftsjournalisten haben ihre Übersetzungsfähigkeit verloren, und vor dem Hintergrund der dramatischen Ereignisse habe ich mich herausgefordert gefühlt, dazu beizutragen, dass diese Lücke geschlossen wird.« Was angesichts der Komplexität des Themas nicht immer einfach zu fassen ist, »denn natürlich schauen sich weniger Leute einen zwölfminütigen Monolog an, als wenn ich eine kurze, pointierte

Vier-Minuten-Geschichte präsentiere. Solche Signale kommen ja tatsächlich vom Markt.«

Nicht nur in Österreich ist das so, die verknappte Darstellung ist fast überall gefragt. Die Medien sind heute weitestgehend zu informativen Fast-Food-Lieferanten verkommen. Aber in Österreich, so Misik, sei das besonders deutlich zu spüren. »In diesem Land finden wir ganz spezielle, subjektive Bedingungen vor«, sagt er. »Wir haben es hier mit einer extremen Marktmacht des Boulevards zu tun, die über die Marktmacht in anderen Ländern weit hinausgeht. Das ist die Folge einer missglückten Medienpolitik. Man könnte ja sagen, wenn ich Qualitätsjournalismus haben will, fördere ich die Zeitungen, die Qualitätsjournalismus anbieten. In Österreich ist es umgekehrt. Hier dominiert die *Kronen Zeitung*. Das ist ein Erpressungsmarkt gegenüber der Politik. Die *Kronen Zeitung* sichert sich beispielsweise jede Menge Privilegien im Vertrieb, und das Kartellamt drückt beide Augen zu. Aber wenn man dem keinen Riegel vorschiebt, bläst einen dieser Boulevard durch die Wand. Davor hat die Politik regelrecht Angst. Mit ihren zwei Millionen Lesern ist die *Kronen Zeitung*, verglichen mit ihrem Verbreitungsfeld, die meistgelesene Zeitung der Welt, was natürlich extrem viel vom Werbekuchen abzieht. Anderswo würden die Inserenten sagen, wenn ich ein bestimmtes gebildetes Publikum erreichen will, dann gehe ich in die Qualitätszeitungen und nicht in den Boulevard. Aber bei uns wird der Boulevard so stark gelesen, dass er eine ungeheure Dominanz über den gesamten österreichischen Werbemarkt ausübt.«

Hinzu kommt, dass es ungeheuer schwierig ist, in einem Land mit acht Millionen Einwohnern ausschließlich auf Qualitätsjournalismus zu setzen, zumal die deutschen Presseprodukte überall erhältlich sind und einen nicht unerheblichen Konkurrenzdruck ausüben. »Das sind ganz andere Bedingungen als in einem 80-Millionen-Volk wie Deutschland, wo ich meine Position als Qualitätszeitung nicht nur finden, sondern auch absichern kann«, sagt Misik. »In der Medienlandschaft geht es um Auflagen und um die finanzielle Absicherung eines Mediums. Wenn ich, wie die *Süddeutsche Zeitung*, über 300 000 Käufer habe, kann ich eine relativ gute Zeitung machen. Nun rechnen Sie das mal auf österreichische Verhältnisse runter. Ein solches Blatt würde bei uns gerade mal 30 000 Exemplare verkaufen. Mit einer solchen Auflage kann man den Ansprüchen einer Qualitätszeitung nicht gerecht werden, wenn es kein Billigblatt sein soll.«

Zu den Zeitungen, die in Österreich mit viel Engagement und guter Absicht, aber nicht immer mit sehr guten Resultaten versuchen, Qualitätsjournalismus zu machen, zählt Misik den *Standard*, den *Falter*, *Profil* und *Die Presse*. »Die verkaufen alle zwischen 50 000 und 60 000 Stück. Da kann man schon was machen. Aber eine 200-Kopf-Redaktion kann man sich natürlich nicht leisten. Vierzig, fünfzig vielleicht, das schränkt die Möglichkeiten automatisch ein. Es kommt noch ein weiteres österreichisches Spezifikum hinzu: Von den acht Millionen Einwohnern leben zwei Millionen in Wien. Alle großen Zeitungen des Landes werden in Wien produziert, was die Erkennungsmerkmale sichtlich einschränkt.«

Ein weiteres Problem ist das mangelnde Selbstbewusstsein österreichischer Journalisten, meint Misik. »Der österreichische Qualitätsjournalismus starrt immer noch nach Deutschland, weil man sich denkt, die Deutschen haben so gute Zeitungen, wir haben so schlechte Zeitungen. Das mischt sich mit den Minderwertigkeitsgefühlen, die wir Österreicher grundsätzlich haben gegenüber der Welt und gegenüber Deutschland im Besonderen. Dieses neurotische Verhältnis kann man auch in der Publizistik beobachten. Man strengt sich an, so gut wie die Deutschen zu werden, und hat gleichzeitig immer das Gefühl, man schafft es nicht. Letzte Woche gab es im ORF eine Sendung über die journalistische Kultur in diesem Land, wegen all der Skandale, die unsere Politiker wie am Fließband produzieren. Und Florian Klenk, einer der besten investigativen Journalisten Österreichs, hatte nichts anderes im Sinn, als ständig darauf hinzuweisen, was wir von den Deutschen alles lernen können.«

Robert Misik, der lange in Berlin gelebt hat, hat seine eigene dezidierte Meinung über den österreichischen Journalismus. »Der Journalismus in diesem Land hat sich traditionell nicht sehr angestrengt«, sagt er. »Er war immer angesteckt von der politischen Kultur eines kleinen Landes und sehr stark vom Konsens geprägt. Vom Konsens der großen politischen Kräfte der Nachkriegszeit. Wir redeten zahm und wir scheuten den Konflikt. In dieser Gemengelage wurde der Journalismus bequem. Unter den Nazis waren viele Journalisten aus dem Qualitätsjournalismus umgebracht oder vertrieben worden. Nach dem Krieg hat man es dann verpasst, eine demokratische, kontrollierende, aufklärerische Presse zu installieren, wie sie sich in Deutschland aus eigenem Antrieb entwickelt hat. In Österreich gab es nichts Vergleichbares bis 1970. Da erst hat man versucht, solche Dinge nachzuholen.«

Zu verdanken ist dies vor allem dem oben erwähnten Oscar Bronner, einem charismatischen Medienunternehmer, der mehr im Kopf hatte als nur das Geschäft. »Mag sein, dass es diesen Typus in Deutschland auch nicht mehr gibt«, sagt Misik, »aber in Österreich gab es gerade mal diese eine Person. Was unsere mediale Luft zum Atmen betrifft, so leben wir immer noch nur von dessen Gründungen. Kleine Einschränkung: der *Falter*, eine traditionelle Stadtzeitung nach dem Vorbild der New Yorker *Village Voice*. Wurde gegründet in den siebziger Jahren im Geist der Alternativkultur der 68er Bewegung. Hat sich seither zu einem wirklichen Qualitätsmagazin entwickelt.« Gründer des *Falter* ist die nach Oscar Bronner zweite mediale Lichtgestalt Österreichs: Armin Thurnher. Thurnher, immer noch Chefredakteur des *Falter*, gilt als der schärfste Kritiker der österreichischen Printmedien-Landschaft.

Was Robert Misik über den Konkurrenzdruck sagte, den die überregionalen deutschen Zeitungen und Magazine auf dem österreichischen Printsektor ausüben, gilt natürlich für das Fernsehen erst recht. Sowohl die öffentlich-rechtlichen als auch die privaten deutschen Sender dürfen sich in der Alpenrepublik genauso zu Hause fühlen wie in Deutschland. Da hat es der einheimische ORF schwer. »Wie jeder öffentlich-rechtliche Sender befindet sich auch der ORF in dem Spannungsfeld zwischen journalistischen und politischen Interessen«, sagt Misik. »In Deutschland ist die Struktur aufgrund der Landesmedienanstalten anders. Da gibt es nicht nur einen öffentlich-rechtlichen Rundfunk wie bei uns. Da ist nicht nur die ARD mit ihren neun Landesrundfunkanstalten, da ist außerdem noch das ZDF. Natürlich versucht die Politik aus den Aufsichtsräten heraus auch dort hineinzuregieren, aber da die Konstellationen in jedem Bundesland anders sind, gibt es eine Pluralität über das Dilemma hinweg.«

Aber so groß, wie das Dilemma in Österreich immer dargestellt wird, ist es nicht. Nicht nach Ansicht Robert Misiks. »Meine Erfahrung der letzten zwanzig Jahre ist, dass der Einfluss der Parteien im ORF überschätzt wird. Die Journalisten des ORF sind großem Druck ausgesetzt, das ist richtig. Und der Versuch der Politik, da durchzuregieren, ist extrem. Die Journalisten machen aber trotzdem ihren Job. Selbst wenn die Politik den Exekutor gibt: Die Geschichten kann sie den Journalisten nicht diktieren. Sie kann Leute entmachten, das geschieht aber üblicherweise nicht. Man kann ja nicht eine ganze Redaktion köpfen. Wenn die Politik nicht gerade ganz brutalen Druck ausübt, und das hat in den letzten 30 Jahren eigentlich nur die Regierung Schüssel gemacht (2000 – 2007), dann haben die Journalisten schon genügend Standing, um auch innerhalb des ORF guten Journalismus zu machen. Insofern sehe ich die politische Einflussnahme nicht als das eigentliche Problem an. Dem obrigkeitlichen Staatsdruck hält der Journalist, der einigermaßen Rückgrat hat, stand. Das Problem ist eher die Privatisierung. Kommerzialisierung, Quotenzeug. Dass irrsinnig viele Gelder in irgendwelche Castingshows fließen, dass die ambitionierten Sendungen gegen Mitternacht laufen, Low Budget. Oder bei den Zeitungen der beschränkte Platz. Das Denken, mit dieser Geschichte erreichen wir doch nicht viele Leser. Da macht man kleine Häppchen. Diese Art von Quotendruck. Das führt zu einem neuen Konformismus. Es muss alles kurz sein, es soll witzig sein, es darf nicht zu kompliziert, zu überlegt sein etc.«

Dass von Österreich vor gar nicht allzu langer Zeit einmal bemerkenswerte journalistische Impulse für den deutschsprachigen Raum ausgegangen sind, daran wird sich heute kaum noch erinnern. Denken wir an Nina Hagens Auftritt im *Club 2* des ORF, als sie den Zuschauerinnen vor Augen führte, wie Frauen am effektivsten masturbieren. Oder die Sendung »Zehn Jahre nach 68«, ebenfalls im *Club 2*, in der Rudi Dutschke und Daniel Cohn-Bendit mit ihren früheren Gegenspielern aus dem Hause Springer diskutierten. Der *Club 2* ging 1976 auf Sendung. Das gilt heute als Geburtsstunde der deutschen Talkshow. »Zu der Zeit war Gerd Bacher Generalintendant des ORF«, sagt Misik. »Der Mann war ein politischer Rechtsaußen, er hat aber trotzdem erstaunlich viele Freiräume zugelassen. Das Besondere am *Club 2* war, dass es kein zeitliches Limit gab. Die Sendungen konnten bis weit in die Nacht dauern, je nachdem, wie sie sich entwickelt haben. Das gibt es heute nicht mehr. Da hat der Moderator den Gästen keine knalligen Statements abverlangt, das ging ohne Maulkorb ab.«

Drei Jahre nachdem der *Club 2* erstmals für Aufsehen gesorgt hatte, erschien die Zeitschrift *Wiener* auf dem Markt. Der *Wiener* stand für einen Begriff, der bis dato kaum Beachtung gefunden hatte, in der Folge aber zu kultiger kultureller Blüte gelangte: Zeitgeist. »Der Zeitgeistjournalismus hat seine Wurzeln in dem, was hier in Wien Anfang der achtziger Jahre passiert ist«, sagt Misik. »da hat sich der Punk mit der Tradition des Wiener Aktionismus gemischt.« Der Wiener Aktionismus bezeichnet eine Bewegung Wiener Künstler, die das Konzept der amerikanischen Happening- und Fluxus-Kunst in den sechziger und siebziger Jahren auf äußerst provokante Weise umgesetzt hat. Zu ihren Protagonisten gehörten Otto Muehl, Adolf Frohner, Hermann Nitsch, Günter Brus und Oswald Wiener. »Gleichzeitig herrschte ein hohes Designbewusstsein in der Szene. Aus diesem Geist wurde der *Wiener* geboren, dem dann andere Magazine folgten. *Basta* und *Tempo* zum Beispiel, um nur einige zu nennen.«

Die Zeit der Zeitgeistmagazine sei zwar vorbei, meint Misik, aber ihre Auswirkungen auf den aktuellen Journalismus sind noch deutlich zu spüren. »Schauen Sie sich das *ZEITmagazin* an und wer da alles schreibt. Früher hätten die klassischen Medien zehn bis zwanzig Jahre gebraucht, um neue Impulse aufzunehmen. Aber heute sagt sich jeder Medienmacher, ich darf nur keinen Trend verpassen. Das ist in ihren Augen das Schlimmste, was passieren kann. Wenn also irgendwo ein Trend entsteht, wird er sofort aufgesogen. Dann werden Supplements produziert, die genau diesen Trend abbilden. Die Subkultur wird schon integriert, bevor sie sich überhaupt eigene Räume geschaffen hat. Sie lebt heute in den etablierten Medien. Ehemalige Undergroundautoren schreiben sechsseitige Literaturkritiken im *Spiegel*. Immer noch in ihrem sehr subjektiven Stil.«

Die kulturelle Last der Vergangenheit, die herrliche und verherrlichte K.u.k-Hypothek der Wiener, hat immer wieder dazu geführt, dass sich unter der festgebackenen Oberfläche ein subkultureller Bodensatz bildet, der dann in schöner Regelmäßigkeit aufbricht und der Stadt Töne entlockt, die man von ihr normalerweise nicht gewohnt ist. Diese Wiener Befreiungsschläge sind so überraschend wie legendär. »Ich bin mir nicht sicher, ob das, was Sie da schildern, noch zutrifft«, sagt Robert Misik. »Dieses: Man brät in seinem eigenen Saft, und dieser Saft wird ein eigenes Biotop, und dieses Biotop brütet irgendwann den Wahnsinn aus – das ist ja nicht mehr so. Die jungen Leute studieren heute überall, sie befruchten sich gegenseitig nicht mehr lokal. Das hat eben auch mit den neuen Medien zu tun. Das hat mit der Globalisierung zu tun. Es gibt zwar noch lokale Besonderheiten, aber das schleift sich ab aufgrund des Umstands, dass sich etwas, was irgendwo funktioniert, innerhalb kürzester Zeit über den ganzen Globus verbreitet. Sicher gibt es noch Restbestände einer lokalen Tradition, die etwas Befruchtendes haben können. Aber es ist sicher etwas anderes als noch vor zwanzig Jahren.«

Robert Misik hat sich aus dem journalistischen Tagesgeschäft ein wenig zurückgezogen. »Die mickrigen Honorare, die du im Journalismus als Freier verdienst, sind schon ein Problem«, sagt er. »Wenn ich aber die Möglichkeit habe, in der Woche zwei Vorträge zu halten, für die ich jedes Mal 600 Euro kriege, dann ist es logisch, dass ich eher das mache als irgendwelche Artikel zu schreiben. Davon kann ich nicht leben. Das Geld muss ich woanders verdienen. Ich bin heute auch ein Beobachter des Journalismus, ich schreibe natürlich noch für Zeitungen, aber eher Meinungsstücke, Essays oder Feuilletons, aber nicht das klassische journalistische Hartbrot.«

Das Gespräch wurde geführt am 12. März 2012.

Robert Misik, Jahrgang 1966, war Redakteur der *Arbeiter-Zeitung*, Deutschland-Korrespondent des *profil* und Ressortleiter für Außenpoilitik bei der österreichischen Wochenzeitschrift *Format*, die in der Verlagsgruppe News erscheint – bis es ihm »im Fellner-Reich zu blöd wurde«, wie er auf seiner Homepage schreibt. Seit 2008 betreibt Misik seinen Videoblog *FS Misik* auf der Website des *Standard*. Er ist ständiger Autor beim *Falter*, bei *profil*, beim *Freitag* und der *taz*. Robert Misik hat sich auch durch seine zahlreichen Bücher einen Namen gemacht. Zu nennen wären *Mythos Weltmarkt. Das Elend des Neoliberalismus* (1997), *Die Suche nach dem Blair-Effekt* (1998), *Marx für Eilige* (2003), *Genial dagegen. Kritisches Denken von Marx bis Michael Moore* (2005), *Das Kultbuch. Glanz und Elend der Kommerzkultur* (2007), *Gott behüte. Warum wir die Religion aus der Politik raushalten müssen* (2008), *Politik der Paranoia. Gegen die neuen Konservativen* (2009) und zuletzt *Anleitung zur Weltverbesserung. Das machen wir doch mit links* (2010). Robert Misik wurde zweimal mit dem Förderpreis des Bruno-Kreisky-Preises für das politische Buch ausgezeichnet, 2008 wurde ihm der Österreichische Staatspreis für Kulturpublizistik verliehen. Er lebt in Wien.

PETER UNFRIED
Rein in die Galeere, raus aus der Galeere

Peter Unfried erklärt mir die *taz*. Wer wäre geeigneter als er? Unfried, seit 2009 Chefreporter der *tageszeitung* und zuvor zehn Jahre ihr stellvertretender Chefredakteur, wird von den eigenen Kollegen hoch geschätzt. Das hauseigene Online-Format *taz.de* würdigt ihn gar mit folgenden Worten: »Sein energisches ›taz muss sein!‹ gilt bis heute. Stück für Stück hat er die Zeitung zu dem umgebaut, was er ein ›Orientierungsmedium des 21. Jahrhunderts‹ nennt.«

Die Ausnahmestellung der *taz* in der deutschen Medienlandschaft ist unbestritten. Es gibt kaum eine Redaktion im Lande, in der sie nicht zur morgendlichen Pflichtlektüre gehört. Aber trotz aller Wertschätzung für die engagierte journalistische Arbeit, die in Sichtweite des Berliner Springer-Hochauses geleistet wird, reagiert die Konkurrenz immer noch ein wenig hochmütig, wenn es darum geht, den Stellenwert des Blattes zu bezeichnen. Die *taz* ist die *taz*, heißt es lapidar – ein Satz, den ich auch im Laufe dieser Arbeit häufiger zu hören bekam und der den Verdacht nahelegt, dass es bequemer ist, die Zeitung in eine alternative Schublade zu stecken, als sich mit ihr ernsthaft auseinanderzusetzen. Andere wiederum beklagen, dass die *taz* ihren Biss verloren hat, dass sie eine ganz gewöhnliche Zeitung geworden ist.

Peter Unfried kennt diese Reaktionen, er scheint sich aber nicht im Mindesten daran zu stören. »Journalisten gehen miteinander nicht immer sehr respektvoll um«, sagt er, »da macht man selber keine Ausnahme. Die *taz* ist eine riesige Projektionsfläche. Wie häufig höre ich den Vorwurf, dass wir inzwischen doch selber angepasst sind. Das ist so ähnlich wie bei den Grünen. Dort haben viele Linke ihren Frust auf Joschka Fischer projiziert. Es gibt halt einige Konstanten, die man von der *taz* erwartet, aber es gibt auch Kollegen, die enttäuscht sind, weil die *taz* bestimmte Dinge, die man sich von ihr erhoffte, nicht eingelöst hat. Das sind Kollegen, die einmal selber bei der *taz* waren oder eine Affinität zu dieser Zeitung haben. Soziopsychologisch gesehen sind das meist Erwartungen, die man an sich selbst hatte – und nicht eingelöst hat. Nun wird die Enttäuschung auf ein Außen projiziert.

Sicher ist die *taz* nicht mehr so, wie sie früher war. Gott sei Dank, kann ich nur sagen – und das nicht nur, wenn ich an zeitgenössische Irrtümer wie Päderasten-Propaganda denke. Ich glaube, dass uns die Verklärung dieser Zeitung nicht weiterbringt. Die Zeiten haben sich geändert, sodass die Heldengeschichte der *taz*, die von 1978 bis in die späten achtziger Jahre reicht, irgendwann auserzählt war.« Dadurch, dass man sich professioneller aufgestellt habe, dass man thematisch breiter agiere und die Geschichten stärker außerhalb des üblichen linken Themenspektrums anschneide, sei für bestimmte Leute das Alleinstellungsmerkmal der *taz* verlorengegangen.

»Ich würde gerne über die Innovationen sprechen, die wir in den letzten zehn Jahren auf die Beine gestellt haben«, sagt Peter Unfried, »und warum ich glaube, dass die immer noch in die Zukunft weisen. Früher hat man uns vorgeworfen, wir seien notorisch defizitär, unser Laden würde aus lauter idealistischen Dilettanten bestehen, die nicht wirtschaften können. Das Gegenteil ist heute der Fall. Wir zählen zu den wirtschaftlichsten Unternehmen in der Medienbranche, wir haben praktisch keine Schulden. Schauen Sie sich an, was bei den anderen überregionalen Tageszeitungen passiert. Die verbrennen Geld ohne Ende, und das seit Jahrzehnten! Unser Slogan ›In Ideale investieren!‹ wurde vor fünf Jahren noch belächelt. Die Idee, Geld in den Qualitätsjournalismus zu investieren, selbst wenn es sich am Markt nicht hundertprozentig refinanziert, wurde als Hirngespinst illusionärer Idealisten abgetan. Jetzt heißt es auch woanders, Qualitätsjournalismus muss es geben, das ist wichtig, und deshalb müssen die Bürger, müssen Stiftungen ihren Teil dazu beitragen. Da kann ich nur sagen, ja, das stimmt, sehe ich auch so, aber wir sind schon vor fünfzehn Jahren draufgekommen, und da wurde gelacht. Derartige Reaktionen kennen wir von gewissen gesellschaftspolitischen Entwicklungen her. Ich denke da an die Elektrizitätswerke Schönau im Schwarzwald, die in den neunziger Jahren zusammen mit Umweltverbänden und Bürgerinitiativen eine ökologische, dezentrale und bürgereigene Energieversorgung in Angriff genommen hatten. Die wurden damals auch belächelt, und heute sieht man, dass das der Weg ist, den man gehen muss.«

Ist die *taz* bereit und ausreichend in der Lage, die brisanten Themen unserer Tage ihrer Dramatik entsprechend zu behandeln, oder sagt man sich auch in der Rudi-Dutschke-Straße gelegentlich, dass für eine schonungslos radikale Analyse des globalen ökologischen Ist-Zustandes das Publikum noch nicht aufnahmefähig genug ist und die Thematik deshalb lieber auf Sparflamme behandelt werden sollte?

Peter Unfried zögert einen Moment. »Ich denke, dass wir es künftig mit drei gesellschaftlichen Strömungen zu tun haben werden«, sagt er schließlich. »Die klassisch konservative, die sozialdemokratische und die ökologische Strömung. Was die Letztere angeht, so glaube ich, dass sich da eine riesige Marktlücke auftut, weil es bisher in Deutschland keine Zeitung gibt, die in der Lage ist, diesen neuen Teil der Gesellschaft zu bedienen. Das kann weder die *Frankfurter Allgemeine Zeitung* leisten noch die liberale *Süddeutsche Zeitung*. Die *taz* ist vielleicht am Nächsten dran, weil sie aus der Umweltbewegung heraus gegründet wurde. Aber gleichzeitig ist es auch ein Problem, denn die klassische Umweltbewegung deckt ja nur noch einen Teil der neuen Bewegung ab.«

Systemtheoretiker wie der Ungar Ervin László oder der US-

Amerikaner Ernest Callenbach behaupten, dass sich eine Gesellschaft radikal und schnell verändert, wenn ihr System die Grenze der Erhaltbarkeit erreicht hat. Und da wir bereits an die Grenzen des quantitativen, wirtschaftlichen und umweltverschmutzenden Wachstums gestoßen sind, sei davon auszugehen, dass sich in der Gesellschaft völlig neue Allianzen bilden werden, die man so nicht für möglich gehalten hätte. Heute, so László, käme es primär darauf an, den bevorstehenden Umbruch vorauszusehen und in seinen Wirkungen abzumildern. Eine Zeitung, die sich in diesem Transformationsprozess zu sehr auf ihre klassische Klientel verlässt, läuft Gefahr, von dieser Klientel verlassen zu werden. Könnte das auch auf die *taz* zutreffen, weil sie zu sehr auf das linke Spektrum setzt?

»Ich sehe das nicht als Gefahr«, sagt Unfried, »das ist eine Jahrhundert-Aufgabe und eine Jahrhundert-Chance. Wenn ich die reflexhaften Reaktionen auf die Finanz- und Ökokrise sehe, die es bei der *FAZ* gibt, aber auch teilweise bei uns, wenn ich mir den scheinbar neutralen Liberalismus anschaue, den die *Süddeutsche* pflegt, der aber auch nicht sehr weit reicht, dann glaube ich, dass wir in Zukunft jenseits der klassischen Kategorien operieren müssen. Unter Ideologieverdacht zu stehen – und das trifft auf uns genauso zu wie auf die *FAZ* – ist eine denkbar schlechte Voraussetzung. Da müssen wir ansetzen. Wir haben genügend Leser, die von uns nicht unbedingt darüber belehrt werden wollen, was Gut und was Böse ist. Worauf ich hinauswill: Jede Zeitung, die ein grundsätzliches Denken erkennen lässt, die mit festgefahrenen Strukturen arbeitet, hechelt der Entwicklung hinterher. Sie müsste in der Lage sein, ihr Denken und ihre Struktur den veränderten Bedingungen anzupassen, sie müsste sich die Freiheit gönnen, eine Schneise zu schlagen in das komplizierte Geflecht aus Etats und Teilredaktionen und allem, was da sonst noch so ist, um zu gucken, was draußen eigentlich passiert. Das sehe ich im Moment ansatzweise beim englischen *Guardian*, aber sonst bei keiner Zeitung.«

Das Problem in den Redaktionen sei, so Unfried, dass man

sich damit zufriedengebe, jeden Tag dieselben Geschichten aufzuschreiben, sie allenfalls um zwanzig Prozent zu verändern. »Man entschuldigt das mit der sogenannten Informationspflicht. In Wirklichkeit aber ist es bequem, weil man genau weiß, was man zu tun hat. Nun könnte man sagen, diese übliche Politberichterstattung ist völlig uninteressant, lass uns doch etwas anderes machen. Aber dafür braucht es eine Struktur, die das überhaupt erst möglich macht. Außerdem hat nicht jeder Kollege Lust darauf, weil es die Sicherheit seines Unterbaus erschüttert. Diese Freiheit muss man erst einmal wollen, lernen und üben. Zu sagen, ich gehe auf eine Pressekonferenz, schreibe 100 Zeilen und mach anschließend Feierabend, das bringt natürlich eine gewisse Sicherheit mit sich.«

Kann man sich diese Routine und geistige Trägheit heute überhaupt noch leisten? Das Niveau der politischen Verlautbarungen ist erschreckend niedrig geworden und unglaubwürdig dazu. Warum hängt man wie ein Parasit an den nichtssagenden Statements aus dem Regierungsviertel? Warum setzt man nicht eigene Maßstäbe?

»Versuchen wir Journalisten ja, aber wir stehen uns mit unserer Struktur häufig selbst im Weg«, sagt Unfried. »Außerdem macht es für mich keinen Sinn, hochtrabende Gedanken zu entwickeln ohne Ortung auf die Ebene, auf der Zeitung wirklich gemacht wird. Wir bei der *taz* haben irgendwann gemerkt, dass wir nicht so spontan genial sind, wie wir gerne wären oder es uns eingebildet haben. Deshalb haben wir als Erstes ein Schwerpunktkonzept eingeführt. Wir haben gesagt, wir entscheiden uns für zwei, drei große Geschichten, und die machen wir richtig. Das war ein echter Befreiungsschlag, weil wir nun in der Lage waren, zwischen großen und kleinen Geschichten zu gewichten und damit auch auf etwas zu verzichten. Ein paar Jahre später sind andere ebenfalls darauf gekommen. Wenn ich aber nun höre, die Zukunft der Zeitung liegt darin, jene News nachhaltig und vertieft zu analysieren, die von den kurzlebigen Medien Fernsehen und Internet ausgespuckt werden, dann ist das zwar eine lobenswerte Vorstellung, aber es wird ein Höllenritt, das hinzukriegen. Da braucht es eine total kompetente Redaktion, und die muss zudem noch extrem schnell arbeiten. Unser Internetformat hilft da auch nur bedingt weiter. Wenn ich sage, ich will die Existenzberechtigung der gedruckten *taz* dadurch nachweisen, dass ich ihre Themen zwölf Stunden nach Erscheinen auf einer digitalen Plattform gedruckt so vertieft aufbereite, dass keine Fragen mehr offenbleiben, dann ist das im Prinzip richtig, aber in der Struktur, in der wir jetzt arbeiten, ist das nicht zu leisten. Von keiner Tageszeitung, nicht mal von uns.«

Peter Unfried erinnert an längst vergangene Zeiten, als die Erlöse in der Medienwelt noch stimmten und mit Qualitätsjournalismus Geld zu machen war. »Wir hatten eine geniale Zeit, das haben wir uns nie so richtig klargemacht. Die Anzeigen waren da, die Käufer waren da, und man konnte in bestimmten Medien auch noch einen guten Journalismus machen. Es ist wie sonst in unserer Gesellschaft: Was man hat, hält man für normal und einem zustehend. Und jetzt geht es eben nicht mehr so weiter. Das Problem dabei ist, dass unser Berufsstand festgefahren ist in seinen Vorstellungen darüber, was Journalismus bedeutet, was Zeitung ist und wie alles zu funktionieren hat. Es ist ja nicht so, dass wir wirklich konzentriert darüber nachdenken würden, wie man es eigentlich anders und besser machen könnte. Jedenfalls nicht außerhalb der dafür vorgesehenen Bahnen. Das ist so ähnlich wie in anderen Bereichen, wo auch immer nur im bestehenden System gedacht wird. Innerhalb des Systems ist das Problem aber nicht zu lösen. Härtere Kommentare, größere Analysen, mehr umfangreiche Geschichten, alles schön und gut. Allerdings muss man sich von der Vorstellung befreien, dass die Leute die Zeitung schon kaufen werden, wenn die Redaktion nur gut genug ist. Das wäre schön, aber das funktioniert so nicht. Schon deshalb nicht, weil unter ›gut‹ fast jeder etwas anderes versteht. Darüber hinaus sind viele Kollegen aus Sorge um ihren Arbeitsplatz zurzeit sehr angstgeschüttelt. Ich finde es faszinierend, dass Journalisten, die ja eigentlich kreative, findige, kritische, selbstbewusste Individuen sein müssten, komplett erstarren, wenn es um ihre eigenen Belange geht. Viele befinden sich momentan in Schockstarre. Eine mögliche Erklärung ist, dass Journalisten in der Regel Einzelgänger sind, die nicht in der Lage sind, sich als starke Gruppe zu positionieren. Hinzu kommt, dass die Arbeitgeber ihre Kompetenz nicht gerade nachfragen.«

Ich spreche Peter Unfried auf die Zeilen an, die ich auf *taz.de* über ihn gelesen habe und in denen davon die Rede ist, dass er die Zeitung zu einem Orientierungsmedium des 21. Jahrhundert umgebaut hat. Er lächelt, und es wird nicht ganz klar, ob er dieses Lob für gerechtfertigt oder übertrieben hält. »Tatsächlich haben wir Schritte gemacht, die in anderen Verlagshäusern einer Revolution gleichgekommen wären«, sagt er. »Unser Schwerpunktprogramm war so ein Schritt. Wir haben gesagt, wir müssen im Prinzip jeden Tag eine Wochenzeitung machen, jedenfalls in Teilen. Das geht weit über die berühmte ›Seite 3‹ der Konkurrenz hinaus, das hat vor uns niemand gewagt. Das haben wir bereits im Jahre 2000 umgesetzt. Zum anderen haben wir als Erste die gewaltige Lücke der klassischen Zeitung ausgemacht: die Gesellschaftsberichterstattung. Damit meine ich nicht Promi- und vermischte Geschichten, sondern echtes Leben, Auswirkungen von Politik. Es gab vor Jahren die Vorstellung, das könne doch alles eine Art Allzuständigkeitsfeuilleton übernehmen. Das ist dramatisch gescheitert. Wir haben dann das Ressort ›tazzwei‹ eingeführt, symbolisch beginnend in der Mitte der Zeitung: Gesellschaft, Kultur, Medien, Wahrheit. Das ist selbstverständlich nicht so geworden, wie ich mir das erträumt hatte, aber wir schließen damit die Lücke, die ganz viele Zeitungen haben. Unsere dritte große Innovation ist die *sonntaz*. In ihr befinden sich Geschichten, die man sonst nicht in einer Zeitung findet, weil die Strukturen und das damit verbundene Denken sie nicht ermöglichen. Dafür brauchst du nämlich Kollegen, die nach anderen Kriterien suchen und erzählen. Genau das geschieht in der *sonntaz*.«

Peter Unfried vergleicht den täglichen Redaktionsstress mit der Arbeit auf einer Galeere, wo sich alle in die Riemen schmeißen und von morgens bis abends Richtung Redaktionsschluss rudern. »Mit der *sonntaz* haben wir uns ein Beiboot geschaffen. Die Leute, die da arbeiten, rudern nicht im Tages-, sondern im Wochenrhythmus. Dadurch haben wir die Möglichkeit, uns den Ereignissen auf andere Weise zu nähern.«

Die *sonntaz* gibt es seit 2009, sie nennt sich »Wochenendzeitung« und siebte Ausgabe der *taz*, hat bis zu 24 Seiten und aus dem Stand 6000 Wochenendabonnenten gewonnen. »Die *sonntaz* kannibalisiert die tägliche Ausgabe nicht«, sagt Peter Unfried, »sie ist ausdrücklich keine Wochenzeitung, die die tägliche Lektüre ersetzen würde, sondern funktioniert komplementär. Natürlich gibt es interne Kritiker, die befürchten, dass die Tageszeitungsabos bröckeln könnten, weil die Leute nun auf die Wochenendausgabe umsteigen. Das ist das klassische defensive Denken. Man kann nun mal grade dann nicht alles belassen, wie es ist, wenn sich draußen alles dramatisch verändert. Man kann Leute nicht zwingen, eine Tageszeitung zu abonnieren. Deshalb sagen wir: Okay, so wie du lebst und denkst, brauchst du keine tägliche gedruckte Zeitung. Aber wir haben hier etwas anderes für dich. Anders als das, was du unter Zeitung verstehst. Für deine Bedürfnisse geeignet. Qualitätsjournalismus, für den auch du Geld ausgibst. Damit haben wir nach *Le Monde diplomatique* ein weiteres Projekt aufgebaut, durch das wir Leute an uns binden. Die *SZ* hat angeblich seit Jahren etwas Ähnliches in der Schublade. Wenn die am Samstag mit einem richtigen Hammer rauskommen, dann glaube ich, dass sie sowohl publizistisch als auch finanziell noch einmal richtig nach vorne marschieren können. Das Entscheidende ist: Es gibt Dinge, die man machen kann, aber die muss man machen, solange in der Galeere noch genügend Leute sitzen, sodass man fünfzehn von ihnen herausnehmen kann für ein neues Projekt. Wenn du das nämlich nicht heute machst, kommt morgen der Verleger und nimmt die fünfzehn einfach so aus dem Boot.«

Peter Unfried ist mit der von ihm wesentlich mitinitiierten neuen Ausrichtung der *taz* grundsätzlich zufrieden. Mit dem

›Schwerpunkt‹, dem großformatigen Titelthema und den Gesellschaftsseiten ›tazzwei‹ ziele die Zeitung jetzt auf eine Leserschaft, in der man die ›Guten‹ nicht mehr am Haarschnitt oder Dresscode erkennen kann, wie er es formuliert. Er hat viel über Qualitätsjournalismus gesprochen, ein sehr umstrittener und dehnbarer Begriff. »Eigentlich benutze ich den Begriff nur sehr ungern«, sagt er fast entschuldigend, »aber irgendwann habe ich gemerkt, dass die Bezeichnung Journalismus nicht mehr reicht. Ich will den Kollegen nicht zu nahe treten, aber wenn man sich manche Regionalzeitungen anguckt, die ja einen Großteil des Marktes bedienen, wenn man sie auf ihre inhaltliche und handwerkliche Substanz untersucht, dann erscheint es mir legitim, diesen Unterschied zu machen.«

Die Zeitungen müssen sich neu aufstellen, daran lässt Unfried keinen Zweifel. »Am dramatischen Niedergang der *Frankfurter Rundschau* sieht man ja, was passieren kann, wenn ein Medium nicht wahrnehmen will, dass sich die Welt verändert hat.« Als ein nicht unbedeutendes Hindernis auf dem Weg zu einer Neuorientierung bezeichnet er die Einstellung der Journalisten selbst. »Wir Journalisten begreifen uns ja als die Guten, wir lehnen es ab, uns mit der Erlösfrage zu beschäftigen. Im Grundsatz völlig zu Recht. Aber ich glaube, dass man einen Modus Vivendi finden muss. Sonst machen es die anderen. Und das heißt dann Personal- und Qualitätsabbau. Es gilt, die kreative handwerkliche Kompetenz der Redaktionen und die Notwendigkeit, neue Verdienstmöglichkeiten zu erschließen, weil es die alten nicht mehr hinreichend gibt, konstruktiv so zusammenzubringen, dass ein Produkt entsteht, von dem man sagen kann, okay, damit können wir jetzt etwas anfangen. Larmoyanz hilft da nicht. Wer arbeitet, macht sich die Hände schmutzig. Das müssen wir so tun, dass wir darauf stolz sein können.«

Wäre die *taz*, ähnlich wie in ihren Anfängen, heute noch einmal zu einer ›revolutionären‹ Attitüde bereit? Überall auf der Welt macht sich Empörung breit über das unglaubliche Gebaren der Finanzindustrie, über den Ausverkauf unserer Ressourcen und über die Unfähigkeit der Politik, sich vom Gängelband der Global Player zu lösen. Occupy Wall Street ist ja nur die Spitze eines Eisberges. Wird die *taz* die Impulse dieser neuen Bewegung in Zukunft befördern, wird sie der neuen Subkultur als Forum zur Verfügung stehen, oder scheut man aus ›Neutralitätsgründen‹ eher davor zurück? Unfrieds Antwort ist eindeutig: »Die *taz* ist im Verhältnis zu anderen Tageszeitungen sehr beweglich. Das bedeutet nicht, dass sie ständig die Meinung wechselt, aber sie ist in der Lage, relativ schnell neue Kerngebiete der Berichterstattung auszumachen und sich dann auch daran festzubeißen. Aber ein Sprachrohr der Bewegung wird sie sicher nicht sein wollen. Außerdem glaube ich nicht, dass neue Bewegungen die *taz* brauchen. Die haben sich längst ihre eigenen Kommunikationswege aufgebaut.«

Für Chefreporter Peter Unfried ist die taz mehr als eine Zeitung. Deren Einzigartigkeit zeigt sich nicht zuletzt in ihrer Selbstorganisation als Genossenschaft. Die Genossenschaft existiert seit 1992. In ihr sind mehr als 11 000 LeserInnen, Mitarbeitende und FreundInnen organisiert. Sie sind es, die die wirtschaftliche und publizistische Unabhängigkeit »ihrer« Zeitung garantieren. Gemeinsam halten sie ein Genossenschaftskapital von mehr als 10 Mio. Euro. Tendenz: steigend. »Dieses Modell ist die Voraussetzung für eine wahrhaft unabhängige und kritische Berichterstattung, die sich an den Interessen der Gesellschaft orientiert«, sagt Unfried.

Hat er jemals daran gedacht, die *taz* zu verlassen, wie eine ganze Reihe ehemaliger Kollegen, die heute in großen Medienhäuser große Gehälter beziehen? »Selbstverständlich«, antwortet er spontan. »Die Unternehmenskultur der *taz* hat natürlich ihre Untiefen, aber sie hat eben auch wahnsinnige Stärken. Bestimmte Dinge, die in der richtigen Welt erst allmählich im Kommen sind, gibt es bei der *taz* schon lange. Obwohl ich damals Mitglied der Chefredaktion war, habe ich ein Jahr Elternzeit bekommen. Da ist hier keiner gekommen und hat gesagt, das kannst du doch nicht machen. Es ist sogar so: Wenn Männer hier nicht zur

Elternzeit bereit sind, dann werden sie schief angeguckt. Wir haben eine relativ angstfreie Arbeitsatmosphäre. Es ist eher so, dass der Druck und die Schuldzuweisung von unten nach oben geht.« Er lacht. Natürlich stelle er sich manchmal die Frage, ob der ganze Arbeitsaufwand angemessen sei bei der vergleichsweise geringen Zahl an Leuten, die man erreicht. »200 000 Leser bei einer verkauften Auflage von 56 000: Das ist gut, aber entspricht nicht den Möglichkeiten einer komplett unabhängigen Zeitung, die die gesellschaftliche Moderne vorantreiben will.« Ein stets gern angesprochenes Thema ist für Unfried keins: die Bezahlung. »Albern. Die vergleichsweise bescheidenen Löhne werden doch nur ins Spiel gebracht, um den Journalismus zu rechtfertigen, der sich letztlich eben doch nicht hauptsächlich an Aufklärung orientiert, sondern an der Rendite von Verlegern und Investoren.« Wer das beklage, stärke letztlich diese Logik. »Ich kann nicht bei der *taz* sein und heulen, dass ich zu wenig Geld verdiene. Wenn ich diesen Eindruck habe, muss ich gehen.«

Peter Unfried bleibt, das steht fest. *taz* muss sein!

Das Gespräch wurde geführt am 17. Oktober 2011.

Peter Unfried, Jahrgang 1963, ist Chefreporter der *taz*. Zuvor war er stellvertretender Chefredakteur (1999–2009) und Sportredakteur (1994–99) dieser *tageszeitung*. Außerdem ist er als Buchautor und Kolumnist tätig. Zuletzt erschienen: *Das Leben ist eine Ökobaustelle* (Ludwig) als Coautor der Schauspielerin Christiane Paul sowie *Öko. Al Gore, der neue Kühlschrank und ich* (Dumont). Peter Unfried lebt mit seiner Frau, zwei Kindern und einem Drei-Liter-Auto in Berlin.

Giovanni di Lorenzo
Kurs halten im Kulturkampf zwischen Online und Print

Wenn man schon eines der vielen Wortspiele bemühen will, die sich einem im Zusammenhang mit der *Zeit* förmlich aufdrängen, dann plädiere ich für ›zeitgemäß‹ (ZEITgemäß). Das trifft den Nagel auf den Kopf. ›Zeitlos‹ passt nicht mehr, auch wenn das die Ikonen des Hauses, deren Porträts den Flur zur Chefredaktion schmücken, nicht gern gehört hätten. Marion Gräfin Dönhoff und Gerd Bucerius hätten sich nicht im Traum vorstellen können, dass die Titelseite ihres Blattes einmal von einer im buntgestreiften Strickpullover steckenden Wärmflasche geziert werden würde. Aber vielleicht, was sage ich, bestimmt wären sie beim Blick auf die aktuellen Verkaufszahlen milde gestimmt worden. Denn natürlich war auch ihnen klar, dass guter, unabhängiger Journalismus ohne ökonomischen Erfolg nicht zu haben ist.

»In dem Moment, wo eine Zeitung wirtschaftlich in Schwierigkeiten gerät, ändern sich die Bedingungen sofort und drastisch«, sagt Giovanni di Lorenzo, der den schrägen Hingucker zu verantworten hat. »Man kann nicht mehr in die Tiefe gehen, weil das Geld für Recherchen fehlt. Man kann nicht mehr ausgeruht an Geschichten herangehen, weil der Druck stärker wird. Es sind Entlassungen zu befürchten, was sich wiederum auf die Stimmung in der Redaktion niederschlägt. Und was das Schlimmste ist: Man fängt möglicherweise an, die eine oder andere Rücksicht zu nehmen und damit ein Stück Unabhängigkeit preiszugeben.«

Sei acht Jahren leitet Giovanni di Lorenzo die Geschicke der *Zeit*. Während dem Wochenblatt vor zehn Jahren noch das Totenglöckchen geläutet wurde, hat es di Lorenzo verstanden, den Abwärtstrend nicht nur zu stoppen, sondern die Auflage um zwanzig Prozent zu steigern. Mit weit über 500 000 verkauften Exemplaren ist die ›Intelligenzgazette‹ aus Hamburg nach *Bild* die meistgelesene deutsche Zeitung. Wie hat er das hingekriegt? »Keine Ahnung«, antwortet er mit entwaffnender Offenheit, »es ist auch der Erfolg meiner Vorgänger Roger de Weck, Josef Joffe und Michael Naumann, die mit der Modernisierung des Blattes angefangen haben. Und es gibt kein Patentrezept für Erfolg. Man muss sehr wachsam sein, das beschreibt es vielleicht am besten. Natürlich gelten für Zeitungen gewisse Prinzipien, aber wenn man nicht abstürzen will, muss man seinen Kurs ständig korrigieren und neu definieren. Die *Zeit* hat heute ein viel breiteres Publikum als noch um die Jahrtausendwende. Wir haben sehr viele junge Leser dazugewonnen, was sich nicht zuletzt an den fast 40 000 Studentenabos ablesen lässt. Solange es eine solche Anbindung noch gibt, wird dieses Medium auch nicht dem Untergang geweiht sein«, fügt er hinzu.

Kommen wir noch einmal auf die Wärmflasche im Rollkragenpullover zu sprechen. Sie verweist auf eine dreiseitige Strecke im Wissensteil und ist mit dem Titel »Wird die Erde doch nicht wärmer?« überschrieben. Damit klinkt sich die *Zeit* in eine Diskussion ein, die durch die Veröffentlichung des Buches *Die kalte Sonne. Warum die Klimakatastrophe nicht stattfindet* ausgelöst wurde, geschrieben von Fritz Vahrenholt und Sebastian Lüning. Dass die Thesen des Autorenduos den Gegnern der Energiewende in die Hände spielen, versteht sich von selbst. Unmittelbar nach Erscheinen der »Kalten Sonne« legte die *Bild* prompt eine dreiteilige Serie auf: »DIE CO_2-LÜGE. Stoppt den Wahnwitz mit Solar- und Windkraft!« Die *Zeit* reagiert nun mit einem Faktencheck. Gleichzeitig erfahren wir, wie die Beschwichtigungskoalition aus Unternehmen, Forschern, Politikern und Medien in anderen Ländern funktioniert. In den USA, China, Großbritannien und Australien beispielsweise, wo die Klimaskeptiker sogar eine eigene Partei gegründet haben.

Das Thema ist geschickt aufbereitet. Der Leser wird regelrecht in die Problematik hineingezogen. Giovanni di Lorenzo nimmt das Kompliment gerne entgegen. »Ich bin gespannt, wie diese Geschichte bei unseren Lesern ankommen wird«, sagt er. Offensichtlich gut, denn bei *Zeit-Online* war der Faktencheck wenige Tage nach unserem Gespräch der am meisten kommentierte Beitrag. »Normalerweise liegen Umwelttitel wie Blei in den Regalen«, bemerkt di Lorenzo. »Begriffe wie Klimawandel oder Nachhaltigkeit scheinen unsere Leser regelrecht abzuschrecken. Die Ablehnung von Umweltthemen ist auch politisch relevant. Woran liegt es, dass einige der wichtigsten Fragen der Menschheit auf ein so geringes Interesse stoßen?« Eine exakte Antwort darauf ist schwer zu finden. »Das Desinteresse mag vielleicht damit zusammenhängen, dass viele Naturkatastrophen, allen wissenschaftlichen Erkenntnissen zum Trotz, heute nicht sichtbar und spürbar sind. Jedenfalls nicht in Mitteleuropa. Die dramatischen Folgen unseres Wirtschaftens liegen in der Zukunft und bleiben in der Gegenwart abstrakt.« Hinzu käme, dass die großen internationalen Konferenzen wie in Kopenhagen oder Durban beim Publikum den Eindruck erweckten, als sei die Politik nicht handlungsfähig und infolgedessen auch nicht in der Lage, die Probleme in den Griff zu bekommen. »Beides, die Unsichtbarkeit und das Gefühl der Ohnmacht, leistet womöglich der Verdrängung Vorschub. Zumal es sich ja um ein unbehagliches Thema handelt und viele Menschen ahnen, dass effektiver Klimaschutz auch ihnen etwas abverlangen würde, dass sie ihr Verhalten und ihren Lebensstil ändern und womöglich Einschnitte hinnehmen müssten.«

Wie soll man mit diesen Widerständen umgehen? Für eine Zeitung wie die *Zeit* stelle sich diese Frage ganz besonders. »Unsere Redakteure im Wissen-, Wirtschafts- und Politik-Ressort beschäftigen sich regelmäßig mit den umweltpolitischen Herausforderungen, und sie versuchen alles, um diese Fragen attraktiv aufzubereiten, zum Nachdenken anzuregen und ein Bewusstsein zu schaffen. Gerade die negative Reaktion unserer Leser muss uns Journalisten Ansporn sein, sich mehr einfallen zu lassen. Wir müssen uns ständig fragen, wie wir die Leute gewinnen, wie wir eine konstruktive nachhaltige Debatte initiieren können.«

Als Beispiel dafür, wie man die Menschen für ein Thema gewinnen kann, nennt er eine Reportage, die er kurz nach seiner Amtseinführung in Auftrag gegeben hatte. Sie befand sich in einem Dossier über die Globalisierung. »Wir haben die Globalisierung am Beispiel eines Braun-Rasierers erklärt. Wir haben das Gerät auseinandergenommen und uns an jene Stätten begeben, wo diese Teile fabriziert werden.« Die Geschichte wurde mit dem renommierten Henri-Nannen-Preis ausgezeichnet. Bei der Preisverleihung fragte der Moderator den Autor, wie viele Flüge er für die Recherche benötigt habe. »Unser Reporter antwortete, es seien 31 gewesen«, sagt di Lorenzo. »Als ich diese Zahl hörte, bin ich selber blass geworden, denn der Verleger war bei der Veranstaltung ja ebenfalls anwesend. Einen solchen Aufwand kann sich kaum eine Zeitung leisten. Nur in absoluten Ausnahmefällen. Aber es gibt eben Geschichten, die brauchen Zeit und Geld. In diesem Fall hat es sich gelohnt, denn anhand dieser Reportage haben die Menschen eine Vorstellung davon bekommen, was Globalisierung bedeutet. Das Rezept der *Zeit* lautet: Aufklärung ohne erhobenen Zeigefinger, ohne Panikmache oder moralische Einschüchterung.« Dazu gehört laut di Lorenzo auch, dass man Perspektiven aufzeigt und die Umweltpolitik nicht als notwendiges Übel, sondern als Chance darstellt. »Dass man ein Bild zeichnet, das nicht die Apokalypse aufscheinen lässt, sondern eine grüne Welt zeigt, in der es attraktive Arbeitsplätze und technische Innovationen gibt. Und nicht zuletzt Städte, in denen man gerne leben möchte.«

Für George Soros, den weltgrößten Finanzmogul, gibt es nur eine Frage, die darüber entscheidet, ob die Menschheit eine lebenswerte Zukunft haben wird. Und diese Frage lautet: Streben wir nach der Wahrheit oder nicht? Die Antwort des mächtigen Ungarn ist ernüchternd. Mit den zunehmenden Fähigkeiten, die wir im Bereich Marketing und der Spin-Doctoren entwickelt haben, würden die etablierten Machtstrukturen, auch die demokratischen, dazu tendieren, im Letzten die Wahrheit gar nicht mehr wissen zu wollen, sondern eine Realität zu erzeugen, die ihren Zwecken dient. Die Medien, so Soros, würden an den neuen Kleidern des Kaisers kräftig mitweben.

»Die Gefahr, dass die Medien ihre eigene Realität abbilden, ist auf jeden Fall gegeben«, sagt Giovanni di Lorenzo. »Deshalb ist es so wichtig, dass wir auch jene journalistischen Formen pflegen, die schon immer weit über die Käseglocke hinausreichten, unter der wir leben. Die Reportage zum Beispiel. Wenn es eine Möglichkeit gibt, die Wirklichkeit abzubilden, dann über Reportagen, eine Methode übrigens, auf die alle sehr guten Zeitungen großen Wert legen.«

Bei allem journalistischen Engagement: Über den Einfluss seines Blattes auf die gesellschaftspolitischen Entwicklungen macht sich Giovanni di Lorenzo keine Illusionen. »Ich glaube, dass ein einzelnes Blatt kaum Wirkung erzielt«, sagt er, »egal ob *Spiegel*, *Süddeutsche*, *FAZ* oder *Zeit*. Kein einzelnes Blatt kann ein Thema drehen oder nennenswert beeinflussen, aber die Massierung einer bestimmten Ausrichtung, verstärkt durch den Faktor Nachhaltigkeit, das zeigt schon Wirkung.« Am Fall Christian Wulff sei das deutlich zu spüren. »Natürlich handelt sich um eine massive Stimmungsmache, aber nicht nur. Es ist die Konfrontation mit einer Affäre, die in der Tat höchst peinlich und in der Summe untragbar ist. Dass die Leute in der großen Mehrheit der Meinung sind, dass der Bundespräsident nicht ehrlich ist, aber nur die Hälfte seinen Rücktritt fordert, deutet auf ein ausbalanciertes Gerechtigkeitsgefühl hin. Wenn es nämlich zu massiert und zu dick kommt, dann entwickeln die Menschen ein gesundes Misstrauen.«

Der Ton im Medienkonzert sei insgesamt rauer geworden, meint di Lorenzo, sicherlich auch befeuert durch die Art der

Meinungsäußerung im Internet. »Der Trend, in gleicher Weise hoch- oder runterzuschreiben, hat sich verstärkt. Das hat auch mit der geringeren Lagerbildung zu tun. Früher war es so: Wenn die linksliberalen Blätter einen bestimmten Politiker angegriffen haben, hat sich in den konservativen Medien sofort eine Front der Verteidigung gebildet und umgekehrt. Das ist nicht mehr der Fall. Insofern haben wir Journalisten heute einen größeren Eindruck der Geschlossenheit, der uns in unseren Urteilen gelegentlich zur Maßlosigkeit verführt. So finde ich, dass Guido Westerwelle eindeutig zu viel an Kritik abbekommen hat. Man kann das auch an kleineren Beispielen ablesen. Nehmen wir den Regisseur Helmut Dietl und seinen neuen Film. Dietl wird in einer Grobheit runtergeschrieben, dass man denkt, es handelt sich bei *Zettl* um das schlimmste Regiewerk, das je im deutschen Kino gezeigt wurde. Dann schaut man sich den Film an – entdeckt sicher Schwächen –, aber man kann die vernichtende Kritik, die allerorten auf einen einprasselte, nicht so recht nachvollziehen. Da sind in den letzten Jahren die Maßstäbe etwas verrutscht.«

Wie schätzt Giovanni di Lorenzo die deutsche Medienlandschaft ein im internationalen Vergleich? Wäre das ›System Murdoch‹, wie es der *Guardian*-Reporter Nick Davies im Sommer 2011 aufdeckte, auch in Deutschland möglich? Heribert Prantl schrieb damals in der *Süddeutschen Zeitung*: »Zum allgemeinen Erschrecken wird jetzt deutlich, dass sich über den drei Staatsgewalten der britischen Demokratie eine vierte Macht etabliert hat, die offensichtlich unangreifbar war und das klassische System von checks and balance, von wechselseitiger Kontrolle und Ausgleich, außer Kraft gesetzt hat. Unter dem Schirm von Murdochs Blättern und Sendern verschmolz die britische politische Elite zu einer Ansammlung willfähriger Höflinge, die um die Gunst des Medienmoguls buhlte; das Establishment war vereint in dem Ziel, das Spiel um die Macht mit Hilfe des Medienhauses zu gewinnen.«

»Ich habe eine hohe Meinung von der deutschen Presse«, sagt

Govanni di Lorenzo. »Sie ist unabhängig, sie hat eine hohe Qualität und außerdem noch richtige Verleger und keine Industriekonsortien, die Zeitungen steuern. Es lohnt sich, für unser Mediensystem und für die Medien, die wir haben, einzutreten. Nicht zuletzt dadurch, dass man diese Medien liest und dafür bezahlt. Auch unser Fernsehen ist eine Wohltat im Vergleich zu anderen Ländern, die ich gut kenne. Wir haben die freiesten Medien, die es in Deutschland je gab. Umso mehr wundere ich mich manchmal über den Konformismus, der unter Journalisten Platz greift. Außerdem mag ich diesen hochmoralischen Ton einiger Blätter zum Beispiel in der Wulff-Affäre nicht. Wer sich wie eine Betschwester aufführt, kann schnell der Bigotterie überführt werden. Um aber auf Ihre Frage zurückzukommen: Die englischen Exzesse könnte ich mir für Deutschland schwer vorstellen. Aber ich habe mir abgewöhnt, mir etwas vorzustellen, dazu bin ich zu oft überrascht worden. Nehmen wir die Zustände im VW-Betriebsrat. Wenn ich das im Film gesehen hätte, hätte ich gedacht, das ist eine komödiantische, groteske Zuspitzung, also nicht weiter ernst zu nehmen.«

Eine wesentliche Aufgabe der Medien ist es, die gesellschaftlichen Zustände zu beobachten, zu beschreiben und zu analysieren. Das geht seiner Meinung nach nur über den Qualitätsjournalismus. Giovanni di Lorenzo ist ein leidenschaftlicher Verfechter des Qualitätsjournalismus. Und des Prints. Ihm ist bewusst, dass die Medienbranche seit einigen Jahren in einem gewaltigen Wandel begriffen ist. »Das Internet hat nicht nur das Angebot, sondern auch die Nachfrage verändert«, sagt er. »Seit einiger Zeit sind die digitalen Empfangsgeräte hinzugekommen. Diese mobilen Zauberkisten werfen dieselbe Glaubensfrage auf wie das Internet vor einigen Jahren. Ob und wie die Verlage mit ihnen Geld verdienen können, ist ungewiss. Wir alle glauben daran, wir hoffen darauf. Aber obwohl die neue *Zeit*-App ganz hervorragend ist und wir nicht mehr auf sie verzichten wollen, muss ich doch sagen, dass mein Glaube an das iPad mit einer Portion Skepsis vermischt ist. Und zwar deshalb, weil sich nahezu keine Prognose, die in den vergangenen zehn Jahren von so genannten Branchenexperten verbreitet wurde, bewahrheitet hat. Die Zukunft des Prints zum Beispiel. Ich weiß nicht, wie es Ihnen geht, aber ich habe den Eindruck, dass es in Deutschland und anderswo längst als gewiss gilt, dass Print ausstirbt. Dieser Ansicht bin ich nicht. Sofern sie von Vertretern unserer Branche propagiert wird, halte ich sie auch für geschäftsschädigend.«

Die Untergangsszenarien seien natürlich immer eng mit wirtschaftlichen Interessen verknüpft, sagt di Lorenzo. »Sie sind aber auch Ausdruck eines Kulturkampfes zwischen Online und Print, zwischen digitalen und analogen Medien. Da stehen sich zwei Hardcore-Flügel gegenüber: Auf der einen Seite die Online-Ideologen, die sich eine kämpferisch-revolutionäre Botschaft auf die Fahnen geschrieben haben. Ihre Verachtung gilt den dünkelhaften Papier-Aristokraten, und ihr Credo lautet: Die Masse ist klüger als der Einzelne! Die Botschaft der Print-Jünger nimmt sich eher konservativ aus, ist in ihrem elitären Impetus aber nicht weniger radikal: Wir müssen die Werte der analogen Welt vor der digitalen Verflachung und dem Pöbel der User retten, nichts geht über schöpferische Individualität und Tiefsinn!«

Mein Gesprächspartner gerät ins Schmunzeln. »Ich persönlich glaube ja, dass diese Polarisierung etwas weltfremd ist«, bemerkt er. »Die Entwicklung des Internets ist doch nicht rückgängig zu machen. Es wäre auch vermessen und falsch, wenn man behauptete, dass es in der digitalen Welt überhaupt keinen seriösen, kritischen Journalismus gäbe. Wir sollten also nicht pauschal zwischen Print und Online unterscheiden, sondern hier wie dort einfach zwischen gutem und schlechtem Journalismus, zwischen nützlichen und schädlichen Texten.«

Di Lorenzo ist bewusst, dass zwei Drittel aller Zeitungsleser inzwischen online gehen. Er weiß auch, dass immer mehr Werbeerlöse ins Internet fließen. Was das für die Zukunft der Zeitung bedeutet, das weiß er leider nicht. »Deshalb bleibt mir nur ein persönliches Credo: Ich glaube nämlich an die Zukunft der Printmedien. An die Zukunft von Zeitungen wie *SZ*, *FAZ* oder *Zeit*;

von Zeitschriften wie *Spiegel*, *Stern*, *Brigitte* und *Geo*; von Sachbüchern und gedruckter Belletristik. Ich bin davon überzeugt, dass es für uns alle ein dramatischer Verlust wäre, wenn nur eine dieser Gattungen ein existenzielles Problem bekäme!«

Di Lorenzo verweist darauf, dass die Verlage einen Großteil ihres Umsatzes noch immer durch Printmedien erzielen. »Print bildet das Fundament für alles, was die Reputation eines Verlages ausmacht. Das letzte Jahr hat den meisten Häusern Rekordrenditen gebracht, bis zu vierzig Prozent. Ich weiß nicht, wie es Ihnen geht, aber ich habe den Eindruck, dass sich die Leute gerade in Zeiten der Krise nach Orientierung, Halt und Beständigkeit sehnen. Sie wollen Texte, die die tägliche Nachrichtenflut eindämmen, indem sie Hintergründe und Analysen liefern. Um es mit einem Bild zu sagen: Die Zeitungen der Zukunft sind nicht der Fluss, sie sind das Ufer.«

An dieser Stelle schließt sich der Kreis. Orientierung geben kann nur der Qualitätsjournalismus. Umso unverständlicher ist für Giovanni die Lorenzo ein Phänomen, das insbesondere bei Regionalzeitungen zu beobachten ist. Er selbst hat lange Jahre den Berliner *Tagesspiegel* geleitet und versucht, ihm ein eigenes, unverwechselbares Gesicht zu geben. »Doch gerade wenn man Regionalzeitungen so sehr schätzt wie ich, schmerzt die Beobachtung, dass sich viele von ihnen einander immer mehr zum Verwechseln ähneln. Die angeblich kostenintensiven Ressorts wie Außen- und Innenpolitik, Kultur und Reportage werden gnadenlos reduziert. In einem Teil unserer Zeitungen steht einfach nicht mehr so viel drin, was sich wirklich zu lesen lohnte. Ich halte das für eine gefährliche Entwicklung.«

Aber es sind nicht so sehr die betriebswirtschaftlichen Details, die Giovanni di Lorenzo in erster Linie beschäftigen, es geht ihm um etwas anderes: »Wir erleben seit einigen Jahren einen beunruhigenden Vertrauensverlust gegenüber allen Institutionen. Staat, Kirchen und Verbände werden immer weniger geachtet. Meine Sorge ist, dass dieses Misstrauen auch auf die Verlage übergreift, die doch eigentlich Anwälte des Bürgers und auch Bildungsinstanzen sein sollten. Wer seine Leser aber nicht als Bürger oder Bildungshungrige betrachtet, sondern als Kunden, der darf sich am Ende nicht wundern, wenn Zeitungen und Zeitschriften ihr Gesicht verlieren. Wir müssen uns deshalb fragen, ob wir die Qualität, die es in unserer Branche gibt, auch selbst noch zu schätzen wissen. Ist unsere Berichterstattung kritisch genug, genau genug, antikonformistisch genug? Ich glaube, dass dies die entscheidenden Fragen sind.«

In einem Vortrag vor Juristen an der Bucerius Law School, der ersten privaten Hochschule für Rechtswissenschaft in Deutschland, hat Giovanni die Lorenzo im letzten Jahr seine Zehn Gebote zur Rettung der Printmedien verkündet. Das Vierte Gebot heißt: »Du sollst mit deinen Lesern kommunizieren, ohne dich mit ihnen gemein zu machen.« Wie ist das zu verstehen? »Die Autorität und Glaubwürdigkeit von Journalisten hängt davon ab, ob sie dem Leser das Gefühl vermitteln können: Die wissen mehr als ich und sind mindestens genauso gebildet und anspruchsvoll. Wenn Medien auch künftig ihre Aufgabe als vierte Macht, als Ratgeber oder auch als Hort der Kultur wahrnehmen wollen, dann bestimmt nicht dadurch, dass sie Wissensvermittlung und Meinungsbildung allein an ihre User delegieren. Für professionelle Journalisten müssen vielmehr klare berufliche Standards gelten: Sie müssen sorgfältig recherchieren, ihre Quellen nennen, falsifizierbare Thesen liefern und ein gewisses sprachliches Niveau erreichen.«

Autorität und Glaubwürdigkeit. Noch gelten diese Begriffe als Markenzeichen für guten Journalismus, das sieht auch Giovanni di Lorenzo so. »Auch investigative Online-Formate wie Wikileaks und Guttenplag werden, das ist jedenfalls meine Wahrnehmung, erst dann richtig ernst genommen, wenn ihre Ergebnisse von Zeitungsredaktionen geprüft, aufbereitet und diskutiert werden.«

Von seinen zehn proklamierten Geboten zur Rettung des Prints scheint mir das Sechste Gebot am deutlichsten Auskunft über die Intention des Giovanni di Lorenzo zu geben. Es lautet:

»Du sollst die Zeit des Umbruchs nutzen, um möglichst viele Formate und Themen auszuprobieren.« »Ja sicher«, sagt er, »wann denn sonst? Wer versucht, das Internet zu kopieren, der hat schon verloren. Der alte Werbeslogan ›Don't imitate. Innovate!‹ gilt für die Printbranche mehr denn je. Wir haben bei der *Zeit* gerade ein Investigativ-Ressort eingerichtet. Unsere Leser wollen, dass wir Unrecht aufdecken und auch dort recherchieren, wo es unangenehm wird. In Zeiten eines nie dagewesenen Umbruchs ist es jedenfalls an der Zeit, etwas Neues zu wagen, statt in Angststarre zu verfallen.«

Es ist an der *Zeit*, etwas Neues zu wagen. Und wenn sie mit einer Wärmflasche im Rollkragenpullover auf den Klimawandel aufmerksam machen muss.

Das Gespräch wurde geführt am 9. Februar 2012.

Giovanno di Lorenzo, Jahrgang 1959, studierte Neue Geschichte, Politik und Kommunikationswissenschaft in München. Seine journalistische Karriere begann er als freier Mitarbeiter der *Neuen Presse* in Hannover. 1984 trat er in der Fernsehsendung »Live aus dem Alabama« auf. Sein Auftritt gefiel den Verantwortlichen des Bayerischen Rundfunks so gut, dass sie ihn zum Moderator der Sendung machten. Fortan durfte er auch den ARD-Jugendabend des BR moderieren und übernahm 1989 die TV-Talkshow *3 nach 9* von Radio Bremen, die er auch heute noch moderiert; 1985: Beratervertrag für die Neugestaltung der *Süddeutschen Zeitung*. 1987 bis 1994: politischer Reporter der *SZ* im Ressort Innenpolitik; 1994 bis 1998: Leiter der »Seite drei« der *SZ*; 1999 bis 2004: Chefredakteur des *Tagesspiegel* in Berlin; di Lorenzo hatte entscheidenden Anteil daran, den *Tagesspiegel* im sogenannten ›Berliner Zeitungskrieg‹ als Qualitätsblatt zu positionieren. Danach vertraute ihm die Verlegerfamilie Holtzbrinck das Wochenblatt *Die Zeit* an, wo er die unter seinen Vorgängern Michael Naumann und Josef Joffe betriebene Reform erfolgreich weiterführte. Die *Zeit* ist heute eine der wenigen Zeitungen mit steigender Auflage. Di Lorenzo lebt in Hamburg.

MICHAEL JÜRGS
Viel Lärm um nichts

So ist das, wenn man zu schreiben beginnt: Man bereitet sich einen Tee und lässt das Radio noch eine Weile laufen. Siebenundfünfzig Prozent der Deutschen zwischen 15 und 30 Jahren könnten mit dem Begriff Auschwitz nichts anfangen, höre ich in den Nachrichten. Kinder, wie die Zeit vergeht ...

Vielleicht hat Michael Jürgs die Meldung auch gehört. Wie wird er sich wohl gefühlt haben? Ziemlich mies, nehme ich an. Schließlich war die große Nazi-Schweinerei seine emotionale Triebfeder, ihretwegen ist er Journalist geworden. »Meine Generation war geprägt von dem, was wir über die Verbrechen des Dritten Reiches in Erfahrung gebracht hatten«, sagt er. »Unsere Grundeinstellung lautete: Nie wieder! Was die deutsche Vergangenheit betrifft, so waren wir radikal bis zum Gehtnichtmehr – in allem, was wir gemacht haben. Ich bin Journalist geworden, weil dieser Beruf mit der Möglichkeit verbunden war, etwas zu verändern. Es war diese Lust an der Veränderung, die uns immer wieder motiviert hat.« Die verkrustete Nazizeit aufzubrechen und wirklich Klarschiff zu machen war mehr als ein Anliegen, es war eine Aufgabe!

Jürgs erinnert sich an 1979, als in den Dritten Programmen der ARD die vierteilige amerikanische TV-Serie *Holocaust – Die Geschichte der Familie Weiss* gezeigt wurde. Mit vierzig Prozent Sehbeteiligung war sie das, was man heute einen Quotenerfolg nennt. »Wir haben damals beim *Stern* parallel zur Serie 25 Doppelseiten gedruckt. Titel: ›So war es wirklich!‹ 25 Doppelseiten mit den schrecklichsten Bildern aus den Konzentrationslagern. Das hatte eine unglaubliche Außenwirkung.«

Wie lange die Halbwertzeit einer intensiven Aufklärungskampagne in puncto Schuld und Sühne dauert, hat uns die eingangs erwähnte Radio-Randnotiz vor Augen geführt. Das Engagement in Sachen deutscher Vergangenheit war ein spektakulärer medialer Messerstich ins Herz der Tätergeneration, deren Urenkel die unauslöschliche Schmach jedoch problemlos im kollektiven Vergessen vergraben. Für Michael Jürgs, der noch miterleben durfte, dass der Journalismus als vierte Gewalt im Staate ernst genommen wurde, ist das mittlerweile keine Überraschung mehr. »Wenn ich über die mehr als 45 Jahre Journalismus nachdenke, die ich hinter mir habe, hat sich einiges doch grundlegend geändert. Was damals selbstverständlich funktionierte, funktioniert heute nicht mehr. Wir haben ja noch unter der Prämisse gearbeitet: Man recherchiert, man kriegt etwas heraus, man schreibt es auf, und der bayerische Kultusminister Maunz tritt zurück. Weil öffentlich geworden war, das er nicht nur am Grundgesetzkommentar der Bundesrepublik Deutschland mitgewirkt hat, sondern auch das Rechtssystem der Nazis propagierte, als es opportun war. An solchen und vielen anderen Beispielen war für mich von Anfang an spürbar, welche Macht man als Journalist hatte.« Er denkt an seine ersten Jahre beim *Stern*, der damals ein »unglaublich einflussreiches Medium« war. Selbst im Unterhaltungsressort ging es hart zur Sache: Anstatt Stars und Sternchen zu twittern, sorgten Geschichten über die Korruption im Unterhaltungsgewerbe und die Musik-Mafia für Aufsehen.

Michael Jürgs hat es in seiner Karriere weit gebracht, bis hinauf zum *Stern*-Chefredakteur, eine der wenigen Toppositionen, die im deutschen Mediengeschäft zu vergeben sind. Dass nun ausgerechnet der *Stern*, dessen Renommee in der Ägide Henri Nannens dem des *Spiegel* in nichts nachstand, seine Glaubwürdigkeit über ein Nazi-Thema verlor, gehört zu den tragikomischen

Treppenwitzen der Geschichte. Als der Schwindel mit den Hitler-Tagebüchern 1983 aufflog, war Jürgs Unterhaltungschef des Blattes. Drei Jahre später wurde er zusammen mit Heiner Bremer und Klaus Liedtke zum Chefredakteur bestellt. Die Troika mühte sich vergebens, den Imageschaden zu reparieren. »Mit der Veröffentlichung der Hitler-Tagebücher war mit einem Schlag alles weg, wofür wir standen«, sagt Jürgs. Die Affäre gilt bis heute als Super-GAU der deutschen Pressegeschichte.

1988 ging Heiner Bremer als Sprecher zum Springer-Verlag und Klaus Liedtke wurde Chefkorrespondent des Blattes. Jürgs führte den *Stern* nun alleine. Anderthalb Jahre später wurde er entlassen. Wenn man gehässig sein wollte, könnte man sagen, er sei ein Opfer der deutschen Einheit geworden. Gestolpert ist er über einen Leitartikel mit der Überschrift »Sollen die Zonis bleiben wo sie sind?« Der Artikel erschien an einem Donnerstag, am drauffolgenden Dienstag war Jürgs nicht mehr im Amt. »Der Satz, der mir das Genick gebrochen hatte, war, dass ich sagte, die deutsche Einheit gehört nicht zu meinen Träumen von Europa, und ich warne davor, die Einheit übers Knie zu brechen. Das erklärt, was ich vorher gesagt habe, dass wir einer Generation angehörten, die mit den Begriffen Deutschland und Patriotismus wenig anfangen konnte.« Der Berliner *Tagesspiegel* schrieb dazu später in einer Rezension seines 2008 erschienenen Buches *Wie geht's Deutschland? Eine Bilanz der Einheit*: »Jürgs hatte einst notiert, wie fremd ihm diese Rentner Ost in ihren Einheits-Windjacken waren, als sie vor 19 Jahren über die Hamburger Sonderangebote herfielen. Es war eine rein ästhetische Wahrnehmung, also eine abstandsvolle. Jürgs besaß den Objekt-Blick und die Objekt-Sprache derer, die wissen, dass sie nichts gemein haben mit den Gegenständen ihrer Beobachtungen.«

1990 hatte ihm der Objekt-Blick wenig genützt. Zu gewaltig war die Einheitswelle übers Land geschwappt, als dass sich ein Massenmedium wie der *Stern* den Luxus hätte erlauben können, sich erkennbar herauszunehmen aus der allgemeinen Euphorie. Das ging im Journalismus ebenso wenig wie in der Politik, wie man am Beispiel Oskar Lafontaines sehen konnte, der die Bundestagswahl gegen Helmut Kohl haushoch verlor, weil er über die gewaltigen Folgekosten der Einheit sprach, die später übrigens viel höher ausgefallen sind als noch von ihm prognostiziert. Egal, Michael Jürgs hatte die Situation wohl unterschätzt, er war weg vom Fenster. »Eigentlich wurde mir erst nach der Entlassung bewusst, wie viel Macht ich besessen hatte«, bemerkt er. »Man sagt sich ja nicht jeden Tag, ›Mensch bin ich mächtig‹, sondern was machen wir als nächsten Titel, wo ist die beste Geschichte, wo greifen wir an, was macht die Auflage? Ich war verantwortlich für 100 Millionen Mark Jahresumsatz, aber das macht man sich in der täglichen Arbeit nicht klar. Der *Stern* war wie ein riesiges Klavier mit einer enormen Resonanz, egal welche Taste man anschlug, ob Unterhaltung, Politik, Wirtschaft oder Gesellschaft. Wir waren nicht nur auf Augenhöhe mit dem *Spiegel*, sondern wir standen, was die Auflage betrifft, sogar weit über dem *Spiegel*. Schön war auch, dass man die Fehler, die man machte, und ich machte so viele wie andere auch, in der Woche drauf wieder ausbügeln konnte.«

Wer ein solches Instrument von einem Tag auf den anderen aus der Hand legen muss, fällt für gewöhnlich in ein tiefes Loch. Bei Michael Jürgs war das nicht anders. »Meine depressive Phase hat sechs bis acht Wochen gedauert«, sagt er, »das ist ganz normal. Und als ich merkte, dass sich niemand in meinem Umkreis mehr dafür interessierte, wie böse der Verlag mit mir umgesprungen ist, wie schlecht und gemein die Welt doch ist, habe ich mir gedacht, ich muss etwas schaffen, was ich alleine kann, ohne diesen Riesenapparat im Rücken. Es lagen mir Angebote vor, wieder als Chefredakteur einzusteigen, vom Burda-Verlag beispielsweise. Aber auf die Idee kam ich gar nicht, das war unmöglich. Also habe ich mich im Bücherschreiben versucht.«

Gleich der erste Versuch (*Der Fall Romy Schneider*) war ein Erfolg. Die Arbeit an diesem »biographischen Roman«, wie Jürgs ihn nennt, diente dem Autor auch als therapeutische Maßnahme. Die Romanhandlung ist mit einer journalistischen Recherche verknüpft, die Fakten aus Romys Leben an den Tag bringt, einschließlich ihrer Bankauszüge. »Die Journalistin, die das in dem Buch herausfindet, das bin natürlich ich«, gesteht Jürgs. Der rote Faden, der ihn in seiner journalistischen Laufbahn geleitet hat, war auch in diesem Buch zu finden, etwa, wenn davon die Rede ist, dass Romy Schneider der postfaschistischen ›Demokratur‹ der Bundesrepublik nach Frankreich entflohen ist. Er nimmt ihn auch in seinem nächsten Buch auf (*Der Fall Axel Springer. Eine deutsche Biographie*). »Auch da war es spannend, viele Sachen zu entdecken, die zuvor keiner herausbekommen hatte. Springers unglaublichen Hass auf jede Art von Nazismus und Faschismus beispielsweise, was man sich als 68er so gar nicht vorstellen konnte.«

Michael Jürgs ist inzwischen ein geschätzter Buchautor, »der hierzulande vielleicht vielseitigste und beste Sachbuchautor«, wie die *Süddeutsche Zeitung* schrieb. Es hat also funktioniert. Er kann auf das Bewusstsein und die Verhältnisse auch mit Büchern Einfluss nehmen, und darum geht es ihm in erster Linie: um Veränderung. Nur einmal noch ist er in fester Anstellung in den Journalismus gewechselt, als Chefredakteur des untergehenden Zeitgeist-Magazins *Tempo*. *Tempo* hatte sich unter Markus Peichl eine eigene Kunstwelt geschaffen und diese eine gewisse Zeit außerordentlich geschickt und erfolgreich bedient. In der Branche mutete es deshalb ein wenig absurd an, dass der Jahreszeiten Verlag ausgerechnet einen der Wahrheit verpflichteten Vollprofi wie Michael Jürgs auf das Blatt ansetzte. »Peichl hat das prima gemacht«, sagt Jürgs, »aber irgendwann war die Zeitgeist-Attitüde schal geworden. Für mich war es eine Riesenherausforderung, den Jungen zu zeigen, was Journalismus eigentlich ist, dass er mehr sein kann als Chichi, weiße Socken und Musik.« Er führte eine tägliche Redaktionskonferenz ein, was man bei *Tempo* nun gar nicht gewohnt war. Er schickte seine Edelfedern wie Christian Kracht ins wahre Leben, ließ sie in London für eine Reportage über Obdachlose eine Woche auf der Straße schlafen. »Erst hat sich Kracht geweigert, dann hat er es gemacht und prompt den

Axel-Springer-Journalistenpreis für die beste Reportage gewonnen. Plötzlich kriegten diese hochbegabten Schreiber ein Gefühl dafür, was Journalismus eigentlich kann.«

Unter Jürgs war *Tempo* nicht wiederzuerkennen. Die Leserschaft wandte sich angesichts der harten Reportagen mit Grausen ab, kam nur zurück, wenn Madonna nackt auf dem Titel erschien. »Ich hätte trotzdem nie etwas anderes machen wollen«, sagt Jürgs, der nach zwei Jahren vom eigenen Verleger ausgebremst wurde. »Er verlangte, dass ich ihm in Zukunft die Titel zeigen sollte, bevor sie in Druck gingen. So etwas geht gar nicht, also haben wir uns getrennt.«

Ende der neunziger Jahre erfuhr Jürgs endlich Genugtuung für die Schmach, die der Rausschmiss beim *Stern* für ihn bedeutete. Er befand sich in Frankreich im Urlaub, als eine Delegation aus Hamburg bei ihm eintraf. »Der damalige Chefredakteur des *Stern*, Michael Maier, war gescheitert, und der Redaktionsbeirat verlangte vom Verlag, dass er mich zurückholt. Die Herren legten mir also einen unterschriftsreifen Vertrag auf den Tisch. Es gab nur eine Bedingung: Ich durfte keine Leitartikel mehr schreiben. Die trauten mir nicht über den Weg, ich war denen zu links, zu provokant. Aber ein *Stern*-Chefredakteur muss provozieren, denn nur dadurch verändert man etwas. Also habe ich das Angebot abgelehnt. Meine Befriedigung hatte ich ja bekommen: Sie wollten mich zurück, die Wunde der Entlassung war geschlossen.«

Michael Jürgs war die Ablehnung der *Stern*-Offerte vermutlich auch deshalb relativ leichtgefallen, weil er längst gemerkt hatte, dass der Journalismus eine stumpfe Waffe geworden war, mit der man schon lange nichts Entscheidendes mehr veränderte. »Heute ist es doch völlig wurst geworden, was einer schreibt. In der aktuellen Woche treibt man diese Sau durchs Dorf und in der nächsten Woche ist es eben eine andere. Das spielt keine Rolle mehr. Eigentlich müsste man in Krisenzeiten ja erwarten, dass wir Journalisten, also die vierte Gewalt, um dieses hohe Wort einmal zu gebrauchen, mit dem, was wir aufdecken, was wir schreiben, woran wir hängenbleiben, Einfluss auf die gesellschaftlichen Entwicklungen nehmen. Das tun wir aber nicht mehr. Die wirklichen Veränderungen in der Gesellschaft finden oft, zu oft diesseits dessen statt, was wir im Print oder meinetwegen auch Online veranstalten. Das sind alles Bewegungen, die nicht von uns bewirkt worden sind: Occupy, Attac, Anonymous, Wiki-Leaks. Diese Leute würden sich schon lange nicht mehr dafür interessieren, was die klassischen Medien machen, sagt man. Glaube ich nicht unbedingt. Es gibt in der *Süddeutschen*, in der *FAZ*, in der *taz* usw. nach wie vor und täglich Geschichten aus fremden Leben, aus denen man dann mehr erfährt fürs eigene.«

Die enormen technischen Möglichkeiten, mit denen heutzutage Nachrichten, Geschichten, Bewegungen und Trends befördert werden, haben laut Jürgs wesentlich dazu beigetragen, dass der Journalismus weitgehend auf der Strecke geblieben ist. »Der Hintergrund einer Geschichte, die genaue Recherche, die Wochen dauern kann, ist den Leuten, die heute die Produktionsmittel in der Hand haben, schlicht zu teuer geworden. Diese Herrschaften denken, das geht doch alles viel schneller und außerdem interessiert es eh keinen Menschen mehr. Das bezweifle ich allerdings stark. Wenn eine Dokumentation der ARD über Lidl sechs Millionen Zuschauer hat, kann ich nur sagen, wieso machen die das nicht öfter. Liegt es nicht vielleicht daran, dass viele Kollegen in verantwortlichen Positionen zu feige sind oder zu langweilig oder zu desinteressiert? Aber was zeichnet unseren Beruf denn in Wahrheit aus? Risikobereitschaft, Mut und auch die Lust, ohne Netz und doppelten Boden über einen Abgrund zu tanzen, das gehört einfach dazu. Das ist die Herausforderung, die man braucht, um richtig gut zu sein.«

Jürgs, der aktuell auch als Berater der *Spiegel*-Chefredaktion tätig ist, wo er die Leidenschaft spürt, die ihn einst zum Journalismus trieb »und mich immer noch treibt«, kann nicht verstehen, wieso sich die Medien fast unisono vom Geschwindigkeitswahn infizieren lassen, warum jeder unbedingt der Erste sein will, der etwas Online vermeldet. »Der *Spiegel* schafft es ja immer noch, jenseits der Aktualität mit überraschenden Titeln die Leute zu packen«, sagt er. »Die *FAS* zum Beispiel, inzwischen die eigentliche Konkurrenz zum *Spiegel*, beweist doch ebenfalls, dass man mit langen Texten, guten Autoren und gut recherchierten Geschichten Erfolg haben kann.«

Dass sich die Medienlandschaft in den letzten zwanzig Jahren so extrem verändert hat, liegt natürlich nicht nur an den neuen technischen Möglichkeiten. Für die weitgehende Abkehr von den Kriterien des klassischen Journalismus gibt es laut Jürgs zwei weitere Gründe: die Ausbildung des Nachwuchses und die Hörigkeit der Verlage gegenüber den Einflüsterungen der Marktforschung. »Auf den Journalistenschulen heißt es, der Beruf ist viel breiter gefächert als zuvor. Jobs sind schwierig zu bekommen. Also müsst ihr auch in PR-Angelegenheiten fit sein, ihr müsst Online perfekt sein, euch mit dem i-Pad auskennen und eine Videokamera bedienen können. Hauptsache, ihr seid schnell und billiger als die anderen. Die Honorare für freie Journalisten sind inzwischen katastrophal, besonders in der Provinz. Für eine Seite Text gibt es neunzig Euro. Unfassbar. Ich höre das, wenn ich auf meinen Lesereisen mit ortsansässigen Journalisten spreche.«

Was die Marktforschung betrifft, so habe sie in vielen Redaktionen inzwischen entscheidenden Einfluss auf die journalistische Arbeit. »Zu meiner Zeit«, sagt Jürgs, »hatten Verlag und Marktforschung keinen Platz am Redaktionstisch. Die konnten Weihnachten vorbeikommen und die Gratifikation verteilen, aber sonst wollte ich von denen nichts sehen. Das duale System aus Verlag und Redaktion funktionierte ja nur deshalb so gut, weil die einen bei den anderen nicht mitspielten. Heute ist das längst vorbei. Und genau darin liegt die Perversion unseres Berufes.«

Wann wurden die Gräben zwischen Redaktion und Verlag überschritten und warum? »Warum, kann ich mir schon sehr gut vorstellen«, antwortet Jürgs. »Weil plötzlich die Verlegertypen des alten Schlages ausgestorben waren. Die jungen Manager kamen, die heute natürlich ältere Manager sind, aber eine ganz andere Geschichte haben. Zu den letzten großen Verlegerpersönlichkeiten zähle ich Gerd Schulte-Hillen. Und bei aller Kritik an Springer-Vorstand Mathias Döpfner: Er ist Journalist, er hat ein Gespür für Geschichten und reagiert entsprechend. Rainer Esser von der *Zeit* und Ove Saffe vom *Spiegel* haben Respekt vor unserem Beruf, das ist ganz entscheidend. Nach dem Motto: Macht mal, und wir tun alles, um euch das Umfeld zu sichern. Das sind richtig tolle Typen. Dann schweigt des Sängers Höflichkeit, viele andere kenne ich nicht.«

Dass die Medien in der Glaubwürdigkeitskrise stecken, lässt sich laut Jürgs sehr gut an der endlos breitgetretenen Affäre um Bundespräsident Wulff ablesen. »Die Leute fragen sich doch, was machen die Medien da eigentlich, die jagen den, die handeln nur noch aus Eigeninteresse. Die Menschen misstrauen heute nicht nur der Politik, sie misstrauen im gleichen Maße den Medien. In vielen Fällen ist das sogar berechtigt. Denn die, die von RTL bis *Super-Illu* viel Lärm um nichts machen, könnten ja genauso gut auf der anderen Seite stehen. Das ist nicht die Art von Journalisten, die wir uns vorstellen, die tun nur so. Das gilt leider inzwischen auch für die öffentlichen-rechtlichen Rundfunkanstalten. Wenn man die Morgensendungen hört, hat man doch das Gefühl, dass die alle wahnsinnig geworden sind. Die schwätzen, lachen blöd rum und wissen nichts. Die Toleranz, die wir 1968 erkämpft haben, geht jetzt so weit, dass überhaupt kein Tabu mehr gilt. Ich kann es nicht mehr hören! Und das geht vielen Menschen so. Wenn die Besetzung des Dschungelcamps für die Medien mindestens so wichtig ist wie die Besetzung des nächsten Kabinetts, muss doch irgend etwas falsch gelaufen sein.«

In seinem Buch *Seichtgebiete – Warum wir hemmungslos verblöden* hat Michael Jürgs die scheinbar unaufhaltsame Verflachung der Massenmedien beklagt. Als ihm ein Kritiker daraufhin vorhielt, dass er als ehemaliger Chefredakteur des *Stern* eigentlich wissen müsste, warum wir verblöden, konterte Jürgs mit einem Beispiel, das er noch heute gerne bemüht. »Da sind wir nämlich wieder am Anfang unseres Gesprächs. Dass wir in

Deutschland Leute wie Dirk Bach oder Mario Barth ertragen müssen, hat eben auch damit zu tun, dass die gesamte jüdische Intelligenz von den Nazis aus dem Lande vertrieben worden ist. So ein Aderlass ist nicht zu kompensieren. Dann hat man eben die Gosse und nicht den Boulevard. Ein hochklassiger Boulevard ist etwas Wunderbares. Mich als Journalist auf dem Boulevard zu bewegen in aufrechtem Gang ist sinnlich, spannend und außerdem sinnvoll, denn dann locke ich die Menschen in die Kirche, in der ich predigen kann. Und die ist dann eben doch voll.«

Wir sitzen in Hamburg-Eppendorf vor dem Café TH2. Drinnen war es zu laut und draußen wird es allmählich zu kalt. Eigentlich, so Jürgs, sei jetzt ja auch alles besprochen. »Wenn ich jünger wäre und Verantwortung trüge«, sagt er zum Abschied, »würde ich gerade heute immer in die Tiefe gehen. Mit meinen Büchern mache ich das. Das Bücherschreiben ist allerdings ein ziemlich einsames Geschäft. Mit der Einsamkeit des Schreibers umzugehen, das muss man lernen. Aber ich will noch immer mehr als alles. Schau'n mer mal, was noch kommt.«

Das Gespräch wurde geführt am 16. Januar 2012.

Michael Jürgs, Jahrgang 1945, brach sein Studium der Germanistik, Geschichte und Politikwissenschaften nach acht Semestern ab, um bei der Münchner *Abendzeitung* zu volontieren. 1968 wurde er dort Chef des Feuilletons. 1976 ging er zum *Stern*, leitete das Ressort Unterhaltung. 1986 übernahm Jürgs neben Klaus Liedtke und Heiner Bremer die Chefredaktion des Blattes, das er danach zusammen mit Herbert Riehl-Heyse und dann von 1989 bis 1990 alleine führte. Nach einem Leitartikel unter der Überschrift »Sollen die Zonis bleiben wo sie sind?« wurde Jürgs 1990 entlassen. Von 1992 bis 1994 war er Chefredakteur des Magazins *Tempo* und Comoderator der *NDR Talk Show*. Seit 1994 ist er Buchautor und freier Journalist. Seine Buchpublikationen: *Der Fall Romy Schneider*, *Der Fall Axel*

Springer, Gern hab' ich die Frau'n geküsst (über Richard Tauber), *Bürger Grass* und *Eine berührbare Frau* (über Eva Hesse) ebenso wie *Die Treuhänder, Der kleine Frieden im Großen Krieg, Der Tag danach* sowie *Seichtgebiete*, in dem er die derzeitige Medienlandschaft und die Verdummung des Publikums anprangert. Michael Jürgs lebt in Hamburg.

MATTHIAS LEITNER
Journalismus muss Erzählungen liefern

Vor kurzem hat er sich für einen Beitrag in den Gefilden der Esoterik herumgetrieben, und vielleicht mag der eine oder andere seiner Interviewpartner der Meinung gewesen sein, dass Matthias Leitner in einem früheren Leben an den Lagerfeuern der Karawansereien gesessen hat oder seine Geschichten auf dem Marktplatz von Marrakesch zum Besten gegeben hat. Seine Arbeitsweise fügt sich nämlich nahtlos ein in die uralte Tradition des Geschichtenerzählens. »Journalismus muss für mich Erzählungen liefern, Erzählungen, die auf Fakten basieren, die nichts entstellen, aber auch etwas Mythisches haben«, lautet Leitners Credo, und dementsprechend handelt er. Dies ist umso beeindruckender, weil er sich hauptsächlich solchen Themen widmet, die man gemeinhin als ›problembeladen‹ bezeichnet. »Die Praxis der Utopisten«, »Frau Holle und Herr Düsentrieb – Der Traum des Wettermachens«, »Das ist doch kein Weltuntergang – Apokalypse: Und dann?«, »I Cyborg – Visionen und Fiktionen von der Mensch-Maschine«, »Spiel des Lebens – wie Gamification die Welt verändert«, so lauten die Titel seiner einstündigen Sendungen, die im *Zündfunk* auf Bayern 2 ein begeistertes Publikum finden.

Der narratologische Ansatz ist Leitner wichtig. Auf diese Weise ließen sich die zum Teil schwer verdaulichen Informationen am effektivsten vermitteln. »Ich pflege keinen Aufklärungsgestus«, gesteht er, »ich gehe von einem mündigen Publikum aus, dem ich nicht wirklich etwas beibringen kann und will. In meinen Sendungen geht es ja oft um Utopien, für die ich gute und sinnvolle Erzählungen finden will. Diese Erzählungen müssen andockbar sein an andere Geschichten, an unsere Geschichte und an unsere Gegenwart und Zukunft. Wir müssen uns gegenseitig etwas über das Hier und Jetzt zu sagen haben, etwas, das über die reine Information hinausgeht. Nur so kann Journalismus für mich funktionieren, er muss Perspektiven liefern.«

Matthias Leitner gehört mit seinen 28 Jahren einer Generation an, von der allgemein angenommen wird, dass sie noch zu Lebzeiten die unmittelbaren Folgen eines Lebensstils zu spüren bekommen wird, dem ihre Väter- und Großvätergeneration in bedenkenloser Weise gefrönt haben. Er selbst ist dennoch positiv gestimmt. Das ist umso erstaunlicher, weil er auf den unterschiedlichsten wissenschaftlichen Gebieten Informationen in Erfahrung gebracht hat, die eigentlich alles andere als optimistisch stimmen. Er erwähnt beispielsweise ein Gespräch mit Forschern der Universität Heidelberg, in dem davon die Rede war, dass sich der CO_2-Anstieg auch dann noch fortsetzen wird, wenn die Emissionen von heute auf morgen eingestellt würden – weltweit –, was wohl kaum zu erwarten ist.

»Komischerweise stelle ich aber immer wieder fest, dass unter den Leuten, mit denen ich rede, eine ziemlich positive Stimmung herrscht. Die Zukunftsforscher vom Institut Futur in Berlin zum Beispiel, das sind keine Pessimisten. Die sind kritisch, die haben ein Bewusstsein dafür, dass vieles falsch läuft, sie sind aber trotzdem positiv gestimmt. Eine ihrer größten Hoffnungen ist, dass die Zukunft grüner wird. Dass sich gesellschaftliche Bewegungen in dieser Richtung auftun werden, die ja auch schon spürbar sind. Wahrscheinlich ist man irgendwann bei diesen vierzig Prozent angekommen, die auch der Journalist Malcolm Gladwell beschreibt. Also vierzig Prozent der Menschen oder Teilhaber eines beliebigen Milieus, beispielsweise der Bundesrepublik Deutschland, die mit Überzeugung für etwas eintreten und dadurch den noch unentschiedenen Mittelbau mitreißen werden, was zu enormen gesellschaftlichen Veränderungen führen kann.«

Leitners Interesse gilt in erster Linie Umwelt- und Technikthemen. Die Schnittstelle zwischen Mensch, Technik und Kultur fasziniert ihn besonders. Was macht Technik mit unserer Wahrnehmung, was macht sie mit dem menschlichen Körper? Um daraus spannende, unterhaltsame Geschichten zu formen, braucht es zweierlei: das richtige Gespür und eine Redaktion, die seine Vorschläge goutiert. »Mein Ehrgeiz«, sagt er, »besteht darin, Themen zu entwickeln, die sich in unserem Bewusstsein noch nicht manifestiert haben, die kurz vor dem Durchbruch stehen, die sich irgendwann einmal niederschlagen werden in der Welt, aber für die es noch ein Darstellungsproblem gibt. Wie kann ich mich journalistisch einem Thema nähern, das noch nicht in der Lebenswelt meiner Hörer und Leser angekommen ist? Für alle Themen, bei denen ich gespürt habe, dass ich sie unbedingt aufarbeiten muss, gilt ein bestimmter popkultureller Zugang. Wie äußert sich ökologisches Bewusstsein im Film, in der Literatur, in der Musik? Wie kann ich daraus ein hartes soziales Thema machen?«

Bei den Printmedien und im Radio fand Matthias Leitner bisher immer ein offenes Ohr für seine Ideen und ihre spezielle Umsetzung. »Schwieriger ist es im Filmbereich. Dort ist der Apparat, mit dem man sich auseinandersetzen muss, größer und der Faktor Zeit ist dort unendlich dehnbar. Außerdem ist wesentlich mehr Geld im Spiel, und allein deshalb gibt es eine Menge Leute, die mitentscheiden wollen. Der monetäre Mehrwert, den ein Filmprodukt am Ende dann doch abwerfen soll, ist auf jeden Fall eine Barriere.«

Matthias Leitner versteht sich als Dolmetscher zwischen Wissenschaft und Öffentlichkeit, der hochkomplizierte Sachverhalte ins allgemeine Verständnis rückt. Dass die Wissenschaft für ein solches ›Verbindungselement‹ dankbar ist, hat er auf Schloss Dagstuhl im saarländischen Wadern erfahren. Schloss Dagstuhl ist ein weltweit anerkanntes Begegnungszentrum für Informatik und gilt als Mekka der IT. Hier sucht man den Kontakt zu Journalisten. Leitner war eingeladen, um sich über Verschlüsselungstechniken und die Sicherheit im IT-Bereich zu informieren. »Ein hochinteressantes Thema, das immer wieder Ängste schürt. Die Materie ist schwer durchdringbar. Du musst sie in den Anwendungsbereich herüberholen. Und du musst natürlich auch über solche Sachen reden, die eben nicht funktionieren, wo es zu warnen gilt. Bei all meinen Themen aber war es so, dass ich es immer mit Gesprächspartnern zu tun hatte, die profund Auskunft geben konnten, die ihre Thesen und ihr Wissen auch mit Beispielen belegen konnten, die nicht dem Wissenschaftsbereich entlehnt worden waren. Natürlich musst du sie manchmal entsprechend anstupsen.«

Es gibt auf Schloss Dagstuhl auch Kurse, in denen Journalisten den Wissenschaftlern nahebringen, wie man sich ausdrücken sollte, damit es der Nutzer, der außerhalb der Wissenschaftsszene steht, auch begreift. »Die meisten Wissenschaftler haben das Problem klar erkannt«, sagt Leitner, »die wissen, dass ihre Themen für die Gesellschaft von großer Wichtigkeit sind und dass es jetzt darum geht, dafür ein entsprechendes Bewusstsein zu generieren.«

Angesichts der Hoffnungen, die in der Politik, der Wirtschaft und auch in einem Großteil der Bevölkerung in die Wissenschaft gesetzt werden – glaubt man tatsächlich daran, die Probleme in angemessener Zeit durch technische Lösungen beheben zu können? »Im Rahmen meiner Recherchen, beispielsweise zum Thema Climate-Engineering, hatte ich nicht diesen Eindruck«, sagt Leitner. »Die Aussage von fast allen Experten, mit denen ich gesprochen habe, war völlig klar: Technik alleine kann nicht die Lösung sein. Auch in anderen Bereichen, sei es in der Erforschung künstlicher Intelligenz oder bei Zukunftsforschern, ist die Meinung eindeutig: Technik ist nicht *das* Mittel der Wahl.«

Diese Aussage deckt sich mit dem Ergebnis einer ersten umfassenden Studie, die ein Team von Wissenschaftlern im Auftrag des Bundesforschungsministeriums vorgelegt hat. An dieser

Studie, die herausfinden sollte, ob man mit Klimamanipulationen dem Treibhauseffekt entgegenwirken könnte, waren nicht nur Naturwissenschaftler, sondern auch Ökonomen, Juristen und Sozialwissenschaftler beteiligt. Ihr Urteil ist vernichtend: Alle Vorschläge, heißt es da, sind mit erheblichen ökologischen Risiken und Nebenwirkungen, ökonomischen Kosten und gesellschaftlichen Konfliktpotenzialen verbunden. Selbst ein Mann wie Paul Crutzen, 1995 für die Erforschung des Ozonlochs mit dem Nobelpreis für Chemie ausgezeichnet, der den Vorschlag gemacht hatte, künstlichen Schwefel in die Atmosphäre zu geben, um die Sonneneinstrahlung zu minimieren, sieht sich nun in einer Reihe mit anderen arrivierten Klima-Klempnern, deren Projekte unisono als zu teuer, zu riskant, zu umstritten befunden werden. Ob Sonnensegel im All, Reflektoren aus Siliziumscheiben oder die Meeresdüngung zum Zwecke eines gigantischen Wachstums der Algen, die dann als CO_2-Speicher wirken würden – es ist alles vom Tisch. Noch 2009 hatte die Bundesregierung den LOHAFEX genannten Versuch zur Meeresdüngung, der vom Bremer Alfred-Wegener-Institut für Polar- und Meeresforschung im Südatlantik durchgeführt wurde, unterstützt. Inzwischen hat man Abstand genommen. Geblieben ist eine allgemeine Ratlosigkeit und das beklemmende Gefühl, dass der von Menschen verursachte Klimakollaps wohl nicht mehr aufzuhalten sein wird.

Natürlich hindert das die Wissenschaft nicht daran, weiter zu forschen. Leitner erwähnt das 2010 beschlossene Moratorium zu Techniken des Climate Engineering. »In diesem Moratorium wurde festgelegt, dass Climate Engineering nicht der richtige Weg sei. Dass man auf internationaler Ebene enger zusammenarbeiten werde und dabei gezielt an gewissen Projekten arbeiten will, um Grundlagenforschung zu betreiben. Außerdem will man in der Zukunft Einigkeit über den Einsatz neuer Techniken erzielen. Problematisch wird es, wenn die Wissenschaft aus politischen Erwägungen heraus in Zugzwang gebracht wird. Wenn Lösungsvorschläge populistisch in die Öffentlichkeit getragen werden. Dann besteht die Gefahr, dass eine Diskussion losgetreten wird, die sich von der wissenschaftlichen Diskussion abkoppelt.«

Leitner verweist darauf, dass die Informationen zum Climate Engineering heute eigentlich jedem Laien im Netz zur Verfügung stehen. »Da stößt man dann zwar auch auf Seiten, die das alles wunderbar finden, obwohl niemand weiß, was in dreißig Jahren mit dem Schwefel passiert, der in die Atmosphäre geschossen wird. Die Konsequenzen sind eben nicht bekannt, man kann auf diesem Gebiet keine Kausalketten aufstellen. Aber die nächsten drei Links, die man anklickt, sind garantiert Seiten, auf denen sehr differenziert dargelegt wird, was die Risiken sind. Und als Conclusio liest man meist, dass Klimamanipulation nicht die Lösung sein kann. Das Problem muss anders angegangen werden, das Problem muss mit einem gesellschaftlichen Wandel angegangen werden. Das hat mir auch Hartmut Graßl bestätigt.« Graßl ist ein deutscher Klimaforscher, der zum Thema »Strahlungsübertragung in getrübten Atmosphären und Wolken« habilitierte. Der mit dem Forschungsschiff Meteor auf dem Atlantik und zum grönländischen Inlandeis unterwegs war. »Der sagte mir, dass er große Hoffnungen in die Zivilgesellschaft setzt. Dass man den Atomausstieg, natürlich bedingt durch die verheerende Katastrophe in Fukushima, auch als Erfolg der Zivilgesellschaft verbuchen muss. Es wurde schließlich 30 Jahre darauf hingearbeitet, dass der Ausstieg irgendwann einmal möglich sein wird.«

Matthias Leitner hat ein Faible für Themen, die man vordergründig dem Science-Fiction-Bereich zuordnen könnte. »Als Reporter gebe ich mich gerne als Science-Fiction-Naivling aus, der dann eines Besseren belehrt wird.« Viele Utopien, sagt er, hätten sich zu wahren Trends entwickelt. Gamification zum Beispiel. Die US-amerikanische Spiele-Designerin Jane McGonigal verwirrt und begeistert eine wachsende Fangemeinde mit der These, dass die Rettung der Welt im wirklichen Leben genauso einfach zu gestalten sei wie in Online-Games. Ihr Buch *Reality is Broken – Why Games Make Us Better and How They Can Change the World* besitzt bereits Kultstatus. Darin behauptet sie, dass die drei Milliarden Stunden pro Woche, die wir weltweit mit Online-Games verbringen, noch viel zu wenig seien. Tatsächlich müsse man die Zahl deutlich erhöhen, um Probleme wie Hunger, Armut, Klimawandel und globale Kriege erfolgreich zu bekämpfen. 21 Milliarden Stunden Gameplay pro Woche und mehr seien angemessen, um den Herausforderungen gerecht zu werden.

Für Jane McGonigal ist das Gameplay so etwas wie ein zweiter Bildungsweg. In seiner Sendung *Spiel des Lebens* zitiert Leitner die Amerikanerin mit folgenden Worten: »Im Onlinegame herrscht ein bedingungsloser Optimismus. Verstehen wir das als die Fähigkeit zu extremer Selbstmotivierung. Unbedingter Optimismus ist die Sehnsucht, sofort zu handeln, um eine Herausforderung anzunehmen, kombiniert mit dem Glauben, dass wir eine vernünftige Hoffnung auf Erfolg haben. Die vier Superkräfte bedingungsloser Optimismus, das Weben sozialer Netze, glückliche Schaffenskraft und tiefe Bedeutung summieren sich zu einem Ganzen: Gamer sind durchschlagskräftige, hoffnungsvolle Individuen. Sie sind Menschen, die dazu imstande sind, die Welt zu verändern. Ihr einziges Problem ist: Sie glauben nur daran, die virtuelle Welt verändern zu können, nicht die reale Welt. Das ist das Problem, das ich versuche zu lösen.«

Matthias Leitner kann diesem Denkansatz durchaus etwas abgewinnen. »Ich finde den Gedanken, Spieler mit ihren erworbenen Fähigkeiten in die Realität zu holen, um reale Probleme anzugehen, faszinierend. Spieler sind hochausgebildete, hochsensitive und hochmotivierte Leute, die das, was sie sich in den Onlinewelten beigebracht haben, in die Realität übersetzen könnten. Der Gedanke ist ja auch nicht neu. In seinem Buch *Homo Ludens. Vom Ursprung der Kultur im Spiel* hat der niederländische Kulturhistoriker Johan Huizinga vom spielenden Menschen gesprochen, der wir neben dem Homo Oeconomicus und dem Homo Faber, dem Macher, eben auch sind. Wenn man das wieder als Einheit denkt, wenn der Spieltrieb unserem Leben wieder angehört, ist vieles möglich.« Allerdings sei es notwendig, die richtigen Spiele zu spielen, Spiele, die nicht das Konkurrenzdenken in den Vordergrund stellen. »Solche Spiele sind broken. Zum Beispiel *Monopoly* oder *Risiko*, zwei Spiele, die fast schon paradigmatisch für unsere Welt stehen. In dem einen dominiert die Raffgier, im anderen der Zerstörungs- und Eroberungswille. Und es sind noch heute zwei der meistverkauften Spiele überhaupt, obwohl sie in Fachkreisen als broken gelten, also im Spieldesign fehlerhaft konzipiert und unausgewogen seien. Spiele funktionieren nur dann, wenn sie Diskurse eröffnen und daraus ein gutes Narrativ machen. McGonigal macht das zum Beispiel in ihrer Arbeit, mit Spielen wie *World without Oil*.«

Matthias Leitner muss lächeln: »Klingt ja fast wie ein Verkaufsgespräch, was ich hier mache«, sagt er, »aber das ist etwas, in das ich wirklich Hoffnung lege. In New York gibt es inzwischen sogar eine Art gamifizierte Schule, sie nennt sich ›Quest to Learn‹. Dort werden die Kinder des digitalen Zeitalters entsprechend ausgebildet. Es handelt sich um eine offizielle Schule, deren Lernprogramm von den Motivationsmechanismen guter Computerspiele durchdrungen ist.«

Natürlich ist Matthias Leitner bewusst, dass Gamification vor allem auch als Marketingtool funktioniert. »Die Wirtschaft ist ja nicht dumm und meistens schneller als alle anderen. Sie bauen Spiele um ein Produkt, in denen man einen Bonus erwirtschaften kann. Das wird es immer geben, es wird immer die beiden Seiten geben. Außerdem gibt es auch berechtigte Kritik an McGonigal. Überhaupt sind wie bei jeder Utopie lediglich ein paar Verstellungen nötig, um in die Negativität zu kippen. Da sehe ich dann die Schlüsselposition von Journalisten. Wir müssen Erzählungen begleiten, sie so ausgewogen darstellen, dass kein Mittelmaß und kein Einerlei herauskommt, sondern das klar benannt wird, was die Hoffnungspotenziale sind und was die Fallstricke. Außerdem wäre es sinnvoll, die Themen nicht nur schlaglichtartig zu beleuchten, um sie dann wieder fallenzulassen, sondern an ihnen dranzubleiben, auch wenn der News-Wert sich schon wieder verflüchtigt hat. So jedenfalls definiere ich meine Aufgabe. Jede gute

Geschichte hat einen roten Faden, an dem sie sich strukturiert. Diesen gilt es zu finden. Oft wird ja nach einer Veröffentlichung so getan, als sei das jetzt der Status quo, über den hinaus sich nichts mehr bewegen wird. Für mich sind gute Erzählungen aber nie wirklich abgeschlossen.«

Spannend bleibt für Matthias Leitner vor allem die unendliche Geschichte apokalyptischer Prophezeiungen, die uns seit Menschengedenken begleitet. Ursprünglich bezeichnete das Wort Apokalypse eine göttliche Offenbarung, das Heilsversprechen eines künftigen Himmelreiches. Heute würde es gleichgesetzt mit dem Katastrophenszenario Weltuntergang. Die Zukunft aber sei nicht geschrieben. »Wir müssen lernen, einen Wunsch zu formulieren«, sagt er, »den Wunsch nach einer besseren Welt. Nur wenn dieser Wunsch formuliert ist, kann er sich auch im Handeln und damit in der Zukunft manifestieren.« Indizien für einen Wandel zum Besseren gebe es genug. »Zum ersten Mal habe ich in diesem Jahr großflächige Anzeigen und aufwendige Fernsehspots für alternative Energien gesehen. Da kristallisiert sich nach Fukushima ein Trend im Wirtschaftsbereich heraus. Wenn die Wirtschaft auf ein Thema anspringt, wird es ziemlich sicher einen Wandel geben. Aber die Wirtschaft springt immer erst dann auf, wenn sie feststellt, dass der abnehmende Kunde ein konkretes Interesse daran hat, oder wenn die Politik auf gesellschaftlichen Druck reagiert und die Spielregeln der Märkte verändert. Am Anfang des Wirtschaftskreislaufes steht damit immer die Zivilgesellschaft. Und jetzt ist es an der Zeit, dass sie ihre Bedürfnisse neu definiert. Anstatt sich in irgendein vermeintliches Schicksal zu fügen, halte ich es lieber mit Heinz von Foerster, dem Mitbegründer der kybernetischen Wissenschaft: ›Handle stets so, dass neue Möglichkeiten entstehen.‹ Das ist für mich eine der einfachsten und sinnvollsten Spielregeln für das menschliche Leben, die ist weder moralinsauer noch irgendwie quasispirituell verbrämt.«

Er sprach von der Notwendigkeit, den Wunsch nach einer besseren Welt zu formulieren. Mit dem Internet geschieht das seiner Meinung nach bereits. »Wir müssen aufhören darüber nachzudenken, was real ist und was virtuell. Vor allem müssen wir aufhören, den kommenden Generationen einen Realitätsverlust einreden zu wollen. Das ist eine menschliche Urangst, die aber nie Wirklichkeit wird. Der Mensch hat zum Schluss immer nur die Wahrnehmungsparameter seiner Sinne zur Verfügung, dazu noch seinen Verstand. Von da aus wird er immer denken und von da aus bildet er sich Struktur und formt die Umwelt. Wenn man den realen Raum und den digitalen Raum nicht gegeneinander ausspielen würde, könnte aus der digitalen Kultur eine wunderbare Utopie entstehen. Wichtig ist, dass die klassischen Medien auch online zuhause sind. Wir brauchen journalistisches Handwerk im Netz, damit Isotope eingezogen werden, von denen ausgehend dann wieder Diskussion möglich ist. Damit nicht alles immer wieder sofort verschwindet. Ich muss auch mal etwas zur Hand nehmen können, ich muss sagen können, so war der Stand vor drei Jahren, den ruf ich mal auf, dann kann ich analysieren, was ist denn inzwischen passiert und wo stehe ich jetzt? Sonst verliert man sich in der Aktualität. Wenn immer nur alles aktuell ist und nichts aufeinander aufbaut, dann verliert der Mensch die Erinnerung daran, dass er ein Gedächtnis hat. Dass er einen Weg zurückgelegt hat, den er beschreiben kann. Dass er eine Erzählung über sich hat. Ich weiß, damit bin ich aus der Postmoderne wieder zurück in die Klassik gefallen, aber von Erzählungen bin ich überzeugt. Menschen ohne Erzählungen haben selten Freude am Leben. Und eine Menschheit ohne Erzählungen keine Zukunft.«

Das Gespräch wurde geführt am 12. Oktober 2011.

Matthias Leitner, Jahrgang 1983, ist Autor für Hörfunk, Fernsehen und Film. Im Team des Internationalen Dokumentarfilmfestivals München ist er Mitglied der Auswahlkommission und als Redakteur für Film und Medien eines der Gründungsmitglieder der Zeitung *Münchner Feuilleton*. Die Dokumentation *Wader Wecker – Vater Land*, bei der Matthias Leitner als Autor und Rechercheur mitgewirkt hat, ist der Gewinner des Publikumspreises 2011 auf dem Filmfest München. Für seine Radiosendung »Die Praxis der Utopisten« (Bayern 2, *Zündfunk*) wurde er 2010 mit dem UmweltMedienpreis der Deutschen Umwelthilfe ausgezeichnet. 2012 erhielt er den Journalistenpreis Informatik für seine Sendung »Spiel des Lebens – Wie Gamification die Welt verändert« (Bayern 2, *Zündfunk*). 2012 hat er gemeinsam mit acht Kollegen das Journalistenkollektiv »Affe im Kopf« gegründet. Matthias Leitner lebt in München.

MICHEL FRIEDMAN
Vom evolutionären Vertrauen

Die Attribute, die ihm seine Kritiker verleihen, sind wenig schmeichelhaft. Er wird als Gewitterziege bezeichnet, als Dreschflegel, als neunschwänzige Katze im Talkshowbusiness. Seit Oktober 2004 ist Michel Friedman wöchentlich in seiner eigenen Show Studio Friedman *auf N24 zu sehen. Jede Sendung ist ein Spektakel für sich. Friedman hat eine besondere Art der Gesprächsführung kreiert, sie ist sein Markenzeichen geworden. Wolfgang Röhl äußerte sich auf der Webseite des* Stern *dazu folgendermaßen:* »*Studio Friedman ist die Ryanair unter den Talkshows. Eine Arena für ganz Harte, die es wirklich nötig haben und für ein bisschen Publizität die Watschenmänner für Friedman machen. Die Sparringspartner werden von Friedman oft brutalstmöglich misshandelt, ihre Sätze gern schon nach drei Worten abgeschnitten, im Munde herumgedreht und höhnisch wieder ausgespuckt.*«

Ich war Friedman schon begegnet, vor zehn Jahren. Damals hatte ich ihn für die Berliner Morgenpost *porträtiert.* »*Er wirkt entspannt, fast ein wenig müde*«*, heißt es in dem Artikel.* »*Seine Schlupflider liegen wie ein seidener Vorhang vor seiner Seele. Wer ihn noch nie in Aktion gesehen hat, wer keine Ahnung besitzt, wie alert und intensiv dieser Mann öffentlich aufzutreten vermag, käme bei diesem Anblick bestimmt nicht auf die Idee, einem Meister der Vereinnahmung gegenüberzusitzen. Michel Friedman scheint erstmals die Küste eines Kontinents namens Resignation auszumachen.*«

Inzwischen steht Michel Friedman wieder voll im Saft, und so bekam ich eine Ahnung davon, was es heißt, wenn einen die volle Härte des Friedman'schen Rhetorik-Gesetzes trifft. Dabei fand unsere Begegnung nicht coram publico statt, sondern in seiner Anwaltskanzlei im Frankfurter Westend. Ein Dialog kam trotzdem nur schwer zustande. Also beschränkte ich mich auf die Rolle des Stichwortgebers, um seine Meinung einzuholen. Hier also ist, was Michel Friedman mir zu sagen hatte: über Gott und die Welt.

Stichwort Eurokrise. »Befürchten Sie, dass sich in der deutschen Bevölkerung eine eurokritische Bewegung bilden könnte, die einen Rechtsruck in der Republik zur Folge hätte?«

»Ich spekuliere bei solchen Dingen nicht. Ich beteilige mich an so was nicht. Wenn argumentiert wird, dass das die Umfragen sagen. Das kann in sechs Monaten wieder anders sein, wenn der Krise eine Zwischenlösung oder eine Lösung folgt. Denn natürlich wird es eine Lösung geben. Wenn es diese Lösung nicht gäbe, sind die Folgen unabsehbar. Aber es wird eine geben. Welche auch immer. Wissen Sie, ich bin zu seriös, um mich mit so vielen Wenns auseinanderzusetzen.«

Stichwort globale Wachstumsgesellschaft. »Ich gehe mal davon aus, dass Sie ein ähnlich ungutes Gefühl haben, was den ungezügelten Kapitalismus angeht, der den Zusammenbruch der Naturhaushalte ebenso in Kauf nimmt wie den Zusammenbruch unserer Sozial- und Wirtschaftssysteme.«

»Wirklich? China und Indien entwickeln sich in einer ganz eigenen Art, von der wir noch gar nicht wissen, wie die Ergebnisse sein werden. Das sind immerhin über zwei Milliarden Menschen, und was da aus dem Nichts heraus an Sozialkonsequenzen im Positiven entsteht, wissen wir nicht. Das sind sehr westliche Sichten, über die wir gerade reden. Eines ist unstrittig: Die virtuelle Ökonomie ist eine der ganz großen Bedrohungen für die Zukunft der Menschen. Aber diese virtuelle Ökonomie hat auch etwas mit Technikentwicklung zu tun. Ohne die moderne Technologie würde es diese Art von Handel nicht geben. Und der Mensch ist dafür da, Probleme mit Lösungsansätzen zu versehen. Ob wir es am Ende schaffen werden, weiß ich nicht, aber es ist doch nicht abwegig, daran zu glauben. Klar können wir es schaffen.«

Stichwort Langzeitfolgen. »Die Atommüllentsorgung ist eine kaum abzutragende Hypothek. Das Bevölkerungswachstum nimmt explosionsartig zu. Der Klimawandel ist im vollen Gange. Wie will man diesen Herausforderungen begegnen?«

»Moment, wir sprachen gerade von der Finanzkrise, und Sie springen jetzt gerade zur Umwelt.«

»Das hängt doch unmittelbar zusammen.«

»Mit mir keine Untergangsstimmung. Seit es sie gibt, ist die Menschheit aufgerufen, unmögliche Situationen mit Lösungen zu behaften. In Europa ist die Frage, ob der Euro lebt oder überlebt, eminent wichtig. Aber wir behandeln diese Frage in einer politischen Realität, wie es sie noch nie gegeben hat, nämlich in Frieden. Und wir behandeln sie gemeinsam statt gegeneinander. Dass es unterschiedliche nationale Interessen gibt, ist völlig legitim. Trotzdem, und das ist eines der Resultate des Euro, wissen alle, wenn es keinen vernünftigen Kompromiss gibt, knallt es bei allen. Also ist der Zwang, sich zu einigen, ein viel größerer, als wenn jeder wieder seine nationale Währung gehabt hätte. Die brutal dramatische Krise ist weder eine Krise des Euros noch Europas, es ist eine Krise der nationalen Regierungen, die sich seit Jahrzehnten verschuldet haben. Dennoch glaube ich, dass die makropolitischen Rahmenbedingungen, um eine solche Krise zu lösen, die besten sind, die Europa je hatte.«

Stichwort Finanzindustrie. »In ihrem Buch *Epochenwechsel* haben Michael Müller, Parlamentarischer Staatssekretär im Bundesumweltministerium, und Kai Niebert, Präsidiumsmitglied des Deutschen Naturschutzrings, geschrieben, dass der globale Kapitalismus an seine Grenzen gerät. Menschenrechte und Menschenwürde würden angegriffen von einem ökonomischen Kollaps, von sozialen Verteilungskämpfen und von den ökologischen Grenzen des Wachstums.«

»Die aufgekommene Kapitalismus- und Bankenkritik ist kein Phänomen der letzten 24 Monate. Banken waren immer globalisiert. Handel, Realhandel, ist immer ein globalisierter Begriff gewesen, schon vor tausend Jahren. Die Geschwindigkeiten, in denen die Globalisierung heute stattfindet, die Vernetzungen, in denen das stattfindet, und dass sechzig Prozent des Börsenhandels nicht mehr im Augenblick des Menschen, sondern über Computerprogramme laufen, das sind doch die Dinge, die eine Welt verändern, wo der Mensch retardiert, wo er wahrnimmt, was passiert. Wo er Lösungsansätze finden wird. Ich bin davon überzeugt, dass wir sie finden. Ich bitte Sie, wenn wir Lösungen gegen Pest, Cholera, Lungenentzündungen, Weltkriege gefunden haben, auch gegen andere Wirtschaftskrisen, Banken- und Währungszusammenbrüche, dann werden wir jetzt auch einen Weg finden. Die Frage wird nur sein: Wer sind die Opfer? Wie viel müssen die Opfer dieser Krise bezahlen, und wie lange wird dies dann andauern? Darüber zu spekulieren ist müßig. Es gibt noch kein Handbuch für Krisenlösungen dieser Art. Dieses Buch wird gerade geschrieben. Learning by doing. Das macht die Sache ja so beängstigend. Wir haben eine Vielzahl nationaler Regierungen, wir haben supranationale Organisationen, die ebenfalls in Brüssel und Straßburg sitzen, dann haben wir eine EZB ... Da sind so viele unterschiedliche Machtzentren am Werk, die den Euro aber behandeln, als wäre er die Nationalwährung der Europäer. Die europäische Nation aber gibt es noch gar nicht. Das ist eine hochkomplexe Situation. Die Idee, den Euro einzuführen, um die europäische Identifikation und Identität zu stärken und die wirtschaftlich-monetäre Interessenlage der Nationen zu einer supranationalen Interessenlage zu verknüpfen, war, ist und bleibt richtig für diesen Kontinent. Bei allem Respekt: Wie wollen Länder wie Belgien, Luxemburg, Holland, Spanien, Portugal in der Weltökonomie bestehen, wenn sie nicht in einem supranationalen Verbund organisiert sind? Also, wir brauchen noch mehr Europa. Das geht nicht über Nacht. Auf einem Kontinent, der über Jahrtausende Kriege, Bürgerkriege, Nationalismus und Regionalismus erlebt hat, ist das doch ein unglaublicher Quantensprung, in dem wir uns befinden. Aber es braucht Zeit, weil das neue Europa demokratisch organisiert wird. Gleichzeitig, und das ist die Perversion, entsteht in der Ökonomie, in der Bankenwelt, eine Geschwindigkeitsexplosion, in der bereits eine Zehntelsekunde eine Rolle spielt. Das sind kulturelle Zeitschienen, die sich verändert haben und erst einmal gegeneinander arbeiten. Aber ich bleibe dabei: Das kriegen wir schon hin.«

»Blicken wir doch einmal über den europäischen Tellerrand und schauen uns die Verhältnisse im Rest der Welt an. Im internationalen Vergleich ist Europa so etwas wie die letzte Wohlstandsinsel.«

»Mich interessiert dieses ewige Gerede von der Wohlstandsinsel nicht. Wir leben vor allem auf einer demokratischen Freiheitsinsel. Europa ist ein Zusammenschluss von Ländern, die sich geeinigt haben, mit ein paar klaren Richtlinien ihre Mikro- und Makroorganisationen zu bestimmen. Das ist Freiheit, das ist Rechtsstaat, das ist Demokratie und das ist soziale Verantwortung. So etwas finden Sie außer in den USA auf keinem anderen Kontinent, wobei unser Verständnis von sozialer Verantwortung meilenweit von dem entfernt ist, was das Selbstverständnis in Amerika ist. Aber noch einmal: Wir befinden uns nicht in einer europäischen Krise. Es ist eine Krise der Politik, die in fast allen Ländern über Jahrzehnte sich selbst und die Bürger bedient hat, indem sie permanent Leistungsangebote formulierte, die letzten Endes nicht bezahlbar waren, die zu Verschuldungen geführt haben. Die Frage, ob damit in den letzten Monaten richtig umgegangen wurde, darüber kann man trefflich streiten. Aber wenn ich mir dieselbe Art von Krise vor hundert Jahren vorstelle, hätte es jetzt bereits ein paar Kriege gegeben. Nationale Vorurteile werden nach wie vor gegeneinander ausgespielt, sie führen aber nicht mehr zu Aggressionen und Kriegen. Das finde ich sechzig Jahre nach dem Zweiten Weltkrieg eine grandiose zivilisatorische Leistung.«

Stichwort Optimismus. »Aber die Schwellenländer China, Indien und Brasilien werden ihren Wohlstand vermutlich auf die gleiche Weise erringen, wie wir es getan haben, nämlich durch wirtschaftliches Wachstum. Wachstum ist aber erwiesenermaßen ein Ressourcenfresser, und die gehen erkennbar zu Ende. Was sind Ihre Bedenken?«

»Sie haben es ja gerade formuliert. Wir haben eine zu schützende Umwelt, wir haben beschränkte Ressourcen. Aber auch hier erleben wir unterschiedliche historisch-politische und geostrategisch-politische Zeiten. Die westliche Welt hat sich Jahrzehnte an sich selbst ergötzt, sie hat sich ihren Wohlstand erschaffen auf Kosten dieser Ressourcen und der Natur. Deshalb sind wir die Letzten, die diejenigen, die jetzt ebenfalls in diesen Kreislauf geraten können – also individueller Wohlstand, kollektiver Wohlstand –, belehren dürfen. Zumal wir ja nach wie vor in diesem Prozess der Ressourcenverschwendung und der Verschmutzung dabei sind. Wir verkaufen immer auch umweltschonende Technik in diese Wachstumswelt, was wiederum einen Teil unseres Wirtschaftswachstums ausmacht. Ich rate also zu mehr evolutionärem Vertrauen.«

»Ihr Gottvertrauen in Ehren ...«

»Nein, nein, nein. Evolution ist das Gegenteil von Gott, ich bitte Sie. Sie sind bei Gottvertrauen, ich bin bei evolutionärem Vertrauen. Das Bewusstsein des Menschen, dass er mit den Ressourcen der Welt gnadenlos falsch umgeht, ist relativ neu. Vor hundert Jahren hätte kein Mensch verstanden, was Sie mich gerade gefragt haben. Der Mensch braucht Zeit, um aus Wissen und

Erkenntnis Lösungen zu formulieren Und sie auch zu verinnerlichen und nicht nur äußerlich zu formulieren. Diese Zeit hat die Natur noch. Die hat weit mehr Zeit als Sie und ich in unseren kurzen Leben. Unser Lebensblick führt oft zu viel zu hektischen oder viel zu verlangsamten Reaktionen. Weil in unserer Perspektive, wenn wir es metaphysisch diskutieren wollen, schon der Begriff ›hundert Jahre‹ nicht vorstellbar ist. Sie haben keine innere Vorstellung von hundert Jahren. Sie haben nicht einmal eine Vorstellung, wenn Sie fünfzehn sind, was dreißig Jahre bedeuten.«

»Eine Vorstellung davon, was hundert Jahre sind, habe ich bekommen, als mir bewusst wurde, was seit der Industrialisierung an flächendeckender Vernichtung auf diesem Planeten stattgefunden hat.«

»Trotzdem wissen Sie nicht, was hundert Jahre sind. Sie können es nicht nachspüren. Es ist übrigens interessant, dass Sie bei dem Begriff Evolution gleich bei Gott landen, es ist nämlich das Kontradiktum dazu. Zählen tun nur evolutionäre Prozesse: Das Bewusstsein des Menschen muss in seiner inneren Identifikation stattfinden. Nur dann gibt es Handlungskonzepte, die wiederum langfristig wirken.«

»Wie korrespondiert unsere Bewusstwerdung mit dem Tempo der Zerstörung?«

»Momentan gar nicht. Aber ob die Vernichtung sich so vernichtend darstellt, wie gerne behauptet wird, oder ob nicht wiederum eigene Naturkorrektive stattfinden, wer weiß das schon. Ich bin kein Kulturpessimist, ich bin aber auch nicht kulturoptimistisch, damit Sie mich nicht falsch verstehen. Aber ich glaube, dass die dramatischen Veränderungen den Menschen zwingen, in seiner Korrektur zu beschleunigen oder zu verlangsamen. Und wir sollten uns doch bitte an einem Punkt sehr bewusst sein: Bei aller Liebe über das Engagement in der Frage der Ozonschicht: Jeden Tag sterben Kinder auf dieser Welt, seit Jahrhunderten, immer noch. Millionen pro Jahr.«

»Die Ursachen sind Ihnen bekannt?«

»Die Ursachen sind uns allen bekannt. Ich mache mir natürlich auch große Sorgen um das Ozonloch in der Antarktis, jetzt in der Arktis, das macht mir alles große Sorgen. Aber wenn ich mir überlege, dass es nicht einmal möglich ist, die Frage der verhungernden, sterbenden Kinder emotional so weit ins Bewusstsein der Menschen zu übertragen, dass eine globale Handlungsleistung stattfindet, dann wird mir klar, dass es ein langer Weg vom Ich zum Wir ist. Dieser Prozess findet nur statt, wo eine zeitliche, räumliche und persönliche Berührung passiert. Das ist die Realität, an der die Idealisten scheitern. Wir brauchen Idealisten, damit die Realität dynamisiert wird. Ohne idealistische Ansätze würde sich die Realität noch schlimmer darstellen. Veränderungen sind nur über ein kollektives Bewusstsein möglich. Und das kollektive Bewusstsein gibt es noch nicht.«

»Wären an dieser Stelle nicht die Medien gefragt?«

»Ach, die Medien ... Die Medien tragen genauso eine Verantwortung wie jedes andere Segment im Rahmen des öffentlichen Diskurses. Ich war Präsidiumsmitglied des ZDF. Ein Großteil der positiven Begleitung, der Ermutigung von Menschen in der ehemaligen DDR, hatte auch damit zu tun gehabt, dass die Menschen über Jahre das ZDF sehen konnten. In den arabischen Ländern funktioniert die Aufklärung über die Social Networks. Und keine dieser Entwicklungen, ich nenne das noch nicht Revolution, die dort stattgefunden haben, wäre denkbar ohne das Internet. Was wir beide unter Medien verstehen, gilt schon lange nicht mehr. Durch die Social Networks ist eine völlig neue Situation entstanden, das ist andererseits grandios. Was haben die nicht schon alles bewegt. Das Internet ist ein Instrument, ein Gefäß, und es hängt davon ab, wer Content in die Pipelines steckt, wer diese Contents rezipiert. Die Kritik an den neuen Medien wird aus einer Generation gespeist, die sich abgehängt fühlt von der Entwicklung. Weil sie das Internet nicht versteht. Weder in der Technik noch in der Sprache. Sicher, das ist eine Sprachästhetik, die auch nerven kann. Ich bin jemand, der Sprache liebt und den es ärgert, wenn ich bei Twitter sehe, dass man sich mit vier Worten austauscht. Aber was sagt das über die User aus? Als ich ein Teenager war, gab es das Telex. Das wichtigste Wort beim Telex war ›Stopp‹. Waren die, die Telexe verschickt haben, sprachlich verkümmert? Nein. Es war das Instrument, mit dem man sich in Höchstgeschwindigkeit global miteinander verständigte. Auch hier: Dinge regulieren sich meist von selbst. Ich bin überzeugt davon, dass bereits die nächste Teenagergeneration die Art, in der heute getwittert wird, belächelt. Mich macht die globale Demokratisierung dieser Technologie froh. Sie eröffnet uns eine Kommunikation, die vor kurzem noch undenkbar war. Nehmen Sie solche Symbolbegriffe wie Eiserner Vorhang. Darüber lächelt jemand, der im Internet ist. Da gibt es keine Grenze, keinen Vorhang. Selbst der Versuch, das Internet zu destabilisieren, wie es beispielsweise im Iran oder China passiert, führt zu neuen Kommunikationsmöglichkeiten. Die Rolle der klassischen Medien war es, Dinge zu verschärfen, zu pointieren oder zu banalisieren. Aber jetzt gibt es Medien, die zusätzlich enorme Lernmöglichkeiten zur Verfügung stellen. Sicher nimmt das Internet auch problematische Entwicklungen. Wenn Mist gebaut wird, dann wird das zu korrigieren sein.«

»Lassen Sie uns über die technischen Lösungsmöglichkeiten sprechen, auf die Sie bei der Problembewältigung so sehr setzen. Wir wissen, dass die Zukunftstechnologien, die wir dringend brauchen, um dem Klimawandel noch einigermaßen entgegensteuern zu können, auf die sogenannten Seltenen Erden angewiesen sind, Metalle, deren Vorkommen zu neunzig Prozent in China liegen.«

»Wir waren auch einmal Monopolisten. Wissen Sie, ich bin ein Mensch, der gelernt hat, dass das Rad sich dreht. Die Weltmächte waren mal Athen und Rom. Viele europäische Länder waren lange Zeit kolonisierende Mächte. Die ehemaligen Kolonien sind heute teilweise mächtiger als ihre ehemaligen Kolonialherren. Worüber reden wir? Die einzige Gerechtigkeit, die es gibt, ist die historische. Macht, Wohlstand und die Monopolisierung von Machtinstrumenten lassen sich geostrategisch nicht ewig in einem Bereich halten.«

»Wenn Sie woanders geboren wären, wenn Sie woanders leben müssten: Würden Sie den unübersehbaren Gefahren, die das Leben auf diesem Planeten bedrohen, mit der gleichen Gelassenheit begegnen, oder würde in Ihnen so etwas wie Empörung heranwachsen, ein Phänomen übrigens, das im Internet überdeutlich spürbar ist.«

»Ich mag Empörungspotenziale nicht. Was ist empörend? Natürlich gibt es das bei Menschen, aber ich bin kein Mensch, der sich auf Empörung spezialisiert.«

»Auch nicht, wen Sie von den Entwicklungen direkt betroffen wären?«

»Ich bin betroffen! Ich bin beim Thema China, das Sie gerade erwähnt haben, betroffen. Ich war auf einer Reportage in Afghanistan als Journalist. Ich war bei der Bundeswehr in den Militärcamps und habe mit den Amerikanern gesprochen. Zur gleichen Zeit, als diese Soldaten unterwegs waren, kauften die Chinesen den Afghanen sämtliche Bodenschatzressourcen ab. Also habe ich mir gedacht, guck, die westliche Welt kämpft, die Chinesen kaufen. Was für eine Option für die Empörung! Aber was soll das? Die Chinesen waren in dem Moment schneller und cleverer, wir machen andere Deals. Ich bin betroffen, wenn ich Diktaturen erlebe. Empörung findet statt aus der Konfrontation derjenigen, die einen Machtverlust erleiden, mit denjenigen, die einen Machtgewinn erreichen.«

»Diese Empörung war nicht gemeint. Ich spreche von der Empörung des Herzens. Es gibt nicht wenige Menschen, die

Scham empfinden, wenn sie sehen, wie wir mit der Schöpfung umgehen. Wie Gier und Habgier ein tollwütig gewordenes System befördern, das zugunsten kurzfristiger Profite unseren Heimatplaneten plündert. Ich spreche von der Empörung gegenüber den Ignoranten in Politik, Wirtschaft und Medien, welche die immer dringlicher werdenden Warnungen vor einem drohenden Ökozid als ideologische Epidemie verunglimpfen und keinerlei schlechtes Gewissen dabei empfinden, unseren Kindern und Kindeskindern ein Erbe zu hinterlassen, das sie selbst nicht zu tragen bereit wären.«

»Diesen Sprung mache ich momentan nicht mit. Das war auch nicht Ihre Frage. Sie sprachen davon, dass sich die Ressourcen für die Zukunftstechnologien auf China konzentrieren. An dem Punkt habe ich keine Empörungspotenziale. Kultur ist ein anderes Thema. Ich glaube, dass Empörung nicht die emotionale Antwort auf emotionale Betroffenheit sein kann. Empörung dient meist dazu, sich selbst zu entlasten. Ich empöre mich darüber, dass irgendwo eine Massenerschießung stattfand. Das reicht natürlich nicht aus, aber die Menschen fühlen sich besser, wenn sie sich empört haben. Das habe ich in meinem gesamten politischen Wirken erlebt. Es gibt immer wieder Empörungsexplosionen, damit entlasten sich sowohl Individuen als auch Kollektive. In der Regel erschöpft sich dieser emotionale Schub wieder. Empörung allein bringt Menschen nicht dazu, sich zu engagieren. Wirkliches Engagement, ein Nachdenken über das, was mich emotional berührt, das ist es, was zu inneren Veränderungen führt. Ich muss nach dem emotionalen Moment ins Denken gehen. Nur so entsteht ein denkendes Handeln. Nur ein denkendes Handeln auf einem emotionalen Fundament führt zu Veränderungen. Ein emotionales Handeln auf einem emotionalen Fundament führt in der Regel zu neuen Fehlern. Das ist ein langer Bewusstseinsprozess. Übrigens erschöpft er sich mit der Generation, mit der du gerade gearbeitet hast. Schon die nächste Generation hat eine ganz neue Matrix, die du zu bearbeiten hast.«

»Bekümmert es Sie nicht, wie wir Menschen uns auf der Erde benehmen? Wir sind doch nur zu Gast hier.«

»Ich bin nicht Gast auf dieser Welt. Ich bin ein Bestandteil in der Zeit, in der ich lebe, aber kein Gast. Wer ist mein Gastgeber? Ich glaube weder an Gott noch an Sonstiges, ich bin ein Lebewesen, genauso wie ein Hund, genauso wie eine Ameise. Ich habe eine andere genetische Codierung und kann gewisse Dinge, die diese Wesen nicht können. Da ich diesen Blick habe, will ich Ihnen was sagen. Oder anders herum: Wenn ich Ihren Blick hätte, hätte ich mich als Jude in Deutschland nach 1945 zigmal aufhängen oder andere aufhängen müssen. Ich glaube an die Lebens- und Lernfähigkeit von Menschen.«

»Ihr Wort in Gottes Ohr ...«

»Lassen Sie Gott wieder aus dem Spiel. Warum haben die Deutschen, die ja in der Mehrzahl Antisemiten waren, ihr Verhalten erkennbar geändert – wegen Gott? Weil sie überleben wollten nach 1945. Also mussten sie ein anderes Verhalten an den Tag legen. Das führte, ob sie es wollten oder nicht, zu anderen Realitäten. Wenn die Existenzbedrohung groß ist, wird sich das Individuum wie das Kollektiv für die Vorteile der Veränderung entscheiden. Wir erleben ja gerade, wie das Problembewusstsein wächst. Das Problembewusstsein weckt man nicht durch Predigten, sondern über den Benzinpreis. In einer Denkgesellschaft findest du heraus, was sind die Ursachen, was sind die Wirkungen. Dann sagst du: Das kann es nicht sein, das halte ich nicht aus. Ich halte die 2,20 pro Liter nicht aus. Nur aus diesen konkreten, die Menschen direkt betreffenden Erfahrungen erwachsen Veränderungen. Es gibt zwei Möglichkeiten, mit dem Elend unserer Welt umzugehen: Entweder ich sage, die Welt ist böse, der Mensch ist schlecht, oder ich gehe den anderen Weg, für den ich mich entschieden habe und sage, ich bin weder blind noch taub, ich bin extrem realistisch, ich sehe das alles und versuche trotzdem Bewusstseinsveränderungen zu erreichen. Das schaffe ich aber nur, wenn ich den Menschen zubillige, dass das möglich ist. Aber wenn ich mit dem Untergang als Grundlage des Dialogs beginne, sage ich den Menschen doch: Du bist ein Teil dessen, warum die Welt untergeht. Meine Gelassenheit im Umgang mit der Situation rührt daher, dass ich mir eingestehe, die Menschen sind, wie sie sind, aber sie sind wunderbar, und wenn sie nur einen Millimeter weiter ins Wunderbare gehen, ist das noch wunderbarer. Ich will die Veränderung nicht erzwingen. Wenn ich uns zwei Millionen Jahre zurückbeame, muss ich feststellen, dass wir uns entwickelt haben. Wir haben uns entwickelt, wir sind weitergekommen, mit allen Gefahren, die dazu gehören. Aber wir sind ja nicht nur eine Gefahr. Die Tatsache, dass ich mit 55 Jahren noch hier sitze und relativ gesund bin, ist auch eine relative Entwicklung im Vergleich zu den Menschen, die gerade erst anfangen, das erleben zu dürfen. Und das hat damit zu tun, dass ich ihre Ressourcen missbraucht habe. Unsere Medizin missbraucht Ressourcen. Da kann man jetzt sagen, verzichte auf Medikamente, stirb zehn Jahre früher. So weit wird niemand gehen. Ich habe mich entwickelt, ich finde das ganz wunderbar. Und ich glaube daran, dass dieser Prozess fortschreitet. Dasselbe Thema haben wir ja auch mit Kriegen und Zerstörung. Seit es Menschen gibt, gibt es Kriege und Zerstörung. Aber seit über sechzig Jahren haben wir einen Fortschritt in Europa, dann nehmen wir doch das Glück auf und fragen uns, wie ist das möglich? Wie kann ich das fortschreiben? Und an diese Art von Evolution glaube ich. Die kann kippen, ja, es kann einen Rückschlag geben, ja, aber die Tatsache, dass es diese sechzig Jahre schon gegeben hat, wird nach dem Rückschritt eine Erinnerung an diese Phase provozieren.«

»Das nächste Mal sprechen wir über Gott und die Evolution. Ich habe keinen festen Gottesbegriff, aber ich habe ein Gefühl dafür, was Demut bedeutet ...«

»Demut – ein so deutsches Wort, so ein christliches Wort! Soll ich Ihnen was sagen? Ich bin nicht demütig! Im christlichen Sinne bin ich nicht demütig. Ich wundere mich nicht, dass es mich gibt, ich bin das Ergebnis einer evolutionären Entwicklung. Ich bin nicht am Anfang und nicht am Ende. Ich bin da – nicht mehr und nicht weniger. Dafür muss ich doch nicht demütig sein. Wir sind ein Augenblick, ein Aperçu.«

»Daraus, lieber Herr Friedman, könnte durchaus Demut erwachsen.«

»Daraus erwächst erst einmal gar nichts.«

Das Gespräch wurde geführt am 11. Oktober 2011.

Michel Friedman, 1956 in Paris geboren, ist Rechtsanwalt, Politiker, Kolumnist und Fernsehmoderator. Er wuchs in einer polnischjüdischen Kaufmannsfamilie auf, die durch die Mitwirkung des Unternehmers Oskar Schindler vor dem Konzentrationslager bewahrt worden war. Im Jahr 1965 siedelte er mit seiner Familie nach Frankfurt am Main über. Nachdem er 1988 sein juristisches Staatsexamen abgelegt hatte, ließ er sich in Frankfurt als freier Rechtsanwalt nieder. Er promovierte 1994 an der Universität Mainz in Rechtswissenschaften und 2010 in Philosophie. Von 2000 bis 2003 war er stellvertretender Vorsitzender des Zentralrats der Juden in Deutschland und von 2001 bis 2003 Präsident des Europäischen Jüdischen Kongresses. 1983 trat Friedman in die CDU ein. 1994 wurde er in den Parteivorstand der hessischen CDU gewählt. Wegen der Spendenaffäre um Roland Koch trat er Anfang 2000 aus der hessischen CDU aus. Neben seiner Karriere als Anwalt und Politiker ist Friedman seit 1993 als Fernsehmoderator tätig. Von 1993 bis 1994 moderierte er beim Mitteldeutschen Rundfunk die Talkshow *Riverboat*, von 1998 bis 2003 beim Hessischen Rundfunk die Sendung *Vorsicht! Friedman*. Seit Februar 2004 moderiert er beim Sender ›13th Street‹ die Sendung *Im Zweifel für ... Friedmans Talk*, eine Recht-Talkshow zur US-Serie *Law & Order*. Seit Oktober 2004 moderiert Friedman eine wöchentliche Talkshow beim Nachrichtensender N24, *Studio Friedman*. Michel Friedman ist mit der Fernsehmoderatorin Bärbel Schäfer verheiratet und lebt in Frankfurt am Main.

HELGE TIMMERBERG
Ich bin nur schmerzfrei, wenn ich schreibe

Helge Timmerberg ist einer der umstrittensten, aber auch erfolgreichsten Autorenjournalisten des Landes. Für seine abenteuerlichen, gnadenlos ehrlichen Reportagen und Reiseberichte, in denen er sich sowohl der komischen als auch der tragischen Sichtweise bedient, wird er entweder geliebt oder gehasst, dazwischen gibt es nichts. Für die einen ist er ein genialer Geschichtenerzähler, für die anderen ein eitler Scharlatan, der sich mit nie gesehener Arroganz über die formalen und inhaltlichen Gesetze der Branche hinwegsetzt. Natürlich wird ihm der letzte Vorwurf nicht von seinen Lesern, sondern von Medienarbeitern gemacht, die sich von der Kraft seiner Texte, die ausschließlich ins Herz und nicht auf den Verstand zielen, beim Redigieren schlicht überfordert fühlen. Zumal sie bei der Bearbeitung chancenlos sind, denn kaum einer wacht so streng über seine Ergüsse wie Helge Timmerberg.

Dabei hat der vermeintliche Überflieger lange Jahre extreme Bodenhaftung gehabt. Die Wonnen der journalistischen Ausbildung durfte er in Minden/Westfalen genießen. Dass es so weit kommen konnte, verdankte er einer jugendlichen Eingebung, die seinen eigentlichen Plänen zuwiderlief. »Mit 17 trampte ich von Bielefeld in den Himalaya«, erinnert er sich. »Ich checkte dort in einem Ashram ein, um für immer zu bleiben und Erleuchtung zu erlangen. Und was kam dabei heraus? Beim Meditieren traf ich auf meine innere Stimme, und die sagte: ›Geh nach Hause und werde Journalist!‹ Ich trampte also zurück und besuchte die Redaktion der *Neuen Westfälischen*. Da saß der Chefredakteur unter seiner Uhr, die langsam auf sechs zuging. Was ich damals nicht wusste: Sechs Uhr ist die Deadline für eine Tageszeitung. Kein guter Zeitpunkt, um ihm von meiner inneren Stimme zu erzählen. Ich hatte kein Studium. Ich hatte kein Abitur. Ich hatte lange Haare. Und er hatte tausend Gründe, mich rauszuwerfen. Aber er tat es nicht. Er hörte mir zu, um herauszufinden, woher er mein Gesicht kannte. Irgendwann kam er drauf. Der Chefredakteur war ein Saufkumpan meines Vaters! Ich durfte fünf Probeartikel schreiben. Sie gefielen ihm. Und ich bekam das Volontariat. So hat mich mein Weg in den Journalismus geführt, obwohl ich Journalisten nicht sonderlich mag. Sie sind mir zu intellektuell, nehmen sich zu ernst, glauben an nichts und wissen immer alles besser.«

Sein erster Auftrag in der Lokalredaktion Minden lautete, eine vierzeilige Bildunterschrift über die Eröffnung eines Kindergartens zu schreiben. Dafür hat er vier Stunden gebraucht, es sollte ja gut werden. Aber da man sich diese Sorgfalt im Redaktionsalltag auf Dauer nicht leisten kann, lernte er Kompromisse einzugehen. Schließlich gab es eine Menge zu tun. Die Region verfügte über gefühlte 5000 Sportvereine, 7000 Hühnerzüchter und 10 000 Handwerksbetriebe. Sie alle drängten ins Blatt. Hunderte Goldene Hochzeiten wollten erwähnt werden, der Ticker spuckte die aktuellen Polizeinachrichten aus, und die Lokalpolitik durfte auch nicht zu kurz kommen. »Das alles musste bis Mittag bewältigt werden«, sagt Timmerberg schmunzelnd. »Wir haben ja auch noch selber fotografiert und anschließend die Fotos entwickelt. Währenddessen mussten die Texte vorangetrieben und die Telefone bedient werden. Gedruckt wurde in Bielefeld. Von Datenautobahnen natürlich noch keine Spur. Da gab es nicht einmal Fax. Darum wurden die Matrizen mittags zum Zug gebracht.« Klingt nach einer Menge Stress, die ihm seine innere Stimme beschert hatte. »Wir waren ja nur zu viert. Der Chefredakteur war Choleriker, sein Stellvertreter Alkoholiker, und der Reporter sah aus wie der Meisterdetektiv Nick Knatterton aus der Comicserie der Illustrierten *Quick*. Und diese Crew wurde jeden Morgen um neun Uhr von einer Springflut namens Posteingang weggerissen.«

Nach dem Volontariat hatte Timmerberg erst einmal genug von seinem Traumjob. Er kündigte und eröffnete in Bielefeld ein vegetarisches Restaurant, das erste in Ostwestfalen. »Aber bereits nach einem Jahr war ich so pleite, dass ich wieder in den Journalismus gegangen bin. *Wolfenbütteler Zeitung, Braunschweiger Zeitung, Goslarsche Zeitung.* In Goslar haben sie mich zu einer Wahlkampfveranstaltung mit einem SPD-Mann aus Hannover geschickt, dessen Auftritt ich total verrissen habe. Die ganze Redaktion hat gejubelt. In der nächsten Woche kam sein Gegner von der CDU, den habe ich genauso böse kommentiert. Danach durfte ich nie wieder Politik machen. Nur Themen wie: Achtung, Rehkitze am Waldesrand! Nur nicht anfassen, sonst nimmt die Mutter sie nicht mehr an! So etwas.«

Damals wohnte er zwei Kilometer von der Atommüllversuchsanstalt Asse entfernt, »wo schon achthunderttausend Tonnen radioaktiver Müll vor sich hingammelten«. Als Lokalredakteur und als Mitglied der ›Grünen Liste Umweltschutz‹ ist er dort häufiger eingefahren. Er schrieb einen Artikel über die Zustände in der Asse und schickte sie dem *Stern*. Nach quälenden drei Monaten, in denen er jede Woche zweimal angerufen hatte, war die Geschichte endlich im Blatt. Für Timmerberg Grund genug, nach Hamburg zu ziehen, wo er sich fortan als freier Mitarbeiter für das Unterhaltungsressort des *Stern* über Wasser hielt.

Die Ehrfurcht, die der kleine Provinzredakteur dem Mediengiganten *Stern* zunächst entgegenbrachte, war schnell dahin. »Ich lege bei meinen Geschichten großen Wert darauf, die Dinge auch von der lustigen Seite zu betrachten. Aber beim *Stern* haben Sie mir diese Passagen immer rausgestrichen. Mit der aberwitzigen Begründung, dass Witze auf die Seite 13 gehören! Kennen Sie die Abkürzung VGT? Die wurde beim *Stern* häufig benutzt. Du sitzt in der Konferenz, und der Ressortleiter sagt: ›Ihr Artikel ist ja ganz okay, aber da muss noch ein bisschen VGT rein.‹ VGT = Vorgetäuschter Tiefgang. Kein Witz.«

Helge Timmerberg hat für regionale wie für überregionale Tageszeitungen gearbeitet. Seine Artikel erschienen sowohl in der *Süddeutschen* als auch in der *Neuen Zürcher* oder bei *Bild*. Für die *Zeit* und den *Stern* hat er ebenso geschrieben wie für *Playboy*, *Tempo*, *Merian* und die *Bunte*. Seine Kritiker werfen ihm vor, er prostituiere sich für jeden, der nur genügend Geld zahlt. Timmerberg schüttelt belustigt den Kopf: »Dieses Lagerdenken ist doch Quatsch«, sagt er, »hier die linksliberalen Journalisten und da die rechten, alles Blödsinn. Es geht um Kohle, es geht um Marktanteile, es geht um ein gewisses Publikum, auf das man sich stürzt. Du kannst doch Walter Mayer von der *Bild* sofort den *Spiegel* machen lassen oder umgekehrt. Das sind Profis, keine Idealisten. Die stellen sich auf jede neue Aufgabe blitzartig ein.«

Irgendwann war es ihm egal, ob er für die *Süddeutsche* oder für die *Bild* schrieb. Solange er sich nicht verbiegen und gegen seine eigene Meinung schreiben musste, war das völlig problemlos, wie er sagt. »Lagerdenken ist ein Ausdruck von Arroganz. Viele Journalisten verstecken sich ja gerne hinter dem Label ihrer Zeitung, Zeitschrift oder des Senders, für den sie arbeiten. Herr *Spiegel* und Frau *Stern* … zwei tadellose Typen im Dienste der vierten Gewalt, kritisch und unbestechlich, Wächter der Demokratie. Lächerlich. Die sind in der Regel genauso karrieregeil, machtbesessen und auf ihr Geld bedacht wie jeder andere. Die Heiligsprechung der Journalisten, die eigentlich nur von Journalisten selbst kommt, ist fast schon peinlich. Wenn ich von der Verantwortung der Journalisten höre und dann die entsprechenden Leute dazu sehe, dann ist das größtenteils scheinheilig. Es gibt natürlich auch gute, integere Leute, die das auch so meinen, die Überzeugungstäter sind, aber den meisten nehme ich das nicht ab.«

Was ist denn die Verantwortung der Medien, und wie würde er seine eigene Verantwortung definieren? Er überlegt ziemlich lange. Dann sagt er: »Ich war 2002 in Südindien, als in der Zweimillionenstadt Surat die Pest ausgebrochen ist. Darüber haben die indischen Medien natürlich in aller Ausführlichkeit berichtet, da war richtig Alarm, was aber nur dazu geführt hat, das 600 000 Menschen in Panik aus Surat geflohen sind. Denen saß die blanke Angst im Nacken, die haben Straßensperren niedergerissen und bewachte Züge gestürmt. Auf diese Weise hat sich die Pest über ganz Indien ausgebreitet. Bei Seuchen und anderen Gefahren ist Journalismus oft wie Öl ins Feuer. Auch bei der Finanz- und Wirtschaftskrise wirkt aufklärender Journalismus eher kontraproduktiv. Wenn die Leute jeden Tag lesen, wie schlecht es um das Geld und die Banken steht, dann hört der Konsum auf. Da sind die Medien eigentlich Verstärker des Problems. Da würde man Verantwortung beweisen, wenn man nicht darüber berichtet. Aber das ist wohl zu viel verlangt.«

Und wie steht es mit der eigenen Verantwortung in Zeiten der Krise? »Welche Verantwortung ich für mich sehe in dieser Krisenzeit? Die Verantwortung, die ich immer spüre. Ich möchte Leute zum Lachen bringen. Lachen ist ein ganz großes Geschenk. Es zieht den Menschen für kurze Zeit aus seinem Jammertal, egal wo er sich befindet. Mir geht es so, dass ich nur schmerzfrei bin, wenn ich schreibe. Wenn der Leser plötzlich auch schmerzfrei wird, weil er sich berührt fühlt oder sich gut amüsiert, dann habe ich meinen inneren Auftrag schon erfüllt. Der beschränkt sich darauf, meine Texte so gut wie möglich zu machen, sie so nahe wie möglich an das heranzuführen, was meine tiefste Überzeugung ist und was meinem Duktus entspricht. Für langweilige Texte sterben schon genug Bäume. Meine Verantwortung ist, zu sehen, was mich berührt. Und das, so gut es geht, zu vermitteln. Dass wir Journalisten die Welt verändern können, ist Unsinn. Wir können Politiker abschießen, aber das verändert ja nicht die Welt, da ist die nächste Schnapsnase ja gleich wieder dran. Ich finde den größten Teil des Journalistenbetriebs einfach nur heuchlerisch.«

Seinen journalistischen Urknall erlebte Timmerberg noch zu *Stern*-Zeiten. Irgendwann las er im *Rolling Stone* eine Reportage von Hunter S. Thompson (»Fear and Loathing in Las Vegas«), dem King of Gonzo, dem Vater des New American Journalism. »Ich dachte, die haben doch alle 'ne Macke hier. Daraufhin habe ich die Geschichte, die ich für den *Stern* gerade in der Mache hatte, thompsonmäßig umgeschrieben. Sie wurde nicht gedruckt, und sie war auch das Letzte, was ich für den *Stern* machen durfte.«

Der Begriff Gonzo-Journalism steht für einen ausschweifenden, individuellen Schreibstil. In einer Würdigung Thompsons schrieb die *Zeit* nach dessen Tod im Jahre 2005: »Er war die Rache Amerikas an sich selbst. Er war der böse Geist, das schlechte Gewissen, er war die gute Laune. Er war die dunkle Seite und das Feuer, das verzehrte. Er liebte die Freiheit, die Weite, die Maßlosigkeit. Er war überhaupt ein großer Liebender und ein großer Hasser, im Leben wie im Schreiben, was bei ihm immer das Gleiche war.« Helge Timmerberg war extrem beeindruckt von dieser Art des Schreibens. Von nun an schrieb er seine Geschichten nur noch in der Ich-Form, und es dauerte nicht lange, bis er seinen eigenen unverwechselbaren Stil gefunden hatte. »Seit ich Hunter S. Thompson kennengelernt hatte, stelle ich mich nicht mehr als jemand dar, der noch nie bei einer Nutte war, wenn er über Prostitution schreibt. Oder der noch nie Drogen genommen hat, wenn er über Drogen schreibt.« Seine Leser lieben ihn dafür. Die meisten von ihnen sind ihm sogar gefolgt, als er seine Veröffentlichungen in den Printmedien drastisch einschränkte, um sich intensiv dem Bücherschreiben widmen zu können. Timmerberg-Leser sind Bücherleser geworden, und sie haben ihren Spaß dabei.

Im vergangenen Jahr war er sieben Monate in Afrika unterwegs. Die Impressionsbeute findet sich in seinem letzten Werk *African Queen* wieder. »Als ich aus Afrika zurückkam, waren meine Existenzängste wie weggeblasen«, sagt er. »Das Schlimmste, was mir nämlich in Deutschland passieren kann, ist, dass der Staat meine Wohnung bezahlt, dass er meine Heizung, meinen Strom, mein Internet, meine Klamotten bezahlt und mir außerdem so viel Taschengeld gibt, dass ich nicht hungern muss. Für einen Afrikaner ist das eine paradiesische Vorstellung. Wenn du längere Zeit in so einem Kulturkreis gewesen bist und dann zurückkommst nach Deutschland, dann fragst du dich, worum geht es hier eigentlich? Die Afrikaner schwimmen übers Mittelmeer, wenn es sein muss, um in diese Hartz-IV-Situation zu kommen. Hunger, Dürre, Wasserknappheit – all diese Dinge erlebt man ja in Europa nicht.«

Helge Timmerberg sieht schwarz für Afrika. »Wenn man nicht gerade in der Wildnis ist, sondern dort, wo Menschen siedeln, in Orten und Städten, ganz egal wo in Afrika, dann hast du immer das Gefühl, im Universum muss es mal einen Plastikplaneten gegeben haben, der ist explodiert und ging in einer Supernova von Plastiktüten über der Erde nieder. Ökobewusstsein? Na klar, sagen die Afrikaner, wenn ihr Spenden gebt, sind wir auch ökologischer, wenn ihr das wollt. Ökobewusstsein kann man nicht diktieren, das läuft alles über Geld.« Er erzählt von dem sehr erfolgreichen Projekt einer Lodge am Malawisee in Mozambique, einer extrem unterentwickelten Gegend ohne jegliche Infrastruktur. Die Lodge wurde von Leuten gebaut, die zuvor jahrelang für die UNO und UNESCO in Afrika unterwegs waren. Sie ist eine ökologische Mustersiedlung, erstellt nach den Gesetzen der Baubiologie und energieautark. 80 Mitarbeiter sind dort beschäftigt, alles Leute aus der Umgebung. Sie wurden zu Köchen, Gärtnern oder Tischlern ausgebildet. Statistisch gesehen ernährt jeder Afrikaner, der eine Arbeit hat, vierzehn weitere Menschen mit. Also leben über tausend Einheimische von der Lodge. Finanziert wird sie von Touristen, die bereit sind, für die Unterkunft 300 Dollar pro Tag zu bezahlen. Die Lodge baut Schulen und stellt Lehrer ein. »Die Betreiber bemühen sich nach Kräften, den Einheimischen zu zeigen, wie sie mit ihren knapper werdenden Ressourcen umzugehen haben«, sagt Timmerberg, »dass sie, anstatt weiter ihre Teakholzwälder abzuholzen, lieber auf ökologischen Tourismus setzen sollten. Das Projekt existiert seit zehn Jahren, und es profitiert die ganze Gegend davon. Hilfe zur Selbsthilfe nennt man das wohl. Das Problem bei solchen Projekten ist nur: Sobald die Helfer sich da rausziehen, bricht alles in sich zusammen. Garantiert.« Timmerberg macht ein weiteres Problem für das afrikanische Dilemma verantwortlich. »Sobald jemand in Afrika Macht bekommt, verkauft er sein ganzes Volk, das ist dem scheißegal. Zu sagen, die bösen Konzerne sind schuld, der neue Kolonialismus raubt Afrika aus, ist eben nur die halbe Wahrheit.«

Die ganze Wahrheit ist schwer zu fassen, auch über Helge Timmerberg selbst. Das Berliner Stadtmagazin *tip* schrieb vor einigen Jahren ein wenig ratlos wie bewundernd: »Warum gibt es Geschichten, die nur von einem einzelnen Journalisten handeln, aber die doch für zahlreiche Leser von Interesse sind? Eine mögliche Antwort lautet: Was hier verhandelt wird, zeichnet sich durch eine geradezu ›archetypische Aktualität‹ aus. Das heißt: Die Texte handeln vordergründig nur von einem Einzelnen und seinen ganz ureigenen, seinen privaten Erfahrungen – und hintergründig doch immer auch von uns allen, von Siegern und Verlierern.«

»Es gibt ja nur drei große Themen«, sagt Timmerberg, »Liebe, Geld, Tod. Unter diesen Begriffen kann man fast alle Geschichten einsortieren. Und die sind bei jedem Menschen gleich. Unsere Angst vor dem Tod, unsere Sehnsucht nach Liebe, unser Leiden im Liebeskummer. Das kennt jeder. Na, jedenfalls haben die mir keine Eitelkeit unterstellt.« Den Vorwurf der Eitelkeit kennt er zur Genüge. »Bei Ich-Geschichten wird einem sofort Eitelkeit unterstellt, das ist ein Totschlagargument. Ich renne seit Jahren dagegen an. Eitelkeit ist eine Todsünde, eine große Schwäche, die sitzt so tief, dass man möglicherweise 30 Jahre psychotherapeutische Sitzungen bräuchte, um das zu verändern. Der Gedanke, jemand sei vor Eitelkeit geschützt, nur weil er auf das Wörtchen ›Ich‹ verzichtet, ist absurd. Es gibt so viele Schreiber, die nie in der Ich-Form schreiben würden, bei denen aber die Eitelkeit aus den Zeilen tropft wie ranziges Fett. Die Ich-Form benutze ich nur aus einem Grund: weil ich über mich selbst am besten Bescheid weiß. Außerdem glaube ich, dass man sich nur über sich selbst ungestraft lustig machen kann. Das geht natürlich nur, wenn der

Wunsch, zu lernen und bewusster zu werden, in einem fest verankert ist. Dann merkt man bei jeder Gelegenheit, wie weit man eigentlich von dem entfernt ist, was man will, und das hat durchaus etwas Komisches.«

Das Konzept ›Erzähle, so ehrlich es irgend geht, von dir selbst, und andere werden sich in deiner Geschichte wiedererkennen‹ geht im Falle Timmerbergs voll auf. Er erinnert sich an einen rasenden, nicht enden wollenden Liebesschmerz, der ihn nach der Trennung von seiner Freundin vor Jahren ergriffen hatte. Während er also qualvoll vor sich hin litt, musste er ohnmächtig zusehen, wie sich von allen Seiten Typen in die verwesende Beziehung einklinkten, um den einen oder anderen Gunstbeweis seiner Ex abzubekommen. »Da fiel mir der Begriff ›Beziehungshyänen‹ ein, und sofort hatte ich das Bedürfnis, darüber zu schreiben. Die Arbeit hat mich gerettet.«

Was Timmerberg »die Arbeit« nennt, ist in Wirklichkeit sein meistgelesener Artikel: »Die Kunst des Entliebens«, erstmals erschienen bei *Tempo* und später tausendfach zitiert. Inzwischen ist das Schmuckstück, für das so unendlich viele Opfer der Liebe unendlich dankbar waren, in seinem Buch *Tiger fressen keine Yogis* aufgehoben. »Wenn der *Stern* eine Geschichte über Liebeskummer gemacht hätte, wäre wieder das klassische Schema bemüht worden: Die hätten neun Leute gezeigt, die alle Liebeskummer haben, sie hätten aus der Literatur zitiert, einen Psychologen befragt, und das wäre es dann gewesen. Und oben drüber hätte gestanden: ›Immer mehr Deutsche ...‹ Ich hingegen habe nur über mich und meinen Kummer geschrieben. Aber weil ich den so gut kannte, konnte ich die Szenen ausleuchten und viel tiefer gehen. Die Leute, die durch eine ähnliche Hölle gegangen sind, haben ihre eigene Geschichte darin wiedererkannt, die haben mir geschrieben und sich bedankt. Zwar hat deren Trennung nicht wie bei mir in Bangkok stattgefunden, sondern in Buxtehude oder Berlin, aber das ist völlig nebensächlich.«

Für Texte dieser Art muss ein Autor kämpfen, das hat Helge Timmerberg selbst bei *Tempo* erfahren müssen. Das Verständnis für einen kunstvollen Seelenstriptease hält sich bei Redakteuren in Grenzen. Wie auch für jede andere Geschichte, die allzu subjektiv daherkommt und zudem durchgängig mit dem Wörtchen ›Ich‹ gewürzt ist. So hat Markus Peichl, damals Chefredakteur bei *Tempo*, gerne den Schluss seiner Geschichten geändert. »Ich bin dann am späten Abend in die Redaktion gegangen und habe meine ursprüngliche Fassung wiederhergestellt. Das ging manchmal über drei bis vier Tage so.« Als Timmerberg eines Nachts erneut in der Redaktion erschien, um seinen Text zu retten, wartete Peichl schon auf ihn. »Am Ende hat er aufgegeben. Wenn einer die Änderungen nicht einsieht, muss man als Autor nerven, nerven, nerven, ohne Ende darauf pochen. Du musst um deine Sachen kämpfen. Wenn du das nicht tust, bist du halt zu schwach, dann darfst du dich nachher auch nicht beschweren.« Gerade für Autoren, so Timmerberg, sei es extrem wichtig, ihren eigenen Stil, ihre eigene Note zu pflegen. Die Redaktionen neigten dazu, die Texte ihrer Autoren zu schleifen, damit sie den Stil des Blattes nicht konterkarierten. »Wenn du nicht dafür kämpfst, was du für richtig hältst, machen sie dich zum Sklaven. Es hat ja mal so etwas wie eine amtliche *Spiegel*-Sprache gegeben. Das *Spiegel*-Amt. Das mag seinen Reiz haben, aber als Autor bist du in so einer Redaktion völlig austauschbar.«

Bei der *Bunten* unter Franz Josef Wagner ist ihm das nie passiert. Für Timmerberg ist Wagner der eigentliche Vater des deutschen Boulevards. »Alles, was im Boulevard-Journalismus groß geworden ist, ging durch seine Schule. Er war der Lehrer von allen. Von Claus Larass über Walter Mayer bis zu Kai Diekmann. Die haben auch alle unter ihm gelitten, der hat die Leute fertiggemacht, das war nicht mehr koscher. Früher habe ich immer gedacht, meine kreativste Zeit war die bei *Tempo*, aber heute muss ich sagen, es war die Zusammenarbeit mit Franz Josef Wagner. Der Typ war total irre, der hat nicht einen uninspirierten Satz akzeptiert. Wenn er dich wirklich beleidigen wollte in der Konferenz, dann hieß es: Helge, du schreibst gerade wie ein *Bunte*-Redakteur! Die *Bunte*-Redakteure saßen daneben und wussten nicht so recht, wie sie sich verhalten sollten. Zum einen haben sie sich gefreut, dass auch ich mal zusammengestaucht wurde, zum anderen stellte sie das Argument nicht unbedingt zufrieden.«

Warum die *Bunte* sich von einem biederen Butterdampfer zu einem spannenden Zeitgeist-Magazin mausern konnte, hat sie laut Timmerberg allein diesem Mann zu verdanken, dessen heutiges Schicksal als *Bild*-Kolumnist (Post von Wagner) ihn doch sehr betrübt. »Wagner war kein Akademiker«, sagt Timmerberg, »das ist im Boulevard ein unschätzbarer Vorteil. Meiner Meinung nach ist es eine Fehlentwicklung im heutigen Journalismus, dass die Ausbildung Nichtakademiker weitgehend ausgrenzt. In den Schulen ihrer Konzerne wird den jungen Leuten beigebracht, wie ihre Leser angeblich sprechen. Im Boulevard ist das tödlich. Die authentischsten Artikel bei *Bild* findest du im Sport. Da sind die meisten Quereinsteiger.«

Da wir gerade einige bedeutende Medienmacher Revue passieren lassen: Wer ist ihm noch in bleibender Erinnerung geblieben? »Fred Baumgärtel«, antwortet Timmerberg spontan, »ehemaliger Chefredakteur vom *Playboy*. Der saß an seinem weißen Schreibtisch. Entweder hatte er eine Porsche-Kappe auf und ein Mercedes-T-Shirt an oder eine Mercedes-Kappe auf und ein Porsche-T-Shirt an. Auf dem Schreibtisch war nix los, der war nackt und blitzsauber. Baumgärtel sagte mir einmal, ein Chefredakteur muss doch nicht arbeiten, das ist ein völlig falsches Konzept, ein Chefredakteur muss das Lebensgefühl des Blattes wiedergeben.«

Das hätte Helge Timmerberg auch gerne getan, als er 1981 gebeten wurde, die Chefredaktion des wieder auferstandenen Magazins *twen* zu übernehmen, das in den sechziger Jahren Kultstatus besaß. »Toll, hab ich gedacht, welche Ehre. Aber außer mir bestand die Redaktion nur noch aus dem Art Director und einem Volontär. Das bedeutete, dass ich die erste Ausgabe alleine vollschreiben musste. Nach sechs Monaten war Schluss. Dass wir überhaupt so lange durchgehalten haben, hatte damit zu tun, dass der Verleger bei jeder Ausgabe die Druckerei wechselte. Aber nach einem halben Jahr flog ihm das Betrugssystem um die Ohren.«

Und wer stand Gewehr bei Fuß, weil er schon immer mal gerne Verleger sein wollte? FDP-Mann Jürgen Möllemann. »Unter Möllemann gab es zwei Ausgaben«, sagt Timmerberg. »In der ersten Ausgabe machte ich eine Geschichte über Haschisch. Legalisierung! Möllemann bestand darauf, das Heft vor Drucklegung lesen zu dürfen. Dann kam er bei mir an. Mit Leibwächter. Super Ausgabe, Herr Timmerberg, wirklich super. Und Sie wissen ja, dass ich als Verleger mich nie in die redaktionellen Belange einmischen werde, aber die Geschichte mit dem Haschisch geht natürlich überhaupt nicht.« Helge Timmerberg muss heute noch lachen, wenn er an den Auftritt des stellvertretenden FDP-Chefs von Nordrhein-Westfalen denkt.

Für die zweite Ausgabe hat Möllemann nicht mehr bezahlt. Des Chefredakteurs Gehalt über 5000 DM ist er ebenfalls schuldig geblieben. Später bei *Tempo* hat Timmerberg ihm geschrieben, er möge doch gegen ihn im Tischtennis antreten, und wenn er gewinnt, könne er die 5000 DM behalten. »Möllemann war ein sehr guter Tischtennisspieler«, sagt Timmerberg, »seine Chancen standen also gut. Leider hat er auf meine faire Offerte nicht reagiert.«

Gibt es aus seinem abenteuerlichen Berufsleben sonst noch eine blendende Niederlage zu berichten? »O ja«, sagt Timmerberg, »wie man als Autor reinfallen kann, habe ich bei *Geo Saison* erlebt. Die schicken mich mit einem Amazonas-Dampfer den Rio Negro hoch bis an die kolumbianische Grenze. Das sollte die Geschichte sein.« Vier Tage hatte man für die Reise veranschlagt, vier Tage Abenteuerurlaub, so hatte sich die Redaktion das vorgestellt. An Bord waren Touristen, Goldsucher, Missionare, Halbindianer und Händler. Nach zwei Tagen machte das Schiff in der Nähe eines Goldsuchercamps Station. Dort erfuhr Helge Timmerberg, dass die wahre Goldsucher-Action oben auf dem Pico da Neblina stattfindet, wo 900 Männer fieberhaft den Berg umgruben. »Ich schloss mich kurzerhand einer Truppe an, die sich dorthin auf den Weg machte«, sagt er, »allerdings musste man zwei Wochen durch den Dschungel marschieren. Zweimal pro

Tag Todesgefahr war normal. Ich wurde von Jaguaren angegriffen, bin einem Krokodil entwischt, zum Schluss kriegte ich Schwarzfieber. Ein indianischer Guide hat mich dann aus dem Urwald geschleppt. Jedenfalls hab ich gedacht, das ist die größte Geschichte meines Lebens. Dann kam ich zurück nach Hamburg und schrieb sie auf. Voller Stolz präsentierte ich sie meiner Redakteurin. Am nächsten Tag rief sie an und sagte: Helge, wir haben ein Formatproblem, du hast da offensichtlich etwas falsch verstanden. Unsere Reisereportagen sollen dazu dienen, den Lesern genau dieses Abenteuer schmackhaft zu machen.«

Zwanzig Jahre später landete die Geschichte in verlängerter Form in Timmerbergs Buch *Der Jesus vom Sexshop*. Der lange Zeitabstand hat ihr nicht geschadet. »Eine Geschichte wird erst dann richtig gut, wenn du ihr emotional nicht mehr allzu sehr verhaftet bist«, sagt mein Gesprächspartner. »So weinerlich, wie ich nach meiner Trennung war, so hätte ich das auch geschrieben. Aber wer will das lesen? Erst wenn du Abstand gewonnen hast, erkennst du den Witz in einer Geschichte.«

Welche Autoren schätzt er, wen liest er gerne? »T. C. Boyle«, sagt er, »seine Sprache ist wie der Titel eines seiner Bücher – wie Wassermusik.« Und deutsche Autoren? »Tom Kummer fand ich gut, Christian Kracht. Aber eigentlich lese ich keine lebenden deutschen Autoren.« Botho Strauß auch nicht?

»Der lebt noch?«

»Ja.«

»Warten wir noch ein Weilchen …«

Das Gespräch wurde am 10. Januar 2012 geführt.

Helge Timmerberg, Jahrgang 1952, hat bei der Zeitung *Neue Westfälische* volontiert. Er gilt als Enfant terrible des deutschen Journalismus und als Vorreiter des Gonzo-Journalismus, der sich durch hemmungslose Subjektivität auszeichnet. Seine Reise- und Abenteuerreportagen erscheinen in allen wichtigen Pressetiteln der Republik, von der *Süddeutschen* bis zur *Bild*, vom *Stern* bis zum *Playboy*. Er war ein wichtiger Reporter des legendären Lifestylemagazins *Tempo*, bei dem er schon mal mit einer spektakulären Reportage über die Pornoindustrie aufgrund des erfolgten Verkaufsverbots in Bayern die Auflage verdoppelte. Er veröffentlicht regelmäßig Bücher. Die bekanntesten Titel: *African Queen*, *Der Jesus vom Sexshop*, *Tiger fressen keine Yogis*, *In 80 Tagen um die Welt*, *Shiva Moon*, *Das Haus der sprechenden Tiere*, *Timmerbergs Reise-ABC*, *Timmerbergs Single-ABC*. Helge Timmerberg lebt zurzeit in Wien.

JOCHEN SCHILDT
Die Speckschicht der Mittelmäßigen

Warum soll es mir anders ergehen als den meisten Besuchern des Greenpeace Magazins? Ich spreche bei Greenpeace vor, am Anfang der Großen Elbstraße neben der Altonaer Fischauktionshalle. Die Redaktion des Greenpeace Magazins aber befindet sich anderthalb Kilometer weiter westlich am Ende der großen Elbstraße. Jochen Schildt scheint denn auch nicht sonderlich überrascht, als ich mit zwanzigminütiger Verspätung eintreffe.

»Wir sind ein eigenständiger Laden«, sagt er, »wir planen, arbeiten und schreiben völlig unabhängig, sonst wäre ich nicht hier.« Was kaum jemand weiß: Das Greenpeace Magazin firmiert als GmbH und erscheint nicht im Verein. Dass sich eine NRO wie Greenpeace, die mit 550 000 Fördermitgliedern größer ist als die beiden Volksparteien CDU und SPD, ein solches Magazin leistet, ist in seinen Augen ein einmaliges, sehr nobles Experiment. Eines, das sich rentiert: »Wir sind das einzige Magazin in Deutschland, das ohne Anzeigen auskommt und dennoch Jahr für Jahr schwarze Zahlen schreibt«, bemerkt Schildt stolz. Greenwashing gebe es hier nicht. Natürlich stimme die inhaltliche Ausrichtung des Magazins mit den Zielen von Greenpeace weitgehend überein, sie gehen aber thematisch darüber hinaus. »Wir beschäftigen uns auch mit Themen, die nicht im Focus des Vereins liegen. Das Thema Krieg und Frieden zum Beispiel, die Destabilisierung in manchen Gegenden der Welt. Wir haben auch kein Problem damit, Umweltverbänden oder den Grünen kritisch zu begegnen. Kurz: Wir blicken weit über den Tellerrand von Greenpeace hinaus.«

Wie sieht er die deutschen Medien im Allgemeinen? Wir leben in krisengeschüttelten Zeiten, die globale Wachstumsgesellschaft arbeitet auf den wirtschaftlichen, sozialen und ökologischen Supergau hin, aber von einer entsprechenden Empörung oder Aufklärung ist kaum etwas zu spüren. Jochen Schildt pflichtet mir bei und bemüht das Zitat von Rudolf Augstein, der den *Spiegel* einmal als »Sturmgeschütz der Demokratie« bezeichnet hat. »Alle Welt redet von Politikverdrossenheit«, sagt er, »aber ich glaube, dass das Vertrauen der Bürger in die Medien ebenso erschüttert ist wie das in die Politik. Das ist schlimm, die Menschen haben keine Appellationsinstanz mehr. Früher war es so: Wenn in der Gesellschaft eine gewisse Unzufriedenheit mit der Politik spürbar wurde, sprang eine mutige Presse ein und forderte die Politiker auf, dieses oder jenes zu ändern. Oder stellte zumindest fest, was falsch lief. Heute ist das nicht ohne weiteres mehr der Fall. Ich habe den Eindruck, dass sowohl die Politiker als auch viele Medien an den Menschen vorbeiregieren und -schreiben. Was die meisten Medien heute bieten, ist nichts als ein hilfloses Nachplappern dessen, was Brüssel oder Berlin verlauten läßt. Es wird nicht kritisch hinterfragt, es wird nicht nachgehakt.« Viele Politiker, so Schildt, richteten sich inzwischen nach der *Bild*. »Wenn eine Zeitung wie *Bild* sich zum Leitmedium aufschwingen darf, dann wird es gefährlich. Dann folgt die Politik dem Populismus, was nicht immer falsch sein muss, darum geht es mir nicht. Aber es wird oberflächlich verkürzt und auf kurzfristige Erfolge gezielt. Das sollte Politik nicht machen, das ist genau das Gegenteil von dem, was wir eigentlich brauchen. Die Krise in der Politik, die wir konstatieren und die auch die Medien beklagen, ist auch eine Krise der Medien.«

Wie erklärt er sich diese Entwicklung? Jochen Schildt bemüht ein weiteres Zitat, diesmal von dem großen Publizisten Karl Kraus (1874–1936). »Kraus hat gesagt, Journalismus sei im wesentlichen Charaktersache. Nehmen wir mal an, die Partei, die mir nahesteht, der ich vielleicht sogar angehöre, praktiziert Dinge, die erkennbar gegen das Wohl des Volkes gerichtet sind. Dann müsste ich doch so viel Courage haben, dass ich auch die eigene Partei scharf kritisiere. Das geschieht kaum noch. Diese softe Berichterstattung, dieser Soft-Journalismus, und dazu zähle ich auch den *Spiegel*, der sich ohne Not entschärft hat, folgt einer gesellschaftlichen Entwicklung, in der alles zur Mitte drängt. In der politische Standpunkte geschliffen und als alternativlos bezeichnet werden. Eine Demokratie lebt aber davon, dass sie gegensätzliche Meinungen und Positionen diskutiert. Was wir jedoch zurzeit erleben, ist ein erschreckender Niveauabfall in der gesellschaftspolitischen Auseinandersetzung. Das gilt besonders auch für das Fernsehen, das bis auf wenige Spartenprogramme verflacht. Die Öffentlich-Rechtlichen erfüllen ihre Aufgaben der Aufklärung nicht mehr, der sie eigentlich dominant verpflichtet sein müssten. Stattdessen produzieren sie von morgens bis abends Tingeltangel. Die Nachrichten in diesem Tingeltangel sind eigentlich nur noch Beigabe und auch nicht mehr mit so großer Verve gemacht, wie das früher der Fall war.«

Gerade hat Airbus eine Studie veröffentlicht, nach der der weltweite Flugverkehr in den nächsten zehn Jahren um das Doppelte ansteigen wird. Ähnlich starke Steigerungsraten erwartet man für den Schiffs- und Autoverkehr. Das Urteil für uns Menschen scheint endgültig festzustehen: lebenslänglich Treibhaus. Warum nehmen die Medien das hin? Warum werden die zahlreichen alternativen Lösungsmöglichkeiten nicht aufgegriffen und zur Diskussion gestellt?

»Das ist relativ leicht zu beantworten«, sagt Jochen Schildt und nennt als Paradebeispiel eines medialen Versagens die Zeit nach Tschernobyl. »Damals wäre der richtige Zeitpunkt gewesen, um der Gesellschaft eine Energiewende publizistisch schmackhaft zu machen. Diese Chance wurde von den Medien verschlafen. Noch vierundzwanzig Jahre später, als Frau Merkel die Laufzeiten für Kernkraftwerke verlängerte, ist sie ja kaum angeschossen worden. Wir erinnern uns: Das war kurz vor Fukushima!« Das Problem sei, dass in den meisten Redaktionen diejenigen das Wort führten, deren Focus auf der Innenpolitik läge. »Bei ökologischen Fragen, bei Wissenschaftsfragen insgesamt, sind die meisten ganz schwach besetzt.« Er nennt zwei Magazine, die er aus eigener Erfahrung gut kennt: *Spiegel* und *Stern*. »Da lag die Dominanz bei der Innen- und Außenpolitik, vielleicht noch bei der Wirtschaft. Die Wissenschaftsjournalisten hatten überhaupt nichts zu melden. Das galt auch für die großen Tageszeitungen wie die *Süddeutsche* und die *FAZ*. Erst seit ein paar Jahren sind diese Leute etwas prominenter zu Wort gekommen. Aber wann haben Wissenschaftsjournalisten beim *Spiegel*, beim *Stern* oder bei *Focus* einen Titel genehmigt bekommen? Die Titelei bei den großen Magazinen hebt meist ab auf Gesundheitsfragen oder Essensfragen, das verkauft sich am besten.«

Einen weiteren Grund für die Defizite in der wissenschaftlichen und ökologischen Berichterstattung sieht Schildt in der Tatsache begründet, dass es den Redaktionen an ausreichend Fachwissen für die hochkomplizierten naturwissenschaftlichen Zusammenhänge fehlt. »Auch die Naturwissenschaftler sind, bis auf wenige Ausnahmen, kaum in der Lage, die Dinge auf den Punkt zu bringen. Da ist kaum jemand, der auf eine Frage eine griffige, verständliche Antwort zu geben vermag. Und die Journalisten in den Redaktionen, die das dolmetschen sollen, können es eben oft auch nicht. Interessanterweise finden ökologische Themen in letzter Zeit vermehrt in den Feuilletons statt, dort findet man gelegentlich sehr lesenswerte Artikel, im politischen Teil kaum, da wird nachgeplappert, was die jeweiligen Landesregierungen, die Bundesregierung und ihre Fachleute von sich geben. Und es wird nie kritisch begleitet.«

Der US-amerikanische Schriftsteller Ernest Callenbach, der seit seinem Zukunftsroman *Ökotopia* (1975) den Ruf eines ökologischen Vordenkers genießt, sprach schon frühzeitig davon, dass es die Gesellschaften der sogenannten Ersten Welt mit völlig neuen Allianzen zu tun bekommen werden, dass der Umweltschutz seine Verbündeten vor allem bei den Ureinwohnern, den Religionsgemeinschaften, den ethnischen Minderheiten und den Gewerkschaften finden würde. Auch bei den Superreichen, die ein Interesse daran haben, ihre Ländereien vor Zerstörung zu schützen. Er sah auch eine Eskalation der Gewalt voraus, die sich heute in den Vereinigten Staaten, in England, Frankreich, Griechenland und anderswo bereits abzuzeichnen beginnt – als logische Folge eines nicht mehr aufrechtzuerhaltenden Lebensstils. Warum nehmen die Medien die junge Generation nicht mit, in der die Empörung darüber stetig wächst?

Jochen Schildt scheint sich diese Frage selbst schon des Öfteren gestellt zu haben. »Die meisten Medien spielen noch immer auf dem Entertainment-Ticket«, sagt er. »Aber wo sind denn die denkenden Verleger und Intendanten? An der Spitze der ARD sitzen in der Regel Intendanten, die von dem journalistischen Geschäft wenig Ahnung haben. Das sind gute Administratoren, die rechnen können, das müssen sie auch, aber es sind keine Visionäre. Ein Intendant müsste auch Gedankenanstöße und Anregungen geben. In den siebziger und achtziger Jahren, das weiß ich aus eigener Erfahrung, war die tägliche Schaltkonferenz der ARD eine hochlebendige Veranstaltung, eine gute politische Debatte. Die findet heute nicht mehr statt, ich weiß das, ich habe ja noch Freunde dort. Heute wird viel zu viel entgegengenommen und abgehakt. In den Printmedien sehe ich die ganz großen Chefredakteure auch nicht mehr vor mir. Die Herausgeber der *FAZ* vielleicht. Ich finde es fabelhaft, wie sich der Schirrmacher aus der konservativen Ecke in die ökologische Debatte einklinkt. Die *Frankfurter Rundschau* liegt am Boden, die *taz* ist die *taz*, okay. Was gibt es denn noch Erstaunliches? Dem *Spiegel* fehlt es an Mut, an Dimensionen, auch außenpolitisch. Um noch einmal auf Karl Kraus zurückzukommen: Man muss doch nachfragen, wenn man etwas nicht versteht. Das sieht man kaum noch. Wenn aber Courage und Charakter fehlen, vielleicht auch das Wissen, dann kann man auch nicht dagegenhalten, wenn ein Politiker sich im Wischiwaschi-Stil äußert. Bei den meisten Politikern ist ja nichts hinter der Oberfläche, da kommt ja nichts. Wenn sie das als Journalist nicht kenntlich machen, nicht wahrnehmen, wenn sie das verdatteln wie einen Elfmeter beim Fußball, dann haben wir solche Medien, dann haben wir solche Politiker, dann haben wir eine solche Gesellschaft. Die Wahl von Günther Jauch als Nachfolger von Anne Will ist exemplarisch für die Entwicklung des politischen Journalismus in Deutschland. Alles wird noch harmloser, als wir es ohnehin schon hatten. Diese Talkshows sind zu einem reinen Spektakel verkommen. Formal gut gemacht, aber ohne hohes politisches Niveau.«

Nun gelten im Konkurrenzkampf der Medien die gleichen Gesetze wie in der freien Wirtschaft. Jeder sucht nach einem Alleinstellungsmerkmal, nach einem ›Standortvorteil‹. Die Zahl der Menschen, die angesichts des fortschreitenden Dilemmas nach alternativen Lösungsmöglichkeiten Ausschau halten, wächst rapide an. Warum lassen die Medien diese Chance ungenutzt liegen? Warum hat niemand den Mut, sich diesen ›Standortvorteil‹ zu sichern? Der Sozialpsychologe Harald Welzer spricht davon, dass wir von der Leidensattitüde umschalten müssten auf die Losung: »Wir können die tollsten Sachen machen!« Die ganze Nachhaltigkeitskommunikation unserer Tage sei nur Teil eines großen Illusionstheaters. Sie trete immer im Konjunktiv auf: wir könnten, wir sollten, wir müssten jetzt. Aber niemand glaube ernsthaft, dass wir den Konjunktiv verlassen. Deshalb plädiert Welzer für eine Reihe praktischer Modellversuche, und zwar auf den unterschiedlichsten Gebieten. Nur so sei es möglich, den Beweis zu erbringen, dass es sehr wohl möglich ist, aus dem bestehenden System auszubrechen.

Jochen Schildt lächelt gequält. »Mit vielen alternativen Modellen würde man doch nur anecken«, sagt er, »damit kommt man so mir nichts dir nichts nicht durch. Bei uns regiert die Mittelmäßigkeit, und die Speckschicht der Mittelmäßigen ist einfach zu dick. Querdenker werden sofort ins Abseits gestellt. Um ihre Visionen zu teilen oder gar zu befördern, müssten die Bedenkenträger sich aus dem Netz des Mainstreams befreien. Sie zappeln aber nicht umsonst in diesem Netz, denn es mangelt ihnen ganz einfach an geistiger Potenz. Damit sich etwas bewegt, brauchen diese Leute einen Großteil der Bevölkerung hinter sich, es braucht Allied Forces, um es einmal militärisch auszudrücken. Übrigens sind sich Journalisten und Politiker in ihrer Mittelmäßigkeit gar nicht so fern, manchmal finde ich sie fast austauschbar. Wenn die Mittelmäßigkeit regiert und administriert, wenn fünfundneunzig Prozent der Energien in die Administration fließen, bleibt kaum etwas übrig, schon gar nicht für alternative Modellversuche.«

Ich erinnere daran, dass sich Hamburg im Jahre 2011 Umwelthauptstadt Europas nennen durfte. Warum hat die Presse diese Chance nicht genutzt, um die Vorteile einer ökologisch ausgerichteten Stadtplanung zu diskutieren?

»Ganz einfach«, antwortet Schildt, »weil das Beharrungsvermögen in unserer Gesellschaft enorm hoch ist. Wir leben in Deutschland immer noch auf einer intakten Wohlstandsinsel, der Leidensdruck ist bei weitem nicht so hoch wie in anderen Gegenden der Welt. Ein weiterer Grund ist, dass es heute nicht besonders attraktiv ist, in die Politik zu gehen. Auch aus finanziellen Gründen. Auf kommunaler Ebene wie auf Bundesebene tummelt sich nahezu nur Durchschnitt. Ein Land, das nicht in der Lage ist, seine Parlamente mit begabten und charakterstarken Menschen zu bestücken, lebt gefährlich. Das Gleiche gilt für die Medien. Wenn es nicht mehr attraktiv ist, bei den Medien zu arbeiten, woher soll dann das erforderliche Bewusstsein kommen, um den Herausforderungen der Zeit angemessen zu begegnen?«

Wenn die Analyse richtig ist, wenn das Beharrungsvermögen von Medien und Politik tatsächlich so ausgeprägt ist wie beschrieben, wohin steuern wir dann, was ist die Konsequenz daraus? Braucht es tatsächlich erst eine Revolution von unten, muss sich das Empörungspotenzial, das unter der Oberfläche gärt, erst zu einer Explosion verdichten, damit sich etwas bewegt?

»Deutschland hatte ja schon einmal eine außerparlamentarische Oppositionsbewegung, die APO«, antwortet Schildt. »Sie ist dann in mehrere Fraktionen verfallen, in die RAF und diejenigen, die sich auf den langen Marsch durch die Institutionen gemacht haben. Aber auch diese Leute sind überwiegend an der Speckschicht des Mainstreams gescheitert. Im Übrigen war die APO keine große Bewegung, es war eine Studentenbewegung, das wird heute gerne ein wenig verklärt. Es gab keine Brücke zu Angestellten und Arbeitern. Sie haben recht, vielleicht braucht es heute eine Explosion, damit wir endlich aufwachen. Wer sich nur um sich selbst dreht, braucht eine solche Erschütterung, anders geht das wohl nicht.« Dass dies zu bürgerkriegsähnlichen Zuständen führen könnte, die ordnungspolitisch nur schwer unter Kontrolle zu bringen sind, ist Jochen Schildt durchaus bewusst. »Aber offenbar ist nur so etwas in der Lage, grundsätzliche Veränderungen herbeizuführen. Ob es einem nun passt oder nicht. Es kann ja auch sein, dass aus solchen Explosionen etwas Gutes erwächst. So weiterzuwurschteln wie bisher, das kann es jedenfalls nicht sein. Interessant in diesem Zusammenhang ist, was zurzeit in Israel passiert. Dort machte die Straße vermehrt Druck auf die Regierungen in den USA, Europa oder in den arabischen Staaten. Ich sehe diese Eruption eher positiv.«

Mein Gesprächspartner hält einen Augenblick inne. »Obwohl wir so reich sind«, fährt er fort, »obwohl wir so viel wissen, obwohl so viele Modelle auf dem Tisch liegen, rührt die Politik immer noch das Verkehrte an. Wider besseren Wissens zum Teil, häufig ohne Wissen, das ist das Fatale daran. Die meisten Akteure in der Politik und den Medien agieren aus Hilflosigkeit an den Notwendigkeiten vorbei, weil sie wirklich nichts wissen. Die Bürger spüren das, sie spüren, da ist Ratlosigkeit, Unwissen, Unfähigkeit. Sie können es nicht genau artikulieren, sie wissen es auch nicht besser, aber das ist das Grundgefühl bei vielen Menschen heute. Leider sind die Parteien im Bundestag nicht in der Lage, dieses Gefühl aufzunehmen. In der Lage dazu sind einige NROs oder einzelne Journalisten, über die wir gesprochen haben. Aber es ist gewiss nicht so, dass die Medien jetzt ein Feuerwerk an

Ideen abbrennen würden, etwas Profundes dagegenhalten, das tun die Medien leider nicht.«

Mit Ausnahme des Internets, da stimmt er mir zu. Das World Wide Web hat sich in den letzten Jahren zum Instrument einer weltweiten Gegenbewegung gemausert. Die Informationen, Bilder und Videos, die in Foren und Blogs kursieren, schließen die Menschen kurz und fördern ihr Solidaritätsgefühl. Social Media bringt Spaß. Empörung im Netz bringt Spaß. Wer die Übergriffe der Polizei auf einer Demonstration mit seiner Handykamera in Sekundenschnelle einem internatonalen Publikum zur Ansicht vorsetzen kann, fühlt sich stark. Auf die Unterstützung der klassischen Medien ist die Internetgeneration schon längst nicht mehr angewiesen. Das relativiert deren Bedeutung gewaltig. Und das ist gut so, wie Jochen Schildt findet. »Es sind übrigens nicht nur die jungen Leute, die das Internet in dieser Weise nutzen«, sagt er. »Ein wachsender Teil der älteren Generation ist an einem gesellschaftlichen Wandel mindestens genauso interessiert. Ich rede nicht von der Revolution, ich rede vom Protest und vom Widerstand, den auch die Älteren auf die Straße tragen könnten.«

Wie sehr die etablierten Spielregeln der parlamentarischen Demokratie von den Bürgern inzwischen untergraben werden, haben 2009 die Kommunalwahlen in Island gezeigt, wo es der Komiker Jón Gunnar Kristinsson zum Bürgermeister der Hauptstadt Reykjavík gebracht hat. Mit einem Programm, das eigentlich als Parodie auf den herkömmlichen Politikbetrieb gedacht war. Der 43-jährige Kristinsson forderte unter anderem, dass Korruption in Zukunft transparent gehandhabt werden müsse. Schon war er im Amt.

Jochen Schildt lacht. Wir gönnen uns eine letzte Zigarette. Zum Abschied schenkt er mir die druckfrische Ausgabe des *Greenpeace Magazins*, in der sich ein neun Seiten langer Report mit dem Titel »Rauchen zerstört die Umwelt« befindet. Aber darüber reden wir jetzt nicht.

Das Gespräch wurde geführt am 4. Oktober 2011.

Jochen Schildt, Jahrgang 1945, volontierte bei den *Kieler Nachrichten*, wechselte von dort zur Deutschen Presse-Agentur (dpa), wo er auf den Nahen Osten und Afrika spezialisiert war. Anschließend war er als Radioreporter für die ARD tätig, bevor er zum Team der *Tagesschau* stieß. Seine nächste Station war das ARD-Studio Nairobi, wo er als Auslandskorrespondent arbeitete. 1979 kehrte er nach Hamburg zurück und trat in die Redaktion der *Tagesthemen* ein. Nach dem Skandal um die Hitler-Tagebücher (1983) wechselte Schildt mit anderen TV-Leuten zur Illustrierten *Stern*, wo er Chef des Auslandsressorts wurde. 1995 verließ er den *Stern* und wurde Geschäftsführer und Chefredakteur des *Greenpeace Magazins*, Deutschlands einziger Zeitschrift, darauf legt er Wert, die sich ohne Anzeigen und ohne Zuschüsse von Greenpeace selbst trägt.

ANNE WILL
Talk, Talk, Talk

Die lockere, fast herzliche Art, mit der Anne Will mich auf dem Flur ihrer Produktionsfirma in Berlin-Mitte begrüßt, lässt erahnen, auf welch natürliche Weise sie den Gästen ihrer Show die Befangenheit zu nehmen versteht. Zumindest jenen, die noch nie zuvor im Scheinwerferlicht saßen. Ihr Lächeln wirkt frisch, keineswegs abgenutzt, was eigentlich nicht verwunderlich wäre. Ich sehe sie gerne im Fernsehen. Anne Will ist eine Meisterin der Moderation. Sie hat Charme und Charisma, sie ist klug, souverän und hinreichend diskret, ohne die Zügel je aus der Hand zu geben. Wer in ihrer Runde gefragt ist, hat nie das Gefühl, manipuliert oder eingeschränkt zu werden in seinen Äußerungen. Gelegentlich erinnert sie in ihrer Rolle an einen römischen Wagenlenker, der seine Quadriga in der Kurve geschickt abzufangen weiß. Und am Ende jeder Sendung steht fast immer die erfreuliche Erkenntnis, einen weiteren Farbtupfer gesetzt zu haben in der Streitkultur deutscher Talkshows, die alle nur einem Gesetz zu unterliegen scheinen, egal welches Thema gerade behandelt wurde.

Nun ist Anne Will nicht die Einzige, die ein Sendungsbewusstsein verspürt. Jauch, Plasberg, Maischberger und Beckmann mischen auf derselben öffentlich-rechtlichen Schiene mit, flankiert von Lanz und Illner im ZDF. Die zahlreichen Duplikate bei den Privaten mal außen vor. Wie findet man angesichts so geballter, zahlreicher Konkurrenz Woche für Woche ein Thema, das so und nicht anders nur bei Anne Will vorkommt?

»Wir lassen uns zuallererst von der Aktualität leiten«, sagt sie. »Wenn ein Thema den Menschen präsent ist, wenn es kontrovers und in seiner Grundfrage verständlich ist, dann ist es ein gutes Thema für uns.« Sie berichtet von der letzten Redaktionskonferenz. Wieder einmal stand ein Euro-Krisengipfel an, und die Frage war, ob man darauf eingehen sollte oder nicht. »Letztlich waren wir uns darüber einig, dass es unerhört schwer ist, jede neue Wendung mit den Möglichkeiten, aber auch den Begrenztheiten einer Talkshow zu fassen. Natürlich könnte man von der Komplexität weggehen und auf Endzeitstimmung machen, man könnte großes Drama inszenieren. Aber bevor wir das tun, müssen wir uns fragen, ob unsere Zuschauerinnen und Zuschauer die Situation ähnlich dramatisch einschätzen. Ich glaube nicht, dass sie das tun. Die meisten Menschen in Deutschland haben den Eindruck, dass diese Kanzlerin sich ganz wacker durch die Krise kämpft. Das heißt nicht, dass wir die Arbeit der Regierung nicht kritisch begleiten, das tun wir ständig, aber es geht auch um Verantwortung. Wie darf, wie muss man ein Thema aufbereiten? Häufig greifen wir dann eher latent aktuelle Themen auf. Oder aber die Aktualität spült uns noch etwas vor die Füße, das leichter zu handhaben ist als das, was ich eben anhand der Eurokrise beschrieben habe. Wie etwa der Comeback-Versuch des Karl-Theodor zu Guttenberg. Das ist ein gutes Thema, weil es vieles in sich trägt: Es ist streitbar, jeder Bürger hat dazu eine Meinung, und es verhandelt Grundfragen von Moral und Anstand. Nach diesen Kriterien suchen wir aus, immer und immer wieder.«

Die Konkurrenz verfährt vermutlich nach dem gleichen Muster. Wenn die ARD-Phalanx ihr Schleppnetz über den Bodensatz unserer Gesellschaft schleift, gibt es kaum etwas, das sich nicht in den Maschen der Themen-Fischer verfängt. Ob es sich um Altersarmut, den blutigen Terror von Rechts, das Burn-Out-Syndrom, den Schlankheitswahn, Alzheimer, Mobbing im Internet, Kuscheljustiz und Opferschutz, Leiharbeit oder Organspenden handelt – mal landet es bei Beckmann, mal bei Jauch, Plasberg, Maischberger oder eben bei Will. Wie vermeidet man angesichts der vorhersehbaren wöchentlichen Ausbeute an aktuellen oder latent aktuellen Themen, dass die Kollegen in ähnlicher Angelegenheit streiten lassen?

»Es gibt eine Datenbank der ARD«, sagt Anne Will, »sie funktioniert wie eine Pinnwand, an der jeder von uns bekanntgibt, welche Themen er vorhat und welche Gäste er dazu einlädt. Wenn wir sehen, dass es Parallelen gibt, können wir uns abgrenzen, indem wir entweder einen anderen Zugang finden oder ganz auf das Thema verzichten.«

Nun erinnern wir uns noch gut an die Zeit, als sich sämtliche Talkshows Deutschlands berufen fühlten, die Kreditaffäre des Bundespräsidenten über Wochen breitzutreten, selbst dann noch, als der Nachrichtenwert gegen null tendierte. Anne Will hat das nicht mitgemacht, sie war zu der Zeit im Urlaub. Aber vielleicht ist ihr aus der Entfernung die Anmaßung aufgestoßen, mit der die Medien zu Werke gingen. Sie mochten den moralischen Zeigefinger gar nicht mehr senken angesichts der hohen Einschaltquoten, die ihnen das in Halbwahrheiten verstrickte Staatsoberhaupt bescherte. Wie irreführend Einschaltquoten jedoch sein können, wurde an diesem Fall besonders deutlich. Siebzig Prozent der Deutschen empfanden die Rolle der Medien in diesem künstlichen Drama zum Schluss als höchst dubios. Die Menschen hatten das Gefühl, dass es den Medien in erster Linie um sich selbst ging. Die kurzfristigen ›Gewinne‹ wurden also mit einem enormen Vertrauensverlust erkauft. Wie beurteilt Anne Will die Situation? Hätte sie mitgewulfft? Und wenn ja, warum?

»Wir standen in unserer Winterpause für den Fall parat, dass Wulff zurückgetreten wäre. Und auch sonst haben auch wir uns in dem einen oder anderen Zusammenhang mit der Affäre um den Bundespräsidenten befasst. Ich halte das auch für wichtig und richtig. Wir sprechen hier über eine problematische Amtsführung des ersten Mannes im Staate. Wir sprechen über seinen taktischen Umgang mit der Wahrheit und die Frage, ob er sich als

Ministerpräsident der Vorteilsnahme im Amt schuldig gemacht hat. Das ist ein Thema, das die Menschen und die Medien nachvollziehbarerweise bewegt.«

Einen Ausuferungsirrsinn nannte Peter Krümmel in der *Zeit* die Talk-Show-Schneise der ARD und empfahl der Anstalt, alle Sendungen in einem einzigen großen Theatergebäude zu produzieren und den verlässlichsten Darstellern, etwa Arnulf Baring, Hans-Olaf Henkel, Alice Schwarzer, Dirk Niebel oder Hans-Ulrich Jörges, darin eigene Garderoben einzurichten. So entstünde bestimmt etwas Großes: das wahre deutsche Staatstheater. Warum, frage ich Anne Will, stößt man seit Jahren in deutschen Talkshows immer wieder auf die gleichen Nasen? Gysi, Trittin und Konsorten sind doch bereits gefühlte 300-mal in allen Formaten vertreten gewesen? Ist die Republik wirklich so arm an meinungsstarken, streitbaren Persönlichkeiten?

»Ich verstehe die Wahrnehmung«, antwortet Anne Will, »das ist der Eindruck, aber es ist natürlich nicht so. Alle Redaktionen sind bemüht, immer wieder neue Gäste zu finden. Wir haben etliche Sendungen gemacht, in denen zum Teil bis zu drei Menschen zu Gast waren, die noch nie zuvor in einem Fernsehstudio gesessen haben. Damit senden wir bewusst gegen das Vorurteil an, immer dieselben Leute einzuladen. Es gibt aber nun mal auch die jeweils politischen Verantwortlichen, diejenigen, die über die Zukunft unseres Landes entscheiden. Und die wollen die Bürger sehen, in Auseinandersetzung mit Gegenspielern und Querdenkern. Sie werden also als politische Diskussionssendung nicht darum herumkommen, bestimmte Politiker häufiger einzuladen. Es beschwert sich ja auch niemand, dass schon wieder Herr Schäuble in der *Tagesschau* zu sehen ist.

Aber ich bin bei Ihnen, wenn Sie sagen, dass es in Deutschland keine Überfülle an profunden Meinungsträgern gibt. Das wundert mich aber auch nicht. Es gehört viel dazu, vor einem Millionenpublikum seine Meinung zu vertreten, erst recht, wenn alle übereinander herfallen. Diese Meinung auch im Widerstreit und in Abgrenzung zu anderen zu formulieren, standhaft zu bleiben, da gibt es nicht so viele, die das können oder wollen. Ich finde es ehrenvoll, wenn Menschen sagen, ich bedenke immer das Für und Wider, ich bin nicht nur auf einer Linie. Das ist sympathisch, aber ein schwieriges Profil für eine Diskussionssendung. Solche Gäste sind auch eine Bereicherung für unsere Runde, aber fünf mehr oder weniger unentschlossene Gesprächsteilnehmer funktionieren nicht.«

Wer wie Anne Will die Hand ständig am Puls der Zeit hat, läuft Gefahr, die kleinste Erregung überzubewerten. Erst wer die Souveränität besitzt, nicht auf jeden Ausschlag zu reagieren, gewinnt jenen Themen Sendezeit, die weit bedeutsamer sind als der Mainstreamblues aus Jugendkriminalität und Rentenreform. Anne Wills Job ist enorm arbeitsaufwendig und zeitfressend, das bestreitet niemand. Die dauerhafte Stresssituation ist eigentlich nur zu bewältigen, wenn man mit Lust und Engagement bei der Sache ist. Angenommen, sie würde sich aus dieser lustvollen Abhängigkeit für eine Weile befreien, sich entspannt zurücklehnen. Was würde sie sehen? Und was würde ihr Sorge bereiten in Bezug auf die Zukunft?

»Ich hoffe natürlich, dass ich das auch sehe, wenn ich arbeite«, antwortet sie lachend, »denn ich glaube, dass unser Beruf, dieser unglaublich schöne Beruf des Journalisten, wie kein anderer dazu da ist, permanent einen Blick auf die Veränderungen in der Gesellschaft zu werfen.

Ich denke sowohl bei der Arbeit als auch im privaten Leben darüber nach, was sich an großen Schieflagen auftut. Das ist ja das, was Journalismus tut: Wir berichten weniger über das, was toll läuft, sondern wir berichten vor allem über das, was schiefläuft. Darin steckt der Nachrichten- und Neuigkeitswert meistenteils.

Was ich sehe, ist eine sich erheblich verändernde Gesellschaft. Ich gehöre ja zu der Generation der Deutschen, die in einer unwahrscheinlich behaglichen Situation aufgewachsen ist. Meine Eltern haben als Kinder die Kriegserfahrung gemacht, die sie auch an mich weitergegeben haben. Die Geschichte hat sich in mir zwar forterzählt, aber sie hat mein Leben nicht wirklich bestimmt. Grundkonstante war eine fortdauernde Wachstumserwartung. Wir gingen davon aus, dass es immer besser werden würde in Deutschland, dass sich Aufstiegschancen und Wohlstand mehren würden. Mittlerweile wissen wir: Es kann und wird nicht immer höher, weiter, schneller gehen. Unsere Wirtschafts- und Finanzordnung hat in gewisser Hinsicht gerade einen Offenbarungseid geleistet. Unsere Ressourcen gehen uns aus. Wir hinterlassen den Nachfolgegenerationen ökonomisch und ökologisch ein schweres Erbe.

Unsere Bildungspolitik halte ich für eine Katastrophe. Was sich unser Land mit seinem enormen intellektuellen Potenzial an fehlender Zuwendung und Unterstützung Kindern gegenüber leistet, die schwierigere Ausgangschancen haben, als wir sie hatten, ist tragisch und verheerend. Hinzu kommt der riesige Vertrauensverlust in die gesellschaftlichen Eliten. Wir haben eine stabile Demokratie mit hochangesehenen Institutionen wie etwa dem Bundesverfassungsgericht, aber wir haben ein schwindendes Ansehen der Exekutive. Das ist tragisch, so ist die Machtbalance nicht gedacht. Sie lebt davon, dass sie gesellschaftlich verhaftet bleibt. Da gerät vieles ins Rutschen. Wir sind eine Gesellschaft, die an vielen Stellen orientierungslos ist.«

Die empirische Sozialforschung schätzt das Potenzial derer, die sich in unserer Gesellschaft den genannten Herausforderungen bereits stellen, auf fünfundzwanzig Prozent, Tendenz steigend. Diese Menschen haben sich den klassischen Medien gegenüber weitgehend versagt. Deshalb plädiert die US-Amerikanerin Amy Goodman, die 1996 den unabhängigen und überaus erfolgreichen Rundfunk- und Fernsehsender *Democracy Now!* gründete, an die Medien, den öffentlichen Raum zurückzuerobern: »Ich sehe die Medien als Gemeingut, vielleicht sogar als gemeinsame gesellschaftliche Basis. Bisher reagieren die konventionellen Medien nicht adäquat auf die Bedürfnisse und Nöte der Menschen. Man kann deshalb durchaus sagen, dass sie uns eher in politische, wirtschaftliche und soziale Krisen hineinführen, anstatt uns früh genug durch ihre Arbeit davor zu bewahren. Medien können ein Forum der kreativen Auseinandersetzung bieten. Es geht nicht darum, dass einer den anderen überzeugt, weil nur einer recht haben darf, sondern um Kommunikation und Dialog, aus dem etwas Neues entstehen kann.«

Anne Will hat aufmerksam zugehört. »Klassische Medien bilden gesellschaftliche Dialoge ab, sie weisen auf Missstände hin, aber sie sind nicht die Hauptakteure gesellschaftlichen Wandels«, sagt sie. Auf meinen Einwand, dass dieses Abbilden von der Konkurrenz doch schon zur Genüge geleistet werde und dass es durchaus die Chance gebe, sich inhaltlich abzuheben, antwortet sie ebenso einfach wie ernüchternd: »Ich suche nicht nach Profilierungen, ich möchte nur meinen Job gut machen. Sie sprechen von einem brachliegenden Zuschauerpotenzial von angeblich fünfundzwanzig Prozent. Da muss man natürlich festhalten, dass sich immer noch fünfundsiebzig Prozent der Menschen für das interessieren, was wir ihnen als Diskussionsgrundlage anbieten. Davon abgesehen machen Sie das Fernsehen auch ein bisschen größer und monopolistischer, als es ist: Die neuen Medien bieten die ideale Plattform für den Dialog, den Sie sich wünschen, und ihre Macht, ihre Möglichkeiten und ihr Einfluss werden immer größer.« Nach einem kurzen Moment des Zögerns fügt sie hinzu: »Der Anspruch, den ein Vollprogramm wie das Erste haben muss, ist nun mal auch, das größtmögliche Publikum zu erreichen. Wir sind es auch unseren Gebührenzahlern schuldig, dass wir nicht komplett an ihren Interessen und an ihrem Informationsbedürfnis vorbeisenden. Daraus ergibt sich aber kein so gewaltiger Quotendruck, wie ihn ein kommerzieller Anbieter fühlen muss, der seinen werbetragenden Kunden verpflichtet ist.«

Diese Frau liebt ihren Job. Das ist immer dann zu spüren, wenn man die theoretischen Erörterungen beiseiteläss und zum Praktischen kommt. Woche für Woche auf Sendung zu gehen, Woche für Woche zu erleben, wie sich die Streithansl aus Politik, Wirtschaft und Kultur vor ihrer Nase verbal verhaken, Woche für Woche den Stichwortgeber und Schlichter zu geben – gerät man da nicht in Gefahr, ein wenig zu routiniert über das hinwegzusehen, was andere so echauffiert? Anne Will schüttelt den Kopf. »Natürlich gibt es eine gewisse Routine in den Abläufen. Aber das habe ich in mir automatisiert, Kamerafahrten, Licht etc. Aber ich habe keine Routine dabei, mich auf Gäste einzulassen. Ich stelle dieselbe freundliche Atmosphäre her, wie ich es bei mir zu Hause täte. Außerdem arbeite ich gerne vor Publikum. Es gibt mir Schwung, wenn ich ins Studio komme, und da sitzen Menschen, die sich seit Wochen oder Monaten auf diese Sendung freuen. Das ist noch einmal der Hinweis darauf, dass ich mich anstrengen sollte. Und genau das tue ich dann auch. Ich kann mich ganz gut auf Menschen einstellen. Ich habe in meinem Leben schon früh gemerkt, dass ich eine Weltmeisterin im Smalltalk bin.« Sie lacht. »Aber so sind die Kölner, die reden ja immer um ihr Leben.«

Wenn eine Sendung gelaufen ist, fühlt sie sich manchmal, als hätte man sie durch den Schleudergang gejagt. »Das muss aber nicht bedeuten, dass die Sendung schlecht war. Richtig anstrengend ist es nur, wenn keiner meiner Gäste so recht auf Touren kommt. Mit solchen Unwägbarkeiten muss man aber leben in einer Talkshow.« Der Moment nach einer Sendung ist für sie ein besonderer. »Die Energie aus der Sendung bleibt oft ungebrochen bestehen«, sagt sie, »das ist interessant. Außerdem ist es für mich wichtig zu wissen, ob sich unsere ungeübten Gäste bei uns wohl und so geschützt gefühlt haben, dass sie ihre Anliegen und Argumente frei vorbringen konnten.« Eine Talkshow ist für Anne Will eben mehr als ein Streitgespräch, sie ist ein Gesamtkunstwerk, in dem die Teilnehmer aufblühen sollen, anstatt niedergemacht zu werden.

Anne Will gehört zweifellos zu den ganz starken Persönlichkeiten im deutschen Talkshowgeschäft. Die Troika Will, Illner, Maischberger hat Gewicht in dem von Männern beherrschten TV-Business. »Sandra, Maybrit und ich sind ja alle ungefähr ein Jahrgang. Wir haben uns über Jahre etabliert, wir sind sehr jung in verantwortungsvolle Positionen gekommen. Ich hätte erwartet, dass bald mehr Frauen nachziehen. Das ist aber nicht passiert.«

Im Mediengeschäft sind dreißig Prozent Frauen tätig. Diese Anzahl hätte ich gerne in diesem Buch vertreten gehabt. Es ist nicht gelungen, die meisten angeschriebenen Frauen haben sich verweigert. Fast alle mit einem sehr männlichen Argument: aus Termingründen. Dabei hatte ich lediglich um ein Gespräch von zwei Stunden gebeten – innerhalb der nächsten vier bis fünf Monate. Nützte nichts, keine Zeit.

»Ich beobachte etwas Ähnliches bei den Einladungen in unsere Sendungen«, antwortet Anne Will. »Als ich anfing, habe ich gesagt, ich will mich dafür verwenden, mehr Frauen in die Talkshow zu holen. Das ist mir später von vielen Frauenorganisationen vorgehalten worden. ›Was ist denn jetzt mit diesem Versprechen, Frau Will? Sie hatten sich berufen gefühlt, unheimlich viel zu verändern, aber passiert ist gar nichts.‹ Das stimmt. Bei uns sitzt zwar immer mindestens eine Frau in jeder Sendung, diese Mindest-Quote haben wir uns selbst auferlegt, aber um die bemühen wir uns manchmal wirklich verzweifelt. Ein simpler Grund ist die Tatsache, dass es nun mal noch immer viel, viel weniger Frauen als Männer in Führungs- und Verantwortungspositionen gibt. Da ist aber noch ein anderes Problem: Frauen machen aus ihrer Zurückhaltung, auch aus ihrem fehlenden Selbst- und Sendungsbewusstsein kein Geheimnis. Sie sagen, ich bin mir in der Position nicht so sicher, ich würde mich da nicht wohl fühlen. Das nimmt mich zwar sehr ein für mein Geschlecht, hilft uns nur nicht. Weder der Sendung noch dem Feminismus, zu dem ich mich entschieden bekenne. Die Verweigerungshaltung der Frauen bringt uns nicht weiter, das ist dramatisch, dass sich da so wenig ändert.«

Anne Will blickt auf die Uhr, sie muss zu einem Termin. Auf dem Weg zur Tür frage ich sie, welche Art Gast ihr am liebsten sei. »Jemand vom Schlage eines Hans-Ulrich Jörges«, sagt sie. »Gäste wie er werden ja zu Unrecht gescholten. Dabei sind das diejenigen, die mit freier Rede bestechen, die knietief in den Themen stehen und meinungsstark sind. Was ich übrigens auch an ihm schätze: Er ist leidenschaftlich, aber er ist nicht zynisch. Das ist ja ein großer Nachteil in unserer Zunft: Je länger man im Beruf ist, desto zynischer werden viele. Das geht mir ganz ab, das finde ich eine ganz furchtbare Haltung, sowohl zu den Dingen als auch zum Leben.«

Das Gespräch wurde geführt am 23. Januar 2012.

Anne Will studierte Geschichte, Politikwissenschaft und Anglistik in Köln und Berlin. Während ihrer Studienzeit arbeitete sie als Journalistin bei der *Kölnischen Rundschau* und dem *Spandauer Volksblatt*. Nach dem Studium volontierte sie beim Sender Freies Berlin. Ende 1992 wurde Anne Will einem größeren Zuschauerkreis bekannt, als sie für den SFB die Talkshow *Mal ehrlich* und den *Sportpalast* moderierte. Von 1996 bis 1998 war sie Gastgeberin in der Medienshow *Parlazzo* des WDR. Ab November 1999 präsentierte sie als erste Frau die bis dahin von Männern dominierte *Sportschau*, was sie schlagartig einem großen Publikum bekannt machte. Im Jahr 2000 moderierte sie für die ARD Sportübertragungen der Olympischen Spiele aus Sydney. Als Nachfolgerin von Gabi Bauer trat Will im April 2001 ihre neue Aufgabe als Moderatorin der *Tagesthemen* an, zunächst abwechselnd mit Ulrich Wickert, ab September 2006 im Wechsel mit dessen Nachfolger Tom Buhrow. 2007 wählten sie die Intendanten der ARD zur Nachfolgerin von Sabine Christiansen für ihre politische Talkshow, die unter dem Namen *Anne Will* im September 2007 das erste Mal ausgestrahlt wurde. Sie wird produziert von der Will Media GmbH, deren Geschäftsführerin Anne Will ist. Am 10. Juli 2011 moderierte sie ihre letzte Sendung an diesem Sendeplatz, bevor Günther Jauch diesen einnahm. *Anne Will* wurde auf den späten Mittwochabend verschoben.

KLAUS LIEDTKE
Wo ist die Stimmung für eine radikale Wende?

Tja, so läuft das. Das Mediengeschäft ist eben in erster Linie ein Geschäft. Warum sollte ein Verlag anders geführt werden als eine Schraubenfabrik, selbst wenn in ihr an den Stellschrauben unserer Gesellschaft gedreht wird? Das interessiert das Management nicht.

So etwa beschreibt Klaus Liedtke die aktuelle Situation auf dem deutschen Pressemarkt. Aber der Fatalismus, mit dem er seine Medienanalyse vorträgt, täuscht. Der Mann brennt. »Und wenn ich wüsste, dass morgen die Welt untergeht, so würde ich doch heute noch ein Apfelbäumchen pflanzen.« Kaum einer nimmt den Satz Martin Luthers ernster als er. Aber dazu später mehr.

»Eines der grundlegenden Probleme im Journalismus ist, dass immer weniger Leute bereit sind zu akzeptieren, dass es im Mediengeschäft um mehr geht als um die übliche Gewinn- und Verlustrechnung«, sagt Liedtke. »Der Journalismus genießt in unserer Gesellschaft schon lange nicht mehr die Wertschätzung, die ihm gebührt, er wird nicht mehr als kulturelle Leistung begriffen, auf die wir ein Anrecht haben. Die Ökonomisierung unseres Berufes durch viele Verlagsmanager, die sich allein an Umsatzrenditen haben messen lassen müssen, ist der Ursprung einer Fehlentwicklung, die den Journalismus zum Konsumgut degradiert hat. Aber die Menschen haben ein im Grundgesetz verbrieftes Recht auf Informationen, sie brauchen vernünftige, solide Informationen, damit sie als Bürger in unserer Demokratie in der Lage sind, vernünftige Entscheidungen fällen zu können. Und die Medien stehen in der Pflicht, diese Informationen zu liefern. Wer sollte es sonst tun? Eigentlich sollte es sich von selbst verstehen, dass es in diesem Geschäft andere Kriterien geben muss. Wenn aber immer mehr Medienunternehmen als reine Profitvermehrungsanstalten agieren, führt das eben zu einer ganz bestimmten Ausrichtung im Journalismus. Es handelt sich hier um eine grundsätzliche Entwicklung, gegen die man sich stemmen muss.«

Liedtke verweist darauf, dass es in seinem Berufsleben kaum eine Zeit gegeben hat, die so aufregend, so spannend gewesen ist wie die heutige. »Ich erinnere mich noch an die achtziger Jahre, damals war ich Chefredakteur beim *Stern*. Eines schönen Tages kam unser Verleger Schulte-Hillen zu mir und sagte: ›Mein Gott, es passiert ja überhaupt nichts auf der Welt, ist das alles langweilig!‹ Er hatte recht, da gab es einige Jahre, in denen relativ wenig los war, im Lande selbst wie auch außerhalb. Und heute? Schauen Sie sich das Jahr 2011 an. Es ist doch unglaublich, was sich da alles an Desastern, Revolutionen, Finanzkrisen, globalen Umwälzungen ereignet hat. Es müsste uns Journalisten doch in den Fingern jucken.«

Tut es aber offensichtlich nicht. Hätte eine Verlegerpersönlichkeit wie Henri Nannen unter den heutigen Bedingungen überhaupt noch eine Chance, seine Vorstellungen vom engagierten, auf guten Recherchen basierenden Journalismus umzusetzen?

»Ich denke schon. Der Journalismus ist nicht nur von seinen Rahmenbedingungen abhängig, sondern auch von Personen, die sich mutig über gewisse Vorgaben und Erwartungshaltungen hinwegsetzen und das machen, was sie für richtig halten. Aber Nannen konnte seinen Journalismus in einer Zeit entfalten, in der es noch nicht die Konkurrenz durch das Privatfernsehen gab. Die Zeitschriften haben in den sechziger, siebziger und frühen achtziger Jahren eine wahre Blütezeit erlebt, seitdem geht es eigentlich ständig bergab mit den Magazintiteln.«

Hat das nicht auch damit zu tun, dass sich ein junges Publikum seine eigenen Kommunikationsplattformen geschaffen hat, dass es sich abgekoppelt hat von den klassischen Medien und sich im Internet ganz neue Themenfelder erschließt?

»Das ist sicher ein Grund dafür, warum das Mediengeschäft in Schwierigkeiten ist«, gesteht Liedtke. »Die Konkurrenz zwischen klassischen und neuen Medien führt zum Abbau von Auflagen, das ist unbestritten. Daraus erwächst zusammen mit dem Wunsch, aus dem, was im klassischen Geschäft noch übrig bleibt, das Maximum herauszuholen, eine Gefahr für den Journalismus. Dennoch behaupte ich, dass dieses Problem zu lösen wäre. Wenn man sich im Verlagsmanagement mit einer gewissen Umsatzrendite zufriedengäbe und sagen würde, es müssen nicht unbedingt fünfundzwanzig Prozent sein, zehn Prozent reichen auch, und den Rest investieren wir wieder in Journalismus, dann wäre das okay, aber das ist in diesen Zeiten der allgegenwärtigen Gewinnmaximierung nur selten der Fall. Die Tatsache, dass den Redaktionen immer weniger Geld zur Verfügung steht – und das ist ja fast überall so –, führt dazu, dass auch immer weniger Zeit für gut recherchierte Geschichten übrig bleibt. Heute muss ein Reporter einen Kostenplan vorlegen, bevor man ihn losschickt. Das hat am Ende natürlich auch Auswirkungen auf die Qualität seiner Arbeit. Zugegeben: Nicht immer hängt die Qualität einer Story von der Menge des eingesetzten Geldes ab. Aber in der Regel ist es doch so, dass begrenzte Summen zu begrenzten Ergebnissen führen. Das wirft die Frage nach alternativen Finanzierungsmodellen auf. Wie kann ich vernünftigen Journalismus, den klassischen Journalismus, der intensiv recherchiert, heute noch finanzieren?«

Klaus Liedtke hat die Frage für sich beantwortet. Zusammen mit Kollegen vom amerikanischen Fernsehsender CNN hat er den gemeinnützigen Verein Investigate! gegründet, dessen Ziel es ist, den Qualitätsjournalismus zu fördern und Stipendien an Journalisten zu vergeben, mit denen diese in die Lage versetzt werden sollen, ohne zeitliche und geldliche Restriktionen zu recherchieren. Liedtke ist zugleich Vorsitzender der Jury, der u. a. Hans Werner Kilz (Exchefredakteur der *Süddeutschen Zeitung*), Andreas Wolfers (Leiter der Henri-Nannen-Journalistenschule) und Peter Klöppel (Nachrichtenchef RTL) angehören. Zu den Geldgebern zählen der Autohersteller Audi und der Unternehmensberater Roland Berger. »So versuche ich mitzuhelfen, die Dinge in die richtige Richtung voranzutreiben«, erklärt Liedtke seine Motivation. »Die andere Frage ist: Wofür interessieren sich die Menschen heute? Dass sich Grundinteressen von Menschen verschieben, dass man die Menschen anders erreicht als vor zwanzig, dreißig Jahren, weil die Probleme andere geworden sind, das ist doch völlig klar. Und dass die Verlage versuchen, sich darauf einzustellen und unter den geschilderten Bedingungen versuchen, immer noch Auflagen zu maximieren, ist auch verständlich. Die einen versuchen mit geringeren Mitteln alte Qualitätsstandards zu erhalten oder ihnen möglichst nahe zu kommen, die anderen verlassen den Qualitätsjournalismus und machen nur noch das, von dem sie glauben, dass es nachgefragt wird, wie zum Beispiel den People- oder Boulevardjournalismus. Die Banalisierung der Medien ist ein Mix aus unterschiedlichen Problemen. Für die Lösung dieser Probleme gibt es nicht die eine Antwort.«

Der amerikanische Medienwissenschaftler Neil Postman (1931 bis 2003) warnte schon frühzeitig vor einer »Trivialisierung«, »Boulevardisierung« und »Infantilisierung« der Gesellschaft durch die Medien, insbesondere durch das Fernsehen. Ununterbrochenes Entertainment zerstöre die Chance, ein Publikum auf rationale Weise zu erreichen. Das Ertränken der Menschen in belanglosen Informationen und Bildern sei nicht geeignet, ihre Urteilsfähigkeit zu schärfen. Während die frühere, eher von Printmedien bestimmte Gesellschaft sich mit Inhalten in Form von Kritik, Überlegung und Diskussion auseinandersetzte, so Postman, seien die visuellen Inhalte unserer bildbestimmten Kultur erst gar nicht mehr geeignet, in Frage gestellt oder diskutiert zu werden. Dies aber sei nun einmal die Voraussetzung für eine funktionierende Demokratie.

Die Medien haben sich wie ein Filter vor die Außenwelt geschoben. Die Kinder des digitalen Zeitalters lernen nicht mehr aus persönlicher Erfahrung, sondern aus den von der Wirklichkeit abgezogenen Bildern. Im Cyberspace der nächsten Jahrzehnte werden sie endgültig vergessen haben, welche Kriege der Unterhaltung dienen und welche nicht. Der eigentliche Irrtum besteht darin, dass wir die Anhäufung von Daten mit Wissen verwechseln. Unsere Datenbanken blähen sich ins Ungeheuerliche. Alle fünf Jahre verdoppelt sich das Weltwissen. 800 Billiarden Wörter feuert die Medienmaschine aus Fernsehen, Radio, Druckerzeugnissen, Computernetzwerken und Werbung jährlich auf den durchschnittlichen Konsumenten ab. Dieses Trommelfeuer macht unsere Köpfe und Herzen taub. Die Informationsflut führt also nicht zu mehr Aufklärung, sondern zu mehr Zynismus und Gleichgültigkeit. Was können, was müssen die Printmedien tun, um dieser Entwicklung entgegenzuwirken? Unser Leben auf diesem Planeten ist dabei, sich dramatisch zu verändern. Was würden Eltern tun, wenn ihr Kind auf die Autobahn läuft? Sie würden es vermutlich lautstark, wenn nicht schreiend, auffordern, umzukehren. Aber wie verhalten wir uns als Gesellschaft? Wir realisieren nicht einmal in vollem Umfang, auf welch gefährlichem Terrain sich unsere Kinder bewegen. Kann jemand ›objektiv‹ sein, der Kenntnis darüber hat, wohin die Welt steuert? Wie kann jemand in dieser ›objektiven‹ Position verharren, ohne sich genötigt zu fühlen, diesen ›objektiven‹ Standpunkt wenigstens zu überdenken?

»Es gibt viele Kollegen, die so fest an den klassischen Journalismus glauben, dass sie sich nicht hinreißen lassen möchten, aus sich einen Akteur zu machen«, entgegnet Liedtke. »Man möchte Beobachter bleiben. Ich kann das verstehen. Auf der einen Seite gibt es den Journalisten, der nichts anderes sein will als ein ›Merker‹, der also aufschreibt, was ist, und das so objektiv wie möglich, und der nicht getrieben wird von einer eigenen Lebensphilosophie oder einer Ideologie, der einfach klassischer Journalist sein will. Auf der anderen Seite gibt es den Typus ›Täter‹, der eine

Überzeugung hat, eine Lebenseinstellung, der eine Vorstellung davon hat, wie sich Menschen zu organisieren haben, und der Journalist wurde, um ebendies zu kommunizieren. Journalismus hat für ihn eine Brückenfunktion und ist nicht das Ziel an sich. Beide Ausrichtungen haben nach meiner Auffassung ihre Berechtigung und stehen gleichgewichtig nebeneinander. Die eine journalistische Ausrichtung sollte sich nicht über die andere erheben. Es liegt an jedem Einzelnen, welcher Richtung er sich anschließt, ob er nur Journalist sein will und sich mit anderen Sachen nicht gemein macht, wie es Hajo Friedrichs einmal formuliert hat, oder ob er aktiv an der Veränderung von Gesellschaften teilhaben will und sich dabei mit seinem journalistischen Grundkönnen einbringt. Gehört es nicht zur objektiven Berichterstattung dazu, die Welt so zu schildern, wie sie derzeit ist in ihrem prekären Zustand? Man muss nicht unbedingt zum Kampagnenjournalisten werden, um zu einer umfassenden Aufklärung beizutragen. Politische Journalisten oder Wissenschaftsjournalisten, die ihren Beruf heute ernst nehmen, können gar nicht anders, als auf das hinzuweisen, was auf diesem Planeten im Moment schiefläuft.«

Dass viele Redaktionen hervorragende Sacharbeit leisten, dass sie ihrer Aufklärungs- und Informationspflicht nachkommen, steht außer Zweifel. Aber wäre nicht dies die ideale Basis für einen Kampagnenjournalismus, der die Menschen auch emotional einweist in die Gefahren, die uns erkennbar drohen?

»Ich will die Berechtigung des Kampagnenjournalismus gar nicht in Frage stellen«, antwortet Klaus Liedtke. »In den frühen Jahren beim *Stern* waren wir ja fast alle irgendwie Kampagnenjournalisten, indem wir gesagt haben, wir wollen die Gleichberechtigung der Frau, wir wollen die Ostpolitik, wir wollen die aktive Erinnerung an das, was die Deutschen an Leid über andere Völker gebracht haben.«

Damals, so wende ich ein, war genügend Zeit vorhanden, um diese Prozesse in Gang zu setzen. Diese Zeit haben wir heute nicht mehr, das dürften sich die wenigsten bewusst machen. Wir sind nicht einmal in der Lage, einen Konsens über die Faktenlage herzustellen. Ein neues Bewusstsein kann man den Leuten ja nicht diktieren, das Feld muss doch beackert werden, aber wo geschieht das?

»Nun ja, es geschieht schon, aber vielleicht nicht in einem ausreichenden Maße. Warum ist das so? Aus zwei Gründen: Erstens, weil verantwortliche Chefredakteure oder verantwortliche Verlagschefs das Problem, nämlich die Ausbeutung, die Misshandlung unseres Planeten mit ihren fatalen Folgen für uns alle, in seiner Tragweite nicht erkannt haben oder das Problem einfach verdrängen. Und zweitens, weil sie nicht daran glauben, dass damit Auflage und Geld gemacht werden kann. Da schließt sich der Kreis wieder zu dem, was ich eingangs sagte. Ich habe beim *Stern* immer wieder versucht, die »grüne Karte« zu spielen, und auch ich musste die Erfahrung machen, dass sich Ökotitel nicht gut verkaufen. Das ist, mit Abstrichen, noch heute so. Und da unsere Medien von Umsätzen getrieben werden, denken viele eben, dass man der Entwicklung nicht vorgreifen darf, weil es sich nicht ›auszahlt‹ – in des Wortes klassischer Bedeutung. Man springt auf eine Welle erst auf, wenn sie auf dem Höhepunkt ist.«

In meinem Archiv befinden sich noch einige *Stern*-Ausgaben aus den achtziger Jahren, in denen das Müllproblem, die Luftverschmutzung, die Abholzung der Regenwälder auf zwanzigseitigen Fotostrecken dokumentiert wurde. Klaus Liedtke atmet tief durch. »Genau das war unser Markenzeichen damals«, sagt er. »Da haben wir den Finger rechtzeitig in die Wunde gelegt und mitgeholfen, ein Bewusstsein zu schaffen, das die Politik verändert hat. Insofern darf man schon fordern, dass man den Dingen manchmal voraneilen muss, auch wenn das nicht sofort zu höheren Auflagen oder Einschaltquoten führt. Dazu braucht es allerdings mutige Chefredakteure, die aus dem Bauchgefühl heraus erkennen, wohin das Ganze rollt. Und dann braucht es natürlich Verlagsmanager, die mitziehen und die nicht dem Chefredakteur in die Parade fahren nach dem Motto: Was soll das denn? Es gibt überall im Verlagswesen Leute, die kein anderes Interesse haben als die Umsatzrendite, als den nächsten Quartalsbericht. Meine

Hoffnung ist, dass das ökologische Bewusstsein in den Medien schneller wächst als der Raubbau an den Ressourcen. Aber ich bin mir da nicht mehr sicher. Es ist ja nirgendwo besser geworden. Die Abholzung der Regenwälder schreitet kaum gebremst voran, die Überfischung unserer Meere ist dramatisch, und es sieht nicht so aus, als würden wir den CO_2-Ausstoß in den Griff bekommen. Nach allem, was wir heute wissen, werden wir den Klimawandel wohl nicht auf die noch verträglichen zwei Grad begrenzen können. Diese Schlacht haben wir schon verloren.«

Vor kurzem hatte die Münchener Rück als der weltgrößte Rückversicherer mitgeteilt, dass die Beitrageinnahmen nicht mehr ausreichten, um auch nur zwei Drittel der durch Naturkatastrophen verursachten Ausgaben zu decken. Die immer drastischer werdende Erderwärmung beginnt bereits die Windrichtungen zu ändern. Je mehr Energie in die Atmosphäre gepumpt wird, desto hochtouriger läuft die planetarische Windmaschine. Versicherungsmeteorologen halten es nur noch für eine Frage der Zeit, wann die »Größtkatastrophe« einsetzt, die sämtliche für Naturkatastrophen zurückgelegten Reserven der Rückversicherer – weltweit etwa 160 Milliarden Dollar – mit einem Schlag aufzehren und die Finanzmärkte erschüttern würde. Fast jede solcher Insiderinformationen ist geeignet, die Psyche eines Massenpublikums zu überfordern.

»Absolut«, pflichtet Klaus Liedtke bei. »An dieser Stelle haben die Medien ein Problem. Sie dürfen zwar brutal informieren, aber sie können es nur dosiert tun und nicht in jeder Ausgabe. Hier und dort macht man das, vom *Stern* über den *Spiegel* bis hin zur *Bild*, die auch grüne Themen aufgreift. Aber wenn sie den Leuten ständig mit der grünen Keule kommen, gehen diese in Abwehrhaltung. Das geht also nicht, man muss den Menschen sozusagen portionsweise nahebringen, wie es um Mutter Erde bestellt ist. Dazu braucht es Vorstellung und Wissen. Sie müssen als Journalist ein Gesamtbild vor Augen haben. Aber wie viele haben das wirklich? Nehmen wir die Finanzkrise. Es ist doch erstaunlich, dass all unsere Medienapparate nicht in der Lage waren, das

Problem Griechenland rechtzeitig zu erkennen. Plötzlich kam das Thema hoch, und alle fielen aus den Wolken. Das trifft auch auf andere weltpolitische Ereignisse zu, die plötzlich über uns gekommen sind und bei denen man sich fragt, wieso hat das keiner kommen sehen? Das lässt doch an der Qualität der journalistischen Recherche zweifeln. Dass wir 2011 vom arabischen Frühling überrascht wurden, konnte doch nur passieren, weil man nicht wusste, was in diesen Ländern wirklich vor sich ging. Und wenn man sich heute von der Schuldenkrise überrollt fühlt, ist das eigentlich absurd. Das hätte man doch schon vor fünf Jahren kommen sehen können. Dass wir alles wegbuchen auf die Kreditkartenkonten unserer Kinder, das weiß man doch seit mindestens fünf Jahren. Ach was, seit zehn Jahren, seit zwanzig Jahren. Da muss man nur eins und eins zusammenzählen. Und wenn wir eins und eins zusammenzählen, was den prekären Zustand unseres Planeten angeht, dann weiß man, dass uns nur ein kleines Zeitfenster von zehn, zwanzig Jahren bleibt, um so gegenzusteuern, dass wir unserer Verpflichtung, unseren Kindern auskömmliche Lebensgrundlagen zu hinterlassen, nachkommen können. Wenn wir die nächsten Jahre nicht nutzen, werden wir die Generation sein, die diesen Planeten in den Ruin getrieben hat.«

Klaus Liedtke hält einen Moment inne, als würde er sein drastisches Resümee Revue passieren lassen. »Das Problem ist«, sagt er schließlich, »dass wir vermutlich keine andere Wahl haben, als weiter dicke Bretter zu bohren. Jeder an seinem Platz. Leider gibt es ja keine Stimmung für eine radikale gesellschaftliche Wende, die wir dringend bräuchten. Ich rede nicht einer Ökodiktatur das Wort, die wir ja alle nicht wollen. Aber ich befürchte, dass sie eines Tages zwangsläufig kommt. Sie wird durch die Not diktiert. Die Handelnden in der Regierung werden die Leitplanken so stark machen müssen, die Gesetze so eng, dass es quasi darauf hinausläuft. Brecht sagte, die Menschheit sei immer nur durch den Tod belehrbar. Aber bis es zur nächsten großen Katastrophe kommt, die wahrscheinlich gar nicht ausbleiben kann, können wir doch nichts anderes tun, als möglichst viele Leute von der

Notwendigkeit eines nachhaltigen Lebensstils zu überzeugen. Und als Journalisten wissen wir doch, wie man die Menschen erreicht, wie man sie mitreißen kann, wie man ihnen ins Gewissen reden kann, ohne sie gleich in Sack und Asche gehen zu lassen. Ich denke schon, dass wir die Öko-Kurve noch kriegen werden, insofern bin ich wieder Optimist. Die Frage ist nur, wie viele Katastrophen brauchen wir bis dahin? Ich glaube, dass die Überlebensmechanismen des Menschen so funktionieren, dass er kurz vor dem Abgrund noch einmal innehalten wird. Aber darauf darf man natürlich keine gesellschaftspolitischen Strategien aufbauen. Und ich wünsche mir, dass eine ausreichend große Zahl von Journalisten sich wieder als Speerspitze der Aufklärung begreifen möge – wie wir damals in den sechziger, siebziger Jahren, nur dieses mal mit dem Fokus auf Nachhaltigkeit.«

Klaus Liedtke ist sich bewusst, dass seine journalistische Karriere unter einem guten Stern stand. Dass er 1999 die Chefredaktion einer Magazin-Legende wie *National Geographic* übernehmen durfte, bezeichnet er als »unglaubliches Privileg«. Noch heute, drei Jahre nach seiner Pensionierung, gerät er regelrecht ins Schwärmen. »Mich mit einem Blatt verbinden zu dürfen, das seit über hundert Jahren journalistische Standards setzt, das nicht über irgendetwas schreibt, sondern über die Bewahrung unseres planetarischen Erbes und die Erweiterung des Wissens, war etwas ganz Besonderes.« Gegründet wurde das Magazin 1888 von der National Geographic Society, deren Grundsatz es ist, Aufklärung zu betreiben. »In den ersten hundert Jahren standen die Geographie und die verschiedenen Kulturen auf der Erde im Fokus«, sagt Liedtke. »In den letzten dreißig Jahren fühlt sich die Society vor allem der Bewahrung unseres kulturellen, biologischen und geologischen Erbes verpflichtet. Das neue Motto heißt: ›We inspire people to care about the planet!‹ Als eine der größten gemeinnützigen Stiftungen der Welt verfügt die Society über mehrere Medienkanäle, die sie zur Durchsetzung ihrer Ziele einsetzt. Neben dem weltberühmten Magazin sind da vor allem der National Geographic TV-Channel, die Filmproduktion, der Buch-Verlag und eine fantastische Website. Das Ganze ist so einzigartig und mit einem so tollen Ziel verbunden, dass mich das unglaublich angespornt hat.«

Diesen Ansporn verspürt Klaus Liedtke noch heute. Inzwischen ist er als Berater für die Society tätig. »Ein wesentlicher Teil der Society-Arbeit ist es, junge Wissenschaftler zu unterstützen, die das Potenzial haben, die Cracks von morgen zu werden. In den ersten achtzig Jahren profitierten vor allem Entdecker von der finanziellen Unterstützung. Die Entdeckung des Nordpols ist mit Geldern der Society finanziert worden, ebenso die Entdeckung der untergegangenen Titanic. Heute profitieren vor allem Archäologen, Anthropologen und Biologen von dem Geld der Stiftung. Biodiversität ist einer der großen Schwerpunkte.« Mittlerweile, so Liedtke stolz, sind über zehntausend Stipendien an Naturwissenschaftler vergeben worden. »Das ist bislang ausschließlich von Washington aus organisiert worden. Jetzt aber ist die Society dabei, auch einen europäischen Fonds zu gründen für europäische Wissenschaftler. Ich helfe mit, dieses Projekt voranzutreiben.« Die ausgewählten Forschungen sollen mit zwanzig- bis hunderttausend Euro finanziert werden. Wichtig dabei ist, dass es sich um Feldforschungen handelt und nicht um Laborprojekte.

Sein neues Engagement scheint Klaus Liedtke zu beflügeln. Wobei mir schleierhaft ist, wie er diese Aufgaben energisch bewältigt. Denn ganz nebenbei erfahre ich, dass er auch noch im Vorstand von Friends of CMS sitzt, eine Organisation unter dem Dach der UNEP[14], die sich um den Schutz wandernder, wildlebender Tierarten kümmert. Im Aufsichtsrat von Grid-Arendal, dem europäischen Informationszentrum von UNEP, ist er ebenfalls vertreten. Grid-Arendal erarbeitet, sammelt und verbreitet Informationen über die Bedrohung der Arktis und über andere

---

14 UNEP: United Nations Environment Programme (Umweltprogram der Vereinten Nationen)

wissenschaftliche Problemstellungen im Zusammenhang mit dem Klimawandel. Klaus Liedtke wurde damit beauftragt, das Informationszentrum kommunikationstechnisch neu zu strukturieren, und er versagt sich dieser Aufgabe nicht. Ebenso wenig wie er sich dem Kuratorium des WWF versagt oder den zahlreichen Anfragen, die an ihn als Referenten ergehen. In seinen Vorträgen spricht er vorzugsweise über die Versöhnung von Ökonomie und Ökologie, und er spricht gerne und leidenschaftlich darüber. Auch, wenn er weiß, dass die Menschheit nur »durch Schaden klug wird«, sieht er Licht am Ende des Tunnels: »Wenn ich mal hundert Jahre in die Zukunft schaue, bin ich optimistisch, dass wir die Kurve kriegen. Einfach, weil die Zeichen an der Wand immer deutlicher werden. Und auch die zunehmende Verfügbarkeit von Informationen wird helfen, gegenzusteuern. Es wird eine zweite große Welle des Umweltbewusstseins geben.«

Wie sagte schon Luther? »Und wenn ich wüsste, dass morgen die Welt untergeht, so würde ich doch heute noch ein Apfelbäumchen pflanzen.« Klaus Liedtke, so scheint es, hat schon eine ganze Plantage angelegt.

Das Gespräch wurde geführt am 25. Oktober 2011.

Klaus Liedtke, Jahrgang 1944, blickt auf eine außergewöhnliche journalistische Karriere zurück. Er war Kriegsreporter und White-House-Korrespondent, TV-Moderator und Buchautor, Herausgeber und Chefredakteur. Er hat die Großen dieser Welt interviewt, vom US-Präsidenten bis zum palästinensischen Revolutionsführer. Michail Gorbatschow hat ihn in seinem Buch *Perestroika* zitiert. Mehr als zwanzig Jahre lang war Liedtke für den *Stern* tätig, hat danach unter anderem das Lufthansa-Magazin entwickelt und war zuletzt Chefredakteur von *National Geographic*. Darüber hinaus gehörte er fast zehn Jahre lang dem Innovation Council von Gruner + Jahr an. Liedtke widmet sich verstärkt den Themen Umweltschutz, Nachhaltigkeit und der »Versöhnung von Ökonomie und Ökologie«. Er ist Kuratoriumsmitglied des WWF, Aufsichtsratsmitglied des europäischen UN-Umweltzentrums und Vorstand des Freundeskreises der UN-Konvention zum Schutz wandernder Tierarten. Klaus Liedtke wohnt in Hamburg.

LARS HAIDER
Ideologisches Engagement schadet nur

Lars Haider ist Nichtraucher. Lars Haider ist Vegetarier. Lars Haider tut alles, was aus seiner Sicht möglich ist, um sich und die Umwelt so gering wie möglich zu belasten. Lars Haider ist smart. Und wie viele andere aus der Generation der Babyboomer, die inzwischen die Schaltstellen der Macht erreicht haben, bewegt er sich mit großer Leichtigkeit durchs Leben, sein ökologischer Fußabdruck ist auf dem ausgelatschten Pfad menschlichen Fehlverhaltens kaum zu erkennen. Trotz seines ausgeprägten Bewusstseins ist er aber alles andere als ein Eiferer. Schon gar nicht in seinem Job. »Ideologisch geprägte Kampagnen funktionieren nicht«, sagt er, »sie dürfen auch nicht funktionieren.«

Dieser Satz klingt wie ein Dekret, mit dem sich der Chefredakteur Lars Haider jede kämpferische Attitüde untersagt. Er erinnert sich an die Situation vor zwanzig Jahren, als Nichtraucher im öffentlichen Raum aus Schall und Rauch noch durch die Hölle gingen. »Manchmal hätte ich am liebsten alle Raucher gefesselt und geknebelt«, sagt er schmunzelnd und lässt seine Blicke durch das mit Glaswänden unterteilte antiseptische *Abendblatt*-Redaktionsbüro schweifen. »Das wäre für mich am besten gewesen und für alle anderen Nichtraucher auch. Es wäre trotzdem falsch gewesen, denn schließlich hätte ich damit massiv in den Lebensbereich anderer Leute eingegriffen. Ich halte nichts davon, irgendein Problem dieser Welt mit Gewalt oder im Streit zu lösen.

Ich möchte mit Menschen sprechen, sie mit Argumenten und mit Fakten überzeugen. Ideologisches Engagement, ob im religiösen, im umweltpolitischen oder im wirtschaftlichen Bereich, schadet nur. Wer ideologisch argumentiert, will nicht sehen, was ist und was sein könnte, sondern was sein müsste. Ich war nie ein Bekehrer.«

Eigentlich wollte ich mit Lars Haider darüber reden, was wohl der Beitrag des *Hamburger Abendblatt* sein könnte, damit sich die Stadt, die sich im vergangenen Jahr mit dem prestigeträchtigen Titel einer ›European Green Capital‹ schmücken durfte, tatsächlich zu einer ökologisch ausgerichteten Metropole entwickelt. Mit Etikettenschwindel kommt man nicht weiter. Das hatte auch der Bund für Umwelt und Naturschutz Deutschland erkannt, der sich schon vor dem Startschuss Hamburgs zur Europäischen Umwelthauptstadt 2011 aus allen offiziellen Projekten zurückzog. Mit Recht, wie sich inzwischen herausgestellt hat. In keiner anderen deutschen Großstadt ist die Autoverkehrsdichte im Innenstadtbereich so hoch wie in Hamburg. Dennoch hat Hamburg kaum einen Cent in sein marodes Radwegenetz gesteckt. Der Bau der Stadtbahn wurde verworfen, ebenso die Errichtung einer Umweltzone in der City. Der geplante autofreie Tag? Vergessen! Selbst die versprochenen Landstromanschlüsse für Container- und Kreuzfahrtschiffe wurden nicht bereitgestellt. So stinken die Riesen im Hafen weiter zum Himmel, weil sie zur Stromversorgung an Bord ihre Maschinen laufen lassen müssen. Und demnächst geht an der Elbe Vattenfalls Kohlekraftwerk Moorburg in Betrieb.

Dabei könnte sich der konsequente Umbau zu einer Eco-City durchaus lohnen, wie das Beispiel der brasilianischen Millionenstadt Curitiba beweist. Eine verantwortungsvolle Politik, ein verantwortungsvolles örtliches Unternehmertum und eine verantwortungsvolle Presse haben im Verbund gewirkt und es möglich gemacht, und das bereits in den 1970er Jahren. Während andere Städte im Autoverkehr erstickten, stellte Curitiba den Straßenbau ein und errichtete auf den vorhandenen Hauptverkehrsadern ein effektives, hochmodernes Schnellbussystem. In den Favelas entstanden unter intensiver Mitwirkung der Bevölkerung Schulen, Kliniken, Tagesstätten, Parks, Märkte sowie Kultur- und Sporteinrichtungen. Das gesamte Stadtgebiet wurde mit kleinen, erschwinglichen Wohnanlagen durchsetzt. Die Pläne für die Flächennutzung waren der Öffentlichkeit zugänglich gemacht worden, sodass den Grundstücksspekulanten der Boden entzogen wurde. Heute ist Curitiba führend im Bereich des urbanen Recyclings, sein ökosoziales Schulsystem, das allen Kindern eine Bildungschance gibt, ist vorbildlich. Indem die Stadt ihre Ressourcen sparsam einsetzte, unterbrochene Kreisläufe wieder schloss und bei den Bauvorhaben mit der Natur und nicht gegen sie arbeitete, entstand unter den Bürgern ein völlig neues Lebensgefühl.

Lars Haider zeigt sich beeindruckt. »Ich persönlich kann in der Hamburger Innenstadt gut auf ein Auto verzichten«, sagt er, »aber daraus darf ich natürlich keine Agenda für die Zeitung ableiten. Wir Journalisten dürfen nicht versuchen, Stimmungen in der Leserschaft zu erzeugen, und, ehrlich gesagt, können wir es auch nicht. Ganz egal, wie mächtig eine Zeitung ist, sie kann eine Stimmung vielleicht befeuern oder abschwächen, aber sie kann sie nicht entstehen lassen. Selbst wenn wir es wollten, könnten wir zum Beispiel aktuell die Menschen nicht davon überzeugen, dass es sinnvoll ist, in der Innenstadt auf Autos zu verzichten. Und, wie gesagt: Es ist nicht unsere Aufgabe. Die Zeitung muss so sein wie die Region, in der sie erscheint und wie die Menschen, für die sie erscheint. Nicht umgekehrt.« Für Lars Haider ist das auch gut so. »Stellen Sie sich vor, es gäbe für diese Zeitung die Möglichkeit, eine Stimmung zu erzeugen – welche Macht der Chefredakteur dann hätte! Eine nicht legitimierte Macht.«

Die Tatsache, dass wir gesellschaftspolitische Probleme eher aufgeregt als sachlich diskutieren, sei natürlich auch Schuld der Medien, gesteht Haider. »Wie gehen wir denn mit den Dingen um, über die wir berichten? Wir neigen selbst im Lokalen zu Übertreibungen, dann wird aus einem Großfeuer im Hafen schnell ein Inferno. Wir müssen viel unaufgeregter werden. Einfaches Beispiel: die Eurokrise. Wie viele Schicksalstage des Euro wurden von den Medien bereits ausgerufen? Aber die Währung gibt es immer noch. Trotzdem spitzen wir das Thema immer weiter zu und befördern damit eine Negativstimmung, die niemandem nutzt. Hier aber liegt unsere große Verantwortung: Anstatt die Negativstimmung zu befeuern, sollten wir uns gerade bei schlechten Nachrichten und Katastrophen doppelt und dreifach zurücknehmen.« Journalisten neigten ja dazu, katastrophalen Ereignissen immer eine dramatische Krone aufsetzen zu wollen, während die ganz normalen Geschehnisse, die die Menschen auch stark betreffen, in ihnen nicht annähernd eine solche Leidenschaft auslösen würden. »Das trifft im besonderen Maße auch auf das Thema Ökologie zu. Ich sehe das wie Sie. Da kommen große Gefahren auf uns zu, das weiß man seit Jahren, so ähnlich wie bei der Rentengeschichte. Aber die Berichterstattung darüber richtet sich allein an den großen Katastrophen aus. Positive Initiativen oder Ereignisse werden kaum gewürdigt, und wenn es doch einmal passiert, wird dem nicht nachgegangen.«

Journalismus, so Haider, sei oft nicht nachhaltig genug. Deshalb plädiert er dafür, dass die vollmundigen Ankündigungen aus Politik und Wirtschaft nicht nur vermeldet werden, sondern dass die Redaktion ihnen nachgeht. Beim *Hamburger Abendblatt* machen sie das jetzt. »Wir haben seit kurzem ein neues Format: die Wiedervorlage. Bestimmte Texte bei uns werden mit diesem Stempel versehen, entweder offensiv in der Zeitung oder intern. Alle drei Monate gucken wir dann, was daraus geworden ist. Und glauben Sie mir: Es ist erstaunlich, wie wenig von vielen Versprechungen übrig bleibt.«

Ein weiteres Problem sieht Haider in der Gewichtung von Ereignissen. Als sich die Medien im vergangenen Jahr unisono über den Börsencrash echauffierten, war die Hungerkatastrophe in Afrika den meisten Zeitungen gerade eine Randnotiz wert. Damals bürstete das *Hamburger Abendblatt* mit der Schlagzeile »Hier die Börse, dort der Hunger – das Dilemma der Welt« bewusst gegen den Strich. »In den Wohlstandsländern setzen wir natürlich unsere eigenen Akzente«, sagt Haider, »aber gelegentlich muss man klarmachen, dass es eben noch eine ganz andere Sicht auf die Realitäten gibt.«

Da hätten wir doch schon ein Beispiel für eine legitime Einmischung abseits der Informationspflicht! Lars Haider stutzt einen Moment, dann sagt er: »Eine Zeitung darf den Menschen nie das Gefühl geben, die will uns beeinflussen. Nein, die Leser müssen denken, he, die wollen uns vor allem gut informieren. Was die drohende Ökokatastrophe betrifft, so kann unsere Aufgabe nur sein zu sagen: Das und das passiert, wenn wir uns so oder so verhalten. Also: keine Kassandrarufe, nüchtern erzählen. Das gilt auch für die Staatsschulden. Wir müssen klarmachen, dass unsere Kinder keine Gestaltungsräume mehr haben, wenn wir ihnen diese Hypothek hinterlassen. Das Problem bei der Ökokatastrophe ist, dass sie für uns alle nur gefühlt greifbar ist. Viele Leute sagen doch: Klimawandel? Das ist die größte Lüge aller Zeiten, die Sommer sind doch immer noch so schlecht wie früher. Die Menschen sind ja ohnehin der Meinung, dass die Medien zu Übertreibungen neigen.«

Dieser Meinung will Lars Haider unbedingt entgegenwirken. Ebenso wie dem Vorurteil, dass Zeitungen sich, was die Umweltberichterstattung angeht, hauptsächlich den katastrophalen Großereignissen zuwenden. »Wir sind gerne bereit, positive Aspekte im Umweltbereich aufzugreifen und zu verstärken. Beispiel Elektroautos. Beispiel Leihfahrräder der Bahn. Die werden extrem genutzt. In keiner Stadt so sehr wie in Hamburg. Der Hamburger Verkehrsverbund hatte im letzten Jahr so viele Fahrgäste wie nie zuvor, und wenn das so ist, beschäftigen wir uns auch damit. Ich glaube, dass es wichtig ist, immer wieder zu sagen: Guckt mal, so funktioniert es. Was ich unbedingt einmal machen möchte, ist eine große Geschichte über einen ganz normalen Einkauf. Sich bei jedem einzelnen Produkt zu fragen, wo kommt das eigentlich her? Was hat man denn da in seinem Einkaufswagen? Eine solche Geschichte führt zu den richtigen Fragen, ich glaube, so muss man es machen. Keine großen Visionen oder Vorschläge, sondern sich ausrichten an den Realitäten.«

Seitdem Lars Haider Chefredakteur des *Hamburger Abendblatt* ist, hat die Zeitung eine erstaunliche Wandlung vollzogen. Seine Philosophie ist so einfach wie einleuchtend: Die Hintergründe eines Problems oder Sachverhalts lassen sich am besten beleuchten, wenn man ihnen genügend Platz einräumt. Nur die ausführlich erzählten Geschichten, Geschichten, die nicht im Korsett des Layouts ersticken, garantieren, dass sich der Leser ein eigenes Urteil bilden kann. Und ein solches Urteil ist die Voraussetzung dafür, sich mit dem Berichteten kritisch auseinandersetzen zu können. Anstatt plakativ und marktschreierisch auf den Leser Einfluss zu nehmen, sollte sich eine Zeitung, so wie Haider sie versteht, Strukturen schaffen, innerhalb deren der Leser entspannt reisen kann, egal ob er eine Reportage, ein Porträt oder einen Bericht aus dem Bereich der Wissenschaft liest.

»Die Tageszeitung auf Papier muss sich in Richtung Magazin, zu einem Hintergrundmedium entwickeln. Auch deshalb bin ich ein Verfechter langer Texte. Es gibt im Journalismus eine seltsame Diskussion darüber, wie lang Texte sein dürfen. Es gibt eine nicht kleine Fraktion, die der Meinung ist, dass dem Leser lange Texte nicht zumutbar sind. Aber worum geht es denn bei einer Zeitung? Ums Lesen! Da kann man doch nicht allen Ernstes sagen, lass uns möglichst wenig Text machen! Das ist so, als würde man bei einem Schwimmbad möglichst wenig Wasser ins Becken lassen.« Man müsse die Politik der langen Texte aber auch durchhalten, so Haider. »Ich mache gerne eine Zeitung, die man am Morgen beim Frühstück nicht komplett schaffen kann und die so interessant ist, dass man sie abends noch einmal zur Hand nimmt. Und in der man sehr viel zu lesen hat, gern auch mal Texte über zwei Seiten.«

Alles, was Lars Haider gerade erzählt, hätte ich in den Redaktionen, in denen ich früher tätig war, nur allzu gerne vom Chefredakteur zu hören bekommen. Die Begründung für Haiders Denke ist einleuchtend: »Das Wettrennen um die Aktualität, um die schnelle Nachricht haben die Tageszeitungen im Internetzeitalter endgültig verloren. Am Morgen ist der Stand einer Nachricht doch häufig ein ganz anderer als am Abend zuvor beim Redaktionsschluss. Das war übrigens schon zu Radiozeiten so, da fiel das nur nicht so auf. Was ist es also, was uns bleibt? Gute, überraschende und lesenswerte Geschichten von guten Autoren. Man muss sich diese Autoren als Zeitung aber auch aufbauen. Mit Fünfzigzeilern baust du sie nicht auf. Wir werden künftig übrigens unter längeren Texten die Autoren mit einer Kurzvita vorstellen, das interessiert viele Leser und stärkt ihre Bindung ans Blatt. Die Leute gucken sehr intensiv danach, wer etwas geschrieben hat.«

Die meisten Themen seien inzwischen zudem zu kompliziert, um sie in fünfzig Zeilen zu erzählen, meint Haider. »Wie will man denn in aller Kürze eine Kernschmelze erklären? Das kann man machen in fünfzig Zeilen, aber das kommt dann so komprimiert daher, dass es niemand mehr versteht. Wir müssen die komplexen Zusammenhänge in eine begriffliche Sprache übersetzen. Das gilt für Porträts im besonderen Maße. Natürlich kann man einen Menschen auf achtzig Zeilen festnageln, das gleicht dann einer verlängerten Vita. Aber über das Wesen und den Charakter des Menschen erfährt man so nichts. Was also ist dem Leser wohl lieber?«

Natürlich hat Lars Haider Respekt davor, wenn es jemand versteht, schlüssig und kurz zu schreiben. Solche Leute braucht eine Redaktion, das ist hohes journalistisches Handwerk, betrifft aber eher Nachrichten. Für die anderen Bereiche gelten für den Chefredakteur Haider andere Kriterien. »Wenn ein Autor zu mir kommt und fragt, wie lang darf mein Text denn sein, antworte ich in der Regel, schreiben Sie die Geschichte auf, und wenn sie zu Ende ist, ist sie zu Ende. Bei jeder Längenvorgabe, egal ob es sich um achtzig oder achthundert Zeilen handelt, etablierst du beim Schreiber eine Schere im Kopf. Und das will ich nicht.«

In diesen Bereichen sei es die Aufgabe des Chefredakteurs, darauf zu achten, dass er seine Autoren pflegt und dass er genügend gute Autoren zur Verfügung hat. »Ein guter Chefredakteur nimmt sich zurück, kann delegieren und kümmert sich darum, dass seine Autoren stark sind. Gute Autoren sind sensible Wesen, aber wem sage ich das? Und deren gute Geschichten sind die Grundvoraussetzung dafür, dass die Leute gern lesen und Zeitungen kaufen. Das Entscheidende ist, dass die Leser so ein Konzept der langen Texte und klaren Schwerpunkte nicht mehr in Zweifel stellen.«

Er erzählt von einem Kongress, an dem er teilgenommen hatte. Thema: Die Zeitung der Zukunft. »Da ging es darum, wie man junge Leute zum Lesen kriegt. Die Vorschläge gingen alle in dieselbe Richtung: Wir müssen mehr Bilder machen, größere Bilder. Wir müssen mehr auf Grafiken setzen, wir müssen mehr Internet-Links anfügen, wir müssen mehr Info-Kästen und Zwischentitel einstreuen. Auf jeden Fall müssen die Texte kürzer werden. Darüber wurde zwei Tage diskutiert. Am Ende des letzten Tages tritt ein kleiner italienischer Journalist ans Mikrofon und sagt, er hätte noch mal eine Bemerkung. Harry Potter. Keine Internethinweise, keine Bilder, keine Grafik, tausendvierhundert Seiten. Liest ein Vierzehnjähriger in zwei Tagen. Und damit war dieser ganze Kongress hinfällig.« Lars Haider lacht. Er hat die Geschichte nicht zum ersten Mal erzählt, zu gut bestätigt sie seinen Standpunkt.

Am drauffolgenden Wochenende kaufe ich mir das *Hamburger Abendblatt*. »Umwelthauptstadt war gestern: Hochbahn stoppt Ökostrom«, lautet die Headline auf der Titelseite. »Strom aus heißer Luft« ist der ganzseitige Artikel im Wissensteil überschrieben, in dem erklärt wird, wie Aufwindkraftwerke funktionieren, die sich in der Testphase befinden und sowohl Sonnen- als auch Windkraft nutzen. Der Aufmacher im Wirtschaftsteil trägt den Titel »Biokorb kommt direkt ins Büro«, ein Bericht über das steigende Interesse an ökologisch produzierten Lebensmitteln. Zwei Seiten später findet sich die Reportage »Reeder verankert Windkraft auf See«. Im Ressort ›Auto&Motor‹ werden die neuesten Elektroautos vorgestellt.

Die Grundfarbe des *Hamburger Abendblatt* ist seit jeher Grün. Das gilt für den öffentlichen Auftritt, für die Werbung. Dass man sich dieser Farbe nun auch inhaltlich verpflichtet fühlt, weiß der Leser offensichtlich zu schätzen. Zumal die Zeitung unter ihrem neuen Chefredakteur an dem wesentlichen Punkt Kurs hält: »Das *Hamburger Abendblatt* muss immer auch eine Art Heimat sein, eine Art gedrucktes Lebensgefühl. In diesem Fall ein gedrucktes Hamburg. Das *Abendblatt* darf außerhalb der Region eigentlich nicht funktionieren, dann hätten wir etwas falsch gemacht.«

Haiders Bescheidenheit in Ehren, aber sein Konzept könnte durchaus auch außerhalb Hamburgs Schule machen.

Das Gespräch wurde geführt am 4. Januar 2012.

Lars Haider, Jahrgang 1969, studierte Geschichte und Politik an der Universität Hamburg. Danach ging er von 1996 bis 1998 an die Journalistenschule Axel Springer in Berlin, wo er unter anderem ein Volontariat in den Redaktionen von *Hamburger Abendblatt*, *Welt am Sonntag* und *RTL* absolvierte. Darüber hinaus machte er dort eine Zusatzausbildung zum Wirtschaftsredakteur. Von März 2006 bis Juni 2006 war er im Rahmen eines Executive-Trainee-Programms der Axel Springer AG in der Chefredaktion der *Welt* sowie beim *Kurier* (Wien) und der *Washington Post* tätig. Von Juni 2006 bis Mai 2007 war Haider leitender Redakteur der *Berliner Morgenpost*, und von Juni 2007 bis Januar 2009 stellvertretender Chefredakteur der Zeitung. Von Februar 2009 bis Juni 2011 war Haider in Bremen Chefredakteur der Tageszeitung *Weser Kurier*. Er veränderte das äußere Erscheinungsbild des *Weser Kuriers* und entwickelte ihn verstärkt zu einer Autorenzeitung. Seit dem 1. Juli 2011 ist Haider Chefredakteur des *Hamburger Abendblatt*. Er ist verheiratet und lebt in Hamburg.

MATHIAS BRÖCKERS
Ab in die Jauchegrube!

Es gibt zwei Begriffe, mit denen man heutzutage jeden ins Abseits stellen kann. Verschwörungstheoretiker ist der eine, Antisemit der andere. Mathias Bröckers hat diese Unterstellungen im Laufe seiner journalistischen Tätigkeit des Öfteren aushalten müssen. Nach dem Angriff auf das World Trade Center trafen ihn gar beide Anwürfe zugleich. Den Vogel schoss Henryk M. Broder ab, der ihn in seinem Blog zum »Mega-Schmock« der Woche kürte.

Was war geschehen? Am 13. September 2001, also zwei Tage nach dem Anschlag, stellte Bröckers im Online-Magazin *Telepolis* die Frage, wie es passieren konnte, dass drei Monate nach der aus Ägypten kommenden Warnung vor einem Großanschlag vier Flugzeuge gleichzeitig entführt und unentdeckt zu den Anschlagzielen gelangten: »Passagiere konnten aus den entführten Maschinen mit ihren Angehörigen telefonieren – aber Flugsicherung und Militär, deren weltweiten Schnüffelsystemen kein Furz eines indischen Reisbauers entgeht, haben nichts mitbekommen? Und das über ihrer eigenen Zentrale im Pentagon? Dieser Skandal wird merkwürdigerweise mit keiner Silbe thematisiert, während ein Dutzend jubelnder palästinensische Kids zur world wide news werden.«

Einen Tag später bezeichnete Broder ihn in einer Art Pawlow'schen Reflex als kranken Kopf, dem nicht zu helfen sei, nicht einmal mit dem Verweis, dass er im globalen Wettbewerb um die originellste Verschwörungstheorie weit vorne liege. Die Replik endete mit dem bemerkenswerten Satz: »Bröckers wird sich sicher bald mit weiteren Theorien wieder zu Wort melden. Es sei denn, dass er eines Tages in das falsche Flugzeug steigt und als Fettfleck an einer Hochhauswand endet.«

Mathias Bröckers reagiert auf diese Ungeheuerlichkeit, die im Netz immer noch nachzulesen ist, inzwischen mit buddhistischer Gelassenheit, indem er sich auf einen Satz seines verstorbenen Freundes Wolfgang Neuss beruft: »Wir müssen lernen, unsere Feinde an die Wand zu lieben!« Er sagt nicht, an die Hochhauswand zu lieben, so viel Respekt vor Neuss muss sein. Und da er das Glück hatte, nicht als Fettfleck zu enden, konnte er sich auch wieder zu Wort melden. Inzwischen hat er drei Bücher zum Thema geschrieben, allesamt mit großem Erfolg. Und wie schon in den Fällen zuvor, heftete ein Großteil der Medien ihm auch diesmal das Etikett des Verschwörungstheoretikers an, womit sämtliche Argumente auf klassische Weise ausgehebelt wurden. »Dabei habe ich gar keine Theorie«, sagt Bröckers, »ich stelle nur Fragen. Logische, nachvollziehbare Fragen, die sich aufgrund meiner Recherchen von alleine ergeben und von denen ich spätestens nach den eklatanten Ungereimtheiten des von der US-Regierung in Auftrag gegebenen und 2004 veröffentlichten »9/11 Commission Reports« angenommen hatte, dass sie natürlich auch in den Redaktionen der Mainstreammedien gestellt würden. Damals habe ich gedacht, das ist ja irre, die Kollegen vom *Stern* und vom *Spiegel*, die werden sich da jetzt draufstürzen, die können das ja, die verfügen über die entsprechenden Recherche-Budgets. Im Gegensatz zu denen war ich als One-Man-Army unterwegs, mit extrem bescheidenen Bordmitteln. Zudem hatte ich mich nie als investigativen Journalisten begriffen, ich komme aus dem Feuilleton, ich habe mich um Kultur gekümmert, habe Wissenschaftsjournalismus gemacht. Okay, mein erstes Modem hatte ich bereits 1984 installiert, ich hatte also noch einen kleinen Vorsprung vor dem Rest der Kollegen. Ich wusste recht früh, wie man im Netz recherchiert, wie man an Akten und Fakten gelangt.«

Inzwischen ist der Umgang mit dem Internet längst keine Geheimwissenschaft mehr, sondern übliche journalistische Praxis. An der Einschätzung und Behandlung des 11. September hat sich dennoch nichts geändert. »Auf die von uns präsentierten Fakten, Argumente und Belege wird weiter nicht eingegangen«, beklagt Bröckers. »Allein unser Ansinnen, an der sakrosankten Standardversion des 11. 9. zu rütteln, die Vor- und die Nachgeschichte dieser furchtbaren Anschläge auf teils verschwiegene, teils schreiende Widersprüche hin abzuklopfen, reicht offensichtlich schon aus, einen blinden Abwehrzauber zu provozieren.«

Das sah auch Karin Beindorff so. Im Deutschlandfunk stellte sie fest: »Bröckers lautstärkste und ausfälligste Kritiker sind nun ausgerechnet die, die sich besonders gerne etwas auf ihre investigative Arbeit zugutehalten, allen voran der *Spiegel*, das einst so kritische Fernsehmagazin *Panorama* und der Enthüllungsguru Hans Leyendecker von der *Süddeutschen Zeitung*. Sie, und fast alle anderen auch, haben seit dem 11. September in seltsamer Übereinstimmung die amtliche Verschwörungstheorie vom Drahtzieher Osama bin Laden weitgehend ungeprüft kolportiert und sind den tatsächlichen Ungereimtheiten nicht mit der in anderen Fällen an den Tag gelegten Verve nachgegangen. Es scheint, als fühle man sich in diesen Redaktionsstuben von Bröckers auf den Schlips getreten, weil bei der Missachtung journalistischer Grundregeln ertappt.« Und auch die honorige *Neue Zürcher Zeitung*, die mit Bröckers ersten Buch *Verschwörungen, Verschwörungstheorien und die Geheimnisse des 11.9.* sachlich-kritisch ins Gericht ging, sah sich immerhin bemüßigt, sich und dem Rest der Medienwelt Folgendes ins Pflichtenheft zu schreiben: »Der 11. September 2001 ist auch ein GAU für die Glaubwürdigkeit der Medien. Die rasende Konfusion, die sich zurzeit in allen möglichen Teilöffentlichkeiten ausbreitet, ist wohl nicht mehr durch simples Totschweigen und Ignorieren zu stoppen, sondern nur durch die publizistische Anstrengung, mit den Mitteln professioneller Publizistik die Spuren der Wirklichkeit zu verfolgen.«

Doch warum recherchieren und argumentieren, wenn man

diffamieren kann? Seit den Terroranschlägen von New York habe der Begriff von der Verschwörungstheorie eine erstaunliche Karriere gemacht, sagt Bröckers. Vom neutralen Ausdruck zum Schimpfwort. Vom deskriptiven Begriff für eine auf Indizien und Spuren beruhenden Hypothesenbildung zur diskriminierenden Diskurskeule. Vom analytischen Werkzeug zum Tabu. Was ist mit den Medien los, wenn es um die Klärung eines Falles geht, dessen Auswirkungen in den Demokratien der sogenannten freien Welt noch gar nicht abzusehen sind? Der wie kein anderer die Angst in den Gesellschaftskörper implantiert hat. Die Angst vor dem internationalen Terrorismus, der wir sukzessive und beständig unsere Freiheiten opfern, was den Medien, die sich doch gerne als demokratisches Kontrollorgan verstehen, eigentlich übel aufstoßen müsste.

Dass sich die Mainstream-Medien an dieser Stelle ihrer Aufgabe verweigern, empfindet Mathias Bröckers als Skandal. Zwar sei dieser noch weitgehend unerkannt, aber beileibe nicht unerklärlich. »Das hat mit der Eigentümerschaft und der privatwirtschaftlichen Organisation der großen Medienhäuser zu tun, die auf Gedeih und Verderb von ihren Anzeigenkunden abhängig sind. Die Anzeigen werden von großen Konzernen geschaltet, die sich zunehmend monopolisieren. So wird ein Großteil der Medien in den Vereinigten Staaten von branchenfremden Konzernen beherrscht. NBC, der zweitgrößte TV-Sender der USA, gehört General Electric, dem zweitgrößten Rüstungskonzern. Dass da keine Friedenspropaganda über den Sender läuft, ist aus geschäftlichen Gründen nachvollziehbar. Auch bei uns sind viele Mainstream-Medien in der Hand weniger großer Konzerne wie Bertelsmann und Springer konzentriert. Die machen natürlich nur Nachrichten, die systemkompatibel sind. Das Ökothema, das Finanzthema und auch 9/11 sind Themen, die an die radix, an die Wurzel, des Systems gehen. Wer da tiefer bohrt, läuft schnell Gefahr, das ganze System in Frage stellen zu müssen. Aber man sägt nicht ungestraft an den Grundfesten, das lassen diejenigen, die die Medien kontrollieren, nicht zu. Medienfreiheit, Pressefreiheit, all das, was immer so hochgejubelt wird, existiert nur insofern, dass selbst ein Mensch wie ich, der eine völlig andere Sichtweise der Dinge hat, vielleicht mal die Chance hat, mit einem neuen Buch in einer Sendung kurz vorgestellt zu werden. Ich kann da kurz auftauchen mit meinen Thesen. Der Typ hat ordentlich recherchiert, seine Quellen offengelegt und festgestellt, dass es noch ganz viele Ungereimtheiten gibt im Falle 9/11. Das darf ein Journalist einmal sagen hier, aber dann nie wieder.«

Die Durchschlagskraft einer Information oder Nachricht, so Bröckers, sei gleich null, wenn sie nur einmal gesendet wird. Sie sei elusiv, sie tauche nur einmal auf und dauerhaft wieder unter. »Wirksam wird nur, was in die Wiederholungsschleife gerät, was über dpa, AP, AFP verbreitet wird und was den Filter des Chefs vom Dienst einer Nachrichtensendung passiert. Dann hörst du es hundertmal hintereinander, und dann hast du es drin. So haben sie uns den bin Laden eingeimpft unmittelbar nach dem Anschlag. Da war schon klar, wer der Drahtzieher war. Die Kontrolle bei den Wiederholungsschleifen ist sehr stark. Da kommst du nur rein, wenn du mit deiner Information oder deinem Kommentar dem entsprichst, was dem Besitzer des Programms oder, wie in den USA, dem militärisch-industriellen Komplex gefällt.«

In seinem Buch zum zehnten Jahrestag von 9/11 hat Bröckers die Widersprüche und Unklarheiten aufgezählt, die rund um die Terroranschläge auf das World Trade Center und das Pentagon nach wie vor bestehen. Nicht mehr und nicht weniger. Dieter Deiseroth, seit 2001 Richter am Bundesverwaltungsgericht, äußerte sich 2009 dem Online-Magazin *Telepolis* gegenüber in einem Interview mit dem Titel »Das schreit geradezu nach Aufklärung« folgendermaßen: »Bis heute hat keine unabhängige Stelle, kein unabhängiges Gericht die zur Verfügung stehenden angeblichen oder tatsächlichen Beweise überprüft und nachprüfbar in einem rechtsstaatlichen Anforderungen genügenden Verfahren festgestellt, wer für die Anschläge verantwortlich war. Es sollte deshalb in jedem Falle schleunigst auf strikt rechtsstaatlicher Basis überprüft werden, ob die offizielle Verschwörungsversion, wie sie seit acht Jahren gegenüber der Öffentlichkeit als Wahrheit ausgegeben wird, auch tatsächlich der Wahrheit entspricht.«

»Jedes einzelne unserer 38 Kapitel aus dem Buch würde in einem ordentlichen Strafverfahren, wenn es beispielsweise um irgendeinen Mordfall ginge, sofort zu einer Wiederaufnahme führen«, sagt Bröckers. »Jeder Richter würde sagen, hier sind ja Dinge genannt, die wurden in dem Abschlussbericht überhaupt nicht gewürdigt, da müssen wir aber genauer hingucken, da müssen wir aber noch den einen oder anderen Zeugen hören. Das Verbrechen ist nicht rechtmäßig aufgeklärt, das behaupte ich seit zehn Jahren über 9/11. Eine solche Behauptung ist nicht systemkompatibel. Denn was bedeutet das? Dass unsere Geheimdienste das selber machen? Aber so etwas muss man sich vorstellen können!«

Eigentlich müssten sich die Medien auf einen solchen Fall stürzen, dubiose Politskandale sind ihre Nahrung. Bröckers schüttelt den Kopf. »Das findet heute alles auf einer sehr viel banaleren Ebene statt. Das Geschrei um den Privatkredit des Bundespräsidenten ist ein gutes Beispiel. Die eigentlichen Probleme wie unser Zins- und Zinseszinssystem, das zwangsläufig zum Crash führt, wird kaum ernsthaft angegangen. Da gibt es ein Dutzend Leute wie Dirk Müller, die schreien sich die Seele aus dem Leib, aber es passiert nichts, was auf eine ernsthafte Auseinandersetzung schließen lässt. Allerdings hat sich das Geldthema verselbstständigt, daran kommen wir bald nicht mehr vorbei. Und wir werden auf lange Sicht auch nicht an 9/11 vorbeikommen. Das wird allerdings erst passieren, wenn alle Beteiligten längst unter der Erde liegen. George Bush hat ja die Akten, die eigentlich nach 25 Jahren freigegeben werden müssen, um weitere 25 Jahre als Geheimsache deklariert und unter Verschluss gestellt. Das ist ein offensichtliches und plumpes Verschleiern, und keiner fragt nach.«

Warum ist das so? Warum ist das Bedürfnis der Menschen nach Verdrängung so enorm ausgeprägt? Man könnte noch tausend Beweise drauflegen, meint Bröckers, an dem Phänomen der

Verdrängung würde es nichts ändern.«Ich glaube, das hat mit der Psyche des Menschen zu tun. Wie häufig höre ich, wenn ich mit Kollegen aus anderen Redaktionen abends beim Bier sitze, Mensch Bröckers, ich glaube ja schon, dass vieles richtig ist von dem, was du schreibst. Sie kommen aber trotzdem nicht über den psychologischen Zaun. Wenn sie die Fragen nämlich annehmen würden, müssten sie ja aktiv werden. Und was jemanden passieren kann, der tatsächlich aktiv wird, konnten wir ja jüngst am Beispiel des Kollegen Ken Jebsen erleben.«

Ken Jebsen ist Moderator beim Radio Berlin-Brandenburg. Vom 28. April 2001 bis zum 23. November 2011 moderierte und produzierte er die von ihm konzipierte Radioshow *KenFM*. Dann wurde ihm mitten in der Sendung das Mikrofon abgedreht. Grund war eine Mail von Henryk M. Broder an das Programmmanegement des RBB, in der Jebsen des Antisemitismus bezichtigt wurde. Wenige Tage später hob Programmdirektorin Claudia Nothelle den Beschluss wieder auf, Ken Jebsen durfte wieder senden – für kurze Zeit –, dann wurde sein Vertrag endgültig gekündigt. Mit der Begründung, er hätte sich nicht an Absprachen gehalten, weniger politische Themen ins Programm zu nehmen und diese redaktionell abzustimmen. Dagegen ist der Moderator jetzt vor das Arbeitsgericht gezogen. Was genau hatte den Eklat ausgelöst? Hier einige Zitate aus der Sendung *Zehn Jahre Terrorlüge 9/11*:

»Es gibt ein ganzes Telefonbuch von Merkwürdigkeiten bezüglich des 11. Septembers, aber die dazu bestehenden Fragen werden nicht gestellt. Jedenfalls nicht in und von der Öffentlichkeit, nicht von der Presse. Dabei könnte sie jeder stellen. Denn sie ergeben sich aus dem über 600 Seiten starken Abschlussbericht zum 11. September, veröffentlicht im Jahre 2004 im Auftrag der US-Regierung. Klassischer Journalismus, nämlich bei suspekten Geschehnissen mit Fragen so lange nachzubohren, bis Antworten folgen, die nicht an Märchenstunden erinnern, klassischer Journalismus ist nach dem 11. September irgendwie keinen Pfifferling mehr wert. Ausgerechnet in einer Gesellschaft, die Meinungsfreiheit als wesentlich für die Demokratie versteht, lässt man Meinungsfreiheit zu gewissen Themen nicht mehr zu. Der 11. September ist so ein Thema, ein Tabuthema. Wer nicht dankbar aufnimmt, was ihm die Medien weltweit vor die Füße werfen, der ist ab sofort ein Verschwörungstheoretiker. Und ja, es gibt zum 11. September zahlreiche Verschwörungstheorien, die bekannteste ist die offizielle Version, denn wesentliche Fragen zum Hergang, zur Finanzierung, zur Logistik, zur Planung und zu den Tätern und zum Kopf der ganzen Operation, Osama bin Laden, können nicht wirklich beantwortet werden. Wir alle sind die Hinterbliebenen des 11. September, denn das Recht bleibt auf der Strecke. Wer die Freiheit aufgibt, um mehr Sicherheit zu bekommen, wird am Ende beides verlieren. Diesen Satz von Benjamin Franklin, einem der Gründerväter der USA, sollte man unseren Volksvertretern auf die Stirn tätowieren, damit sie sich ihn gegenseitig vorlesen können.«

»Das war das großartigste Radiostück, was zum zehnten Jahrestag von 9/11 gelaufen ist«, sagt Bröckers. »Aber noch einmal zurück zu unseren geschätzten Kollegen, die in den Hierarchien der Redaktionen gefangen sind. Wer noch etwas jünger ist und auch noch aufsteigen will, hat überhaupt kein Interesse an solchen Auseinandersetzungen. Ich sehe das doch selbst bei der *taz*. Die jungen Leute, die von den Journalistenschulen kommen, die können zwar alle Vorspänne schreiben und auch eine Überschrift hinkriegen, aber dass die jetzt brennen für irgendetwas und auch bereit sind, sich gegen die Mehrheitsmeinung in einer Konferenz auszusprechen, das erlebe ich nicht. Da brauchst du Standing, da brauchst du Kraft, da brauchst du Mut. Und es behindert dich in aller Regel bei deinem glatten Aufstieg. Dann gehst du den Weg des geringsten Widerstands. Das ist menschlich, ich mache niemand persönlich einen Vorwurf daraus. Aber generell muss man natürlich einen riesigen Vorwurf machen, denn das ist nicht das, was die Medien als vierte Säule der Demokratie hier zu tun haben. Sie haben ihre verfassungsgemäße Unabhängigkeit ja gerade deswegen, weil sie das tun sollen, was ich beispielsweise gemacht habe bei 9/11, nämlich die Regierungsverlautbarungen kritisch zu hinterfragen. Ich habe sehr viel fürs Radio gearbeitet, Deutschlandfunk, Radio Bremen etc. Ich nenne jetzt keinen Namen und auch keinen Sender, aber ich habe von einem Redakteur, für den ich seit Jahren tätig war, gehört, Bröckers, du kannst zu jedem Thema hier senden, aber nicht zu 9/11. Das hat er nicht gesagt, weil ihm die Intendanz eine Invektive gegeben hätte, sondern aus sich heraus, obwohl wir gut befreundet sind. Weil er genau gewusst hat, wenn ich den hier 'ne halbe Stunde reden lasse, dann kriege ich einen Riesenärger.«

Mathias Bröckers hatte sich bereits vor zwanzig Jahren gegen eine Karriere bei den Mainstream-Medien entschieden. Er hat lieber die *taz* mit aufgebaut und dort von 1980 bis 1990 das Feuilleton geleitet. »Insofern finde ich es jetzt nicht besonders mutig, gegen den Strich zu denken, sondern eigentlich selbstverständlich«, sagt er. »Aber nach meinen ersten Artikeln zum 11. September 2001 musste ich erleben, dass sich selbst die *taz* merkwürdig bedeckt hielt. Ich hab dann nicht weiter insistiert, obwohl ich dort so etwas wie einen Veteranenstatus besaß.« Musste er auch nicht, denn mit Florian Rötzer eilte ihm ein couragierter Kollege zu Hilfe. Rötzer ist Chefredakteur des Online-Magazins *Telepolis*, das dem Heise Zeitschriften Verlag gehört, in dem unter anderem die größte deutsche Computerzeitschrift *c't* erscheint. »Florian Rötzer hat den Heise-Leuten ein Budget für ein Feuilleton-Format im Netz abgerungen. Viele Meinungen, viele Blickwinkel. Jeden Tag etwa fünf bis zehn Texte. *Telepolis* war die einzige Stimme, die gegen diesen Chor, der eigentlich nur die Presseerklärungen des Weißen Hauses nachgesungen hat, kritisch angearbeitet hat. Bei *Telepolis* war ich genau richtig, die Artikel hatten irrsinnige Zugriffe, pro Text bis zu 1,8 Millionen. So viele Leute hätte ich bei der *taz* oder in anderen Printmedien nie erreicht.«

Mittlerweile ist die Bröckers-Serie auf *Telepolis* legendär. Bis zum Februar 2002 schrieb er 65 Folgen. Aus diesem Material ist dann sein erstes 9/11-Buch entstanden, in dem Fragen gestellt wurden, die man woanders nicht lesen konnte. So wurde damals beipielsweise bekannt, dass man im Flughafen von Boston einen Koffer des Attentäters Mohammed Atta gefunden hatte, den dieser dort angeblich vergessen hatte aufzugeben. In dem Koffer fand man unter anderem das Testament Attas. Bröckers fragt nun mit Recht, wieso jemand sein Testament mit in ein Flugzeug nehmen sollte, das er zum Absturz bringen will. »Das ist doch absurd, aber in unseren Medien wurde das nicht hinterfragt. Die hatten von Anfang an die Schere im Kopf.«

Wie gut die freiwillige Selbstkontrolle in den Köpfen der Menschen funktioniert, erlebte Mathias Bröckers im Dezember 2001 während eines Besuches bei seiner Mutter. Sie saßen gemeinsam vor dem Fernseher. »Wir guckten uns die *Tagesschau* an, und da wurde gerade Tora Bora bombardiert.« Die Schlacht um die afghanische Bergfestung Tora Bora war eine militärische Auseinandersetzung zwischen einer von US-Streitkräften geführten Koalition und der al-Qaida, die von den radikal-islamischen Taliban unterstützt wurde. »Da sage ich beiläufig, Tora Bora hat die CIA gebaut. Dann fragt sie, was ist mit den Taliban? Da sage ich, die Amis wollen da eine Pipeline bauen und die Taliban verlangen zu viel Geld für die Pipeline, deshalb müssen sie jetzt weg. Und da sagt meine Mutter, hör mal Mathias, stimmt das, was du mir hier erzählst? Und ich antwortete, dass das mindestens so wahr ist wie das, was sie in der *Tagesschau* erzählen. Und sie meinte dann: ›Ach, dann hör mal auf damit, das wird mir zu kompliziert, da halte ich mich lieber an das, was sie in der *Tagesschau* erzählen.‹ Das geht ganz vielen Leuten so. Wenn man sich fragt, ob es denkbar ist, dass die US-Regierung in Afghanistan nicht einen Krieg für Menschenrechte und gegen den Terrorismus führt, sondern dass es da auch noch um Geschäfte geht, um Einfluss und um Öl etc., dann schalten die meisten Menschen lieber ab. Wir denken eben gern in einfachen Schubläden, Schwarz–Weiß, Gut–Böse. Ich verstehe das. Aber es macht die Aufklärungsarbeit natürlich umso schwieriger, weil die kritische Masse so schwer zu mobilisieren ist.«

Inzwischen, und das stimmt Mathias Bröckers dann doch ein wenig zuversichtlich, widmen sich abseits der Medien ganz andere dieser Aufgabe. Die Occupy-Aktivisten zum Beispiel, die im Netz eine weltweite Gefolgschaft gefunden haben. »Die knöpfen sich die Richtigen vor«, sagt Bröckers, »die Koch Brothers zum Beispiel, die nicht nur die reaktionäre Tea-Party finanzieren, sondern auch eine Reihe rechter Think Tanks, die sich vor allem durch ihre Antiökologie-Propaganda hervortun.« Der Mischkonzern Koch Industries mit Sitz in Wichita, Kansas, ist an Pipelines und Raffinerien, an der Düngemittel- und Faserindustrie sowie an Asphalt- und Nahrungsmittelfirmen beteiligt. Fast 50 Millionen Dollar hat Koch Industries zwischen 1997 und 2008 an ›Americans for Prosperity‹ und weitere Organisationen gespendet, die den Klimawandel leugnen. Auch Firmen wie ExxonMobil geben einem 2010 veröffentlichten Bericht von Greenpeace zufolge Millionen Dollar dafür aus, die Glaubwürdigkeit von Wissenschaftlern anzuzweifeln, die vor einem Klimakollaps warnen.

Alles Verschwörungstheorien oder was? Mathias Bröckers schüttelt energisch den Kopf. »Reale Verschwörungen kommen alltäglich vor«, sagt er. »Aber auch fiktive Theorien über vermeintliche Übeltäter und Volksfeinde werden seit jeher und immer wieder zur Mobilmachung benutzt. Und oft wird dann der Theorie – den Worten und Bildern der Propaganda – praktisch nachgeholfen, mit Inszenierungen unter falscher Flagge. Vom deutschen Sender Gleiwitz, den Nazis in polnischen Uniformen selbst überfielen, um den Angriff auf Polen zu begründen, über den Golf-von-Tonkin-Zwischenfall, den die Amerikaner zur Bombardierung Nordvietnams erfanden, bis zu den Terrorbomben im Italien der 1970er, die Kommunisten angelastet wurden, aber von Rechtsradikalen und Geheimdiensten stammten. Verschwörungstheoretisches Denken im politischen Bereich zum Tabu zu erklären ist eine gefährliche Naivität.«

Für einen Großteil der Medien muss nach wie vor das Watergate-Feigenblatt herhalten, wenn es darum geht, das eigene Selbstverständnis zu definieren. Dabei zeigt sich die Unterhaltungsindustrie längst viel mutiger. Von Oliver Stones *JFK* bis hin zu Curtis Hansons *Too Big to Fail* sind eine Reihe sehr erfolgreicher Filme erschienen, die sowohl den Überwachungsstaat als auch die Terrorismusgefahr oder die Finanzkrise kritisch hinterfragen. Diese Filme arbeiten zwar alle nach den klassischen dramaturgischen Gesetzen Hollywoods, sie sparen aber kein Thema aus.

»Es ist bedauerlich und beschämend, dass sich das Gros der schreibenden und sendenden Kollegen so unumwunden und hemmungslos gleichschalten lässt«, sagt Mathias Bröckers. »Um der Wahrheit willen darf sich niemand zu schade sein, auch in der Jauchegrube zu suchen. Ich bin in Sachen World Trade Center da nur als Erster runtergeklettert, es werden aber noch viele folgen, da bin ich mir ziemlich sicher.«

Das Gespräch wurde geführt am 15. Dezember 2011.

Mathias Bröckers, Jahrgang 1954, studierte Literatur- und Politikwissenschaft an der FU Berlin. 1980 schrieb er erste Artikel für das Satire-Magazin *Titanic* sowie für die *taz*, bei der er eine Festanstellung als Kulturredakteur bekam. Zu der Zeit begann auch seine Freundschaft zu dem Kabarettisten Wolfgang Neuss. 1986 startete Bröckers seine wöchentliche Kolumne in der *taz*, die bis zum Jahre 1997 erschien. Recherchen zum Thema Hanf mündeten in einer langen Reportage über »Hanfdampf und seine Kriegsgewinnler« in der Zeitschrift *Transatlantik*. 1989 gab er eine 800-seitige Dokumentation über zehn Jahre *tageszeitung* heraus: *Die taz – das Buch*. 1991 trat Bröckers bei der *taz* aus. Zum Abschluss etablierte er die letzte Seite, »Die Wahrheit«.

Anschließend arbeitete er für den SFB, vor allem zu naturwissenschaftlichen Themen. Er war Autor der Zeitung *Die Woche* und schrieb eine monatliche Kolumne für das *Zeit-Magazin*. 1994 gründete er die HanfHaus GmbH, die 15 angeschlossene Läden mit Produkten aus dem Rohstoff

Hanf belieferte. Mathias Bröckers, der heute wieder für die *taz* arbeitet, ist auch als Buchautor erfolgreich. Zuletzt erschien: *11.9. – Zehn Jahre danach. Der Einsturz eines Lügengebäudes*. Mathias Bröckers lebt in Berlin.

HANS-ULRICH JÖRGES
Über uns schwebt ein riesiger Hammer

Krise [griech. krísis ›Entscheidung‹, ›entscheidende Wendung‹], allg.: schwierige, gefährl. Lage, Zeit (in der es um eine Entscheidung geht). Brockhaus Enzyklopädie

Hans-Ulrich Jörges setzt auf sie, sie ist sozusagen seine letzte Hoffnung. Aber wer seinen Optimismus daran festmacht, dass es die Krise schon richten wird, hätte im Augenblick eher Grund zur Verzweiflung. Zumal kaum ein Journalist das gegenwärtige Dilemma schonungsloser benennt als dieser Mann, zumindest was die ausgeuferte Finanzindustrie betrifft. Ihr widmet er seit Jahren seine volle Aufmerksamkeit, und er wird nicht müde, darauf hinzuweisen, dass der Casino-Kapitalismus heutiger Prägung an den Grundfesten unserer Demokratie rüttelt. Dass zur selben Zeit die Natursysteme im Zuge einer ausschließlich auf Gewinnmaximierung programmierten Weltwirtschaft aus den Fugen geraten, ist ihm durchaus bewusst. Aber die Bedrohung durch die anonymen Mächte der Finanzindustrie, so Jörges, sei eben das aktuellere, das brennendere, das vordergründige Problem, gegen das es nun einen Notwehrprozess in Gang zu setzen gelte, damit wir überhaupt noch Einflussmöglichkeiten auf andere Prozesse haben.

Die italienische Wirtschaftswissenschaftlerin Loretta Napoleonie sprach vor kurzem angesichts der vermeintlichen Weltenlenker von »Zuhältern der Globalisierung«. Gemeint war die kleine Kaste der machtvollen Finanzmogule, die mit ihren begrenzten Interessen gar nicht in der Lage sind, eine nachhaltige Zukunft zu garantieren. Wenn also Hans-Ulrich Jörges in seiner *Stern*-Kolumne »Ein Hurra auf die Krise!« von einer Ära der Gier, der Verantwortungslosigkeit, der entfesselten Marktkräfte und des Terrors der Rendite spricht, wirft das natürlich die Frage auf, ob gegen diejenigen, die unser aller Zukunft verspekulieren, überhaupt ein Kraut gewachsen ist.

Jörges ist da guter Dinge: »Mein Verstand sagt mir, dass Zustände, die als unerträglich wahrgenommen werden, nicht so bleiben, sondern dass sie verändert werden. Ich sehe, dass in allen Bereichen der Gesellschaft eine starke Nachdenklichkeit eingezogen ist, selbst bei denjenigen, die auf den Finanzmärkten Milliardenbeträge verdient haben.« Sein Optimismus gründet allerdings nicht auf der Erkenntnis, dass die Hasardeure der Finanzindustrie zur Einsicht gekommen wären, er speist sich aus der Tatsache, dass die Gier-Gauner ratlos geworden sind unter der Zirkuskuppel. »Die Finanzindustrie beherrscht ihre eigenen Märkte nicht mehr«, sagt er, »das Ungeheuer, dass sie geschaffen hat, frisst sie nun selber auf – nicht alle, aber viele und auch die Großen. Es gab unter den Spekulanten bis vor kurzem eine Art Goldgräberstimmung. Wer nicht ganz doof war, hat gewonnen. Inzwischen verlieren selbst die Intelligenten. Das sind erstaunliche Entwicklungen. Das System, so wie es sich entwickelt hat, ist nicht mehr funktionsfähig. Bei der Finanzkrise geht es ja in Wahrheit um die Frage, wer die Welt beherrscht, ob Politik und Demokratie überleben. Oder ob uns die Demokratie aus der Hand genommen wird und wir von Mächten manipuliert werden, auf die wir keinen Einfluss mehr haben. Mein Eindruck ist, dass die Politik das erkannt hat und mit großen Mühen und unter enormen Geburtswehen dabei ist, die Vorherrschaft zurückzuerobern.«

Er erzählt von einer Begegnung mit dem Sparkassenpräsidenten Heinrich Haasis, einem konservativen CDU-Mann, der, als die Sprache auf die Finanzmärkte kam, nicht anders geredet habe als ein Mitglied von Attac[15]. »Was sich in der Finanzindustrie abspielt, zersetzt die Werte einer bürgerlichen Gesellschaft, die so ein Mann natürlich inhaliert hat, das ist seine Lebenssubstanz«, sagt Jörges. »Mit Substanz der bürgerlichen Gesellschaft meine ich den Mittelstand, diejenigen, die etwas zurückzulegen haben, die das verdiente Vermögen anlegen, die sich ihre Altersversorgung selbst schaffen müssen. Mit denen wird doch Schlitten gefahren an den Aktienmärkten. Wer dem alten Wertesystem verbunden ist, braucht Berechenbarkeit, Stabilität und Nachhaltigkeit. Aber das gilt alles nicht mehr. In den Hochfrequenzhandelssystemen der Finanzindustrie ist nur die Bewegung interessant, egal ob sie nach oben oder unten zeigt. Dies ist ein Stoß ins Herz der bürgerlichen Gesellschaft. Die Finanzmärkte haben dafür gesorgt, dass die Einkommensunterschiede dramatisch gestiegen sind, dass die Schulden, die künftige Generationen zu schultern haben, dramatisch gestiegen sind, dass wir von anonymen Kräften beherrscht werden, die wir nicht kennen, dass wir, nachdem die Banken an Bedeutung verloren haben, Hedgefonds ausgeliefert sind, die so gut wie gar nicht kontrolliert werden, und dass wir eine Politik erleben, die die Prozesse nicht beherrscht, sondern ihnen unterliegt.«

Fast genüsslich reiht Jörges eine Schlappe der Großspekulanten an die nächste, als müsse er sich daran erinnern, dass er trotz oder gerade wegen dieser Krise optimistisch gestimmt ist. So sei in den USA gerade die große New Yorker Brokerfirma MF Global bankrottgegangen, die sich an europäischen Staatsanleihen verhoben hat. Der Hedgefonds-Manager John Paulson, der an der amerikanischen Immobilenkrise 2008 mal eben 20 Milliarden Dollar verdient hatte, habe in diesem Jahr einen Verlust von

---

15 Attac: association pour la taxation des transactions financiers et pur l'action citoyenne (Vereinigung zur Besteuerung von Finanztransaktionen im Interesse der Bürder und Bürgerinnen), eine globalisierungskritische Nichtregierungsorganisation

8 Milliarden Dollar hinnehmen müssen. Sämtliche Investmentbanker in London, New York und auch hierzulande machten inzwischen schlechte Geschäfte. Tausende von Investmentbankern würden entlassen. Die Hedgefonds hätten erheblich an Wert verloren, obwohl die Instrumente der Finanzindustrie eigentlich darauf ausgerichtet sind, sowohl an steigenden als auch an fallenden Kursen zu verdienen.

»Selbst ein Mann wie Josef Ackermann beklagt das enttäuschende Investmentgeschäft. Er hat begriffen, dass die angestrebte Eigenkapitalrendite von fünfundzwanzig Prozent nicht mehr zu holen ist, nicht nur in diesem Jahr, ich glaube überhaupt nicht mehr. Es gibt in den Vorständen der großen Banken seit langem eine Opposition gegen das, was sich im Investmentbanking abspielt. Diese Opposition ist stärker geworden, diese Opposition wird bestätigt. Die Deutsche Bank hat ja etwas ganz Erstaunliches getan: Sie hat ›Proletenbanken‹ gekauft – die Norisbank, die Postbank –, die von normalen kleinen Leuten leben, aber viele Kunden haben. Die Deutsche Bank war auf einmal interessiert, weil sie begriff, dass man sich vom Investmentbanking einseitig abhängig gemacht hatte.«

Hans-Ulrich Jörges spricht in Bezug auf das Finanzdesaster und die Umweltprobleme von einer vordergründigen und einer hintergründigen Krise. Die Finanzkrise stehe deshalb im Vordergrund, weil sie uns aktuell auf den Nägeln brenne. Natürlich sei der Raubbau an der Natur das existenziellere Problem. »Da sind Prozesse im Gange, die nicht mehr zu stoppen sind. Aber die Finanzkrise alarmiert mich insofern mehr, weil es hier um die Frage geht, ob wir überhaupt noch in der Lage sind, die Umstände, unter denen wir leben, zu beeinflussen. Wenn das schiefgeht, sind die demokratischen Prozesse erschöpft. Es geht hier also um die Haltbarkeit von Demokratie gegenüber den anonymen Mächten.« Bei der Umweltzerstörung kenne man die Verursacher im Prinzip, da wisse man, mit welchen Interessen welche Player unterwegs sind. Die Finanzmarktproblematik sei deshalb so besonders, weil das Geschehen weitgehend anonym abläuft.

»Wir kennen Josef Ackermann, wir kennen den Chef von Goldman Sachs. Aber wen wir nicht kennen, sind die Akteure in den unzähligen Hedgefonds, die weltweit unterwegs sind. Die sind ja noch nicht einmal registriert. Wir haben 60 Billionen US-Dollar Bruttoinlandsprodukt global pro Jahr und 600 Billionen außerbörslich gehandelte Finanzderivate. Das Zehnfache. Und wir haben das Fünfzehnfache, nämlich über 900 Billionen Dollar, an Devisenhandel. Das sind Größenordnungen und Missverhältnisse, die man sich kaum vorstellen kann. Die gute alte Realwirtschaft ist längst ausgehebelt. Das System, in dem wir uns geistig eingerichtet haben, ganz besonders in Deutschland, ist Makulatur. Die Interaktion von Arbeitgebern und Gewerkschaften, Exportsicherung, einen stabilen Haushalt haben, alles das ist Makulatur. Über allem schwebt ein riesiger Hammer, und zwar nicht nur über Deutschland, sondern über dem gesamten Globus.«

Der Hammer lässt sich relativ leicht beschreiben: Große Teile der Finanzmärkte funktionieren nicht mehr, der Markt für Staatsanleihen ist zusammengebrochen, die Banken hängen am Tropf der Europäischen Zentralbank. *Spiegel-Online* schrieb: »Aufgrund der Vernetzung der Finanzmärkte würde mit einem Kollaps des Euro ein Großteil der deutschen und französischen Banken und Versicherungen untergehen. Dann käme es wahrscheinlich auch zum Infarkt des internationalen Finanzsystems. Ein gewaltsames Ende des Euro wäre die womöglich größte volkswirtschaftliche Katastrophe aller Zeiten. Wir zählen dann die Kosten nicht mehr in Milliarden, die Standardeinheit ist dann die Billion.«

»Vor diesem Hintergrund«, sagt Jörges, »verliert die ökologische Herausforderung an Priorität. Die Politik, das sehen wir ja gerade, hat genügend damit zu tun, den Kopf einigermaßen über Wasser zu halten, um die finanzpolitischen Turbulenzen noch überschauen zu können. Den Umbau des deutschen Energiesystems haben die Spitzenpolitiker vollkommen aus dem Blick verloren. Die Frage ist, ob die Politik überhaupt noch funktioniert oder ob sie schon ausgehebelt ist. Europa ist immer freihändig regiert worden. Das Europaparlament ist eine Volksvertretung ohne Wert, das weiß jeder. In Europa regieren die Exekutiven. Bloß: Was man früher in Europa regeln durfte, war ein Witz gegenüber dem, was man heute regeln muss. Heute stehen epochale politische Entscheidungen an, vor allem über die künftige Organisation des Kontinents. Und niemand weiß, wie man das noch demokratisch unterlegen kann. Wir sollten uns also nicht nur fragen, ob die Diktatur der Finanzmärkte uns demokratisch entmündigt hat, wir sollten uns auch fragen, ob die Notwehrmaßnahmen, die auf Krisengipfeln verabredet werden, nicht ebenso undemokratisch sind.« Mein Gesprächspartner hält einen Moment inne. »Ich habe mich zu dem Glauben entschlossen, dass eine Krise immer auch eine Chance ist«, sagt er schließlich in Anlehnung an seine Eingangsbemerkungen. »Und dass Krisen die Verhältnisse nicht nur zum Tanzen bringen, sondern auch Entwicklung erzwingen. Ich bin nicht bereit zu sagen, der Euro wird zerbrechen, die Finanzmärkte werden obsiegen, wir werden in postdemokratische Verhältnisse zurückfallen, nur noch Pseudoparlamente wählen, die keinen Einfluss mehr haben auf das, was sich in der Welt abspielt. Dazu bin ich nicht bereit, und das sehe ich auch nicht.«

Hans-Ulrich Jörges gehört zu den wenigen Journalisten in Deutschland, die sich über mangelnden öffentlichen Einfluss nicht beklagen können. Seine wöchentliche *Stern*-Kolumne findet ein Millionenpublikum, und in den seriösen Talkshows der Republik ist er so omnipräsent wie Alice Schwarzer, Hans-Olaf Henkel oder Gregor Gysi. Wie definiert er die Rolle der Medien in Krisenzeiten?

»Wenn wir über veränderte Medien reden, müssen wir zunächst einmal feststellen, dass die Unfähigkeit der Politik, die Welt und sich selbst zu erklären, noch nie so ausgeprägt war wie heute. Diese Aufgabe bleibt jetzt allein an den Medien hängen. Die Politik zeigt sich vollkommen außerstande, den Menschen zu erklären, was sie warum in der Finanz- und Schuldenkrise tut. Die Bundesregierung hat nicht die leiseste Anstrengung unternommen, der deutschen Öffentlichkeit zu erläutern, was der Eurorettungsschirm EFSF[16] ist, was ihn unterscheidet von dem für 2012 geplanten dauerhaften Rettungsschirm ESM[17], welche Beträge dort eine Rolle spielen, was der Unterschied ist zwischen geschenktem Geld und Garantien, wie hoch das Risiko solcher Garantien ist, außerdem: was sie hebeln, warum sie hebeln, mit welchen Mitteln sie hebeln. Es gibt nicht die geringste Anstrengung. Das alles bleibt Herrschaftswissen im schlimmsten Sinne. Sie sind sogar außerstande, den Leuten zu erklären, dass die bisher gegebenen Kredite und Garantien für Griechenland dem deutschen Bundeshaushalt Geld eingebracht haben. Taktisch gesehen ist das einfach eine Blödheit. Denn die deutschen Steuerzahler haben bisher keinen Cent verloren, sondern ganz im Gegenteil Zinseinkünfte aus Griechenland in bislang dreistelliger Millionenhöhe gehabt. Das muss man den Menschen doch erklären! Viele von ihnen glauben ja sogar noch, Griechenland würden deutsche Steuermilliarden geschenkt! Man könnte etwa einen monatlichen Schulden- oder Garantiestatus veröffentlichen, aus dem hervorgeht, was an Krediten und Garantien zugesagt und was eingenommen wurde. Aber sie kommunizieren das nicht, es ist eine Katastrophe. Als der Eurorettungsschirm im Bundestag beschlossen wurde, hat es die Bundeskanzlerin nicht einmal für nötig befunden, dazu eine Rede zu halten. Das hat mich bald umgehauen.«

Selbst die Abgeordneten des Deutschen Bundestages scheinen nicht wirklich zu wissen, mit was sie es zu tun haben. »Es ist rührend zu sehen«, sagt Jörges, »wie jeder einzelne Abgeordnete zu verstehen sucht, was die Regierung tut und was sich in Europa abspielt. Das meine ich gar nicht ironisch. Etwas Ähnliches habe ich noch nie erlebt. Die Abgeordneten wissen genau, dass sie zu Hause im Wahlkreis auf bohrende Fragen Antworten geben müs-

---

16 EFSF: Europäische Finanzstabilisierungsfazilität
17 ESM: Europäischer Stabilitätsmechanismus

sen, und sie spüren, dass sich in Europa gewaltige Ereignisse abspielen. Selbst die Fachleute in den Fraktionen können die Dinge aber nicht richtig erklären. Also kämpft sich jeder selbst durch die Materie.«

In dieser gigantischen Verwirrung seien es die Medien, die das alles verständlich zu übersetzen hätten. »Das ist schwierig, aber es ist nun mal unser Beruf. Da wird Journalismus ganz grundlegend. Das Unglück ist, dass die spannendsten Geschichten im Wirtschaftsteil der Zeitungen stehen. Den liest aber kaum jemand aus dem großen Publikum. Dort kann man zum Beispiel lesen, dass im vergangenen August in Deutschland etwa 884 000 verschiedene Finanzderivate gehandelt wurden, aber nur zum kleinen Teil an der Börse, der Rest ging unkontrolliert über den Banktresen. Alles Wettscheine. Irre. Solche Informationen kann man in den Medien finden, man muss nur intensiv suchen. Ich übernehme solche Daten in meine Kolumnen, ich arbeite damit und versuche sie einzuordnen. Die Medien haben, glaube ich, seit der Finanzkrise genau erkannt, welche Gefahren auf uns zukommen und welcher Verantwortung sie unterliegen. Das Unglück für normale Menschen ist, dass sie viele unterschiedliche Medien beobachten müssen, wenn sie sich ein einigermaßen zutreffendes Weltbild machen wollten. Dieses Weltbild muss aus vielen Bruchstücken zusammengesucht werden. Es wird nicht mehr geschlossen angeboten. Die Talkshows sind dazu nicht in der Lage, andere geeignete Fernsehformate gibt es nicht. Es gab ein einziges Mal eine bemerkenswert gute Sendung, ein Gemeinschaftsprojekt von Westdeutschem und Bayerischem Rundfunk, zur besten Sendezeit nach der *Tagesschau*. Da haben die beiden Chefredakteure Schönborn und Gottlieb die Finanzkrise erklärt. Eine Supersendung, sehr gut strukturiert – zudem noch unterhaltsam und spannend gemacht. Aber die Quote hat nicht gestimmt, wie ich hinterher gehört habe. Und da sie alle den Quoten hinterherhecheln, war das abschreckend. Also wird es so etwas vermutlich nie wieder geben. Und das in dieser Krise!«

Hans-Ulrich Jörges sorgt sich um den Fortbestand unserer

Demokratie, und er hat gute Gründe dafür. Einen Lösungsansatz findet der Sozialökologe Johannes Heinrichs, ehemals Professor an der Humboldt-Universität zu Berlin, in seinem Buch *Demokratiemanifest für die schweigende Mehrheit*. Darin entwickelt er eine neue »Demokratie-Architektur«, die der Politik- und Parteienverdrossenheit entgegenwirken soll. Unter anderem plädiert er für eine Viergliederung des Parlaments und für »bereichsspezifische Wahlen«. Durch ein Politikparlament, ein Wirtschaftsparlament, ein Kulturparlament und ein Grundwerteparlament sieht Heinrichs die soziale Kreislauffähigkeit wiederhergestellt, die eine lebendige Demokratie auszeichnet. Warum finden solche oder ähnliche Vorschläge (Expertenparlament) in den Medien kaum einen Widerhall, wo doch weitgehend Einigkeit darüber besteht, dass das bestehende System in einer Sackgasse steckt?

»Das sehen Sie falsch«, entgegnet Jörges, »die Diskussion findet statt. Das Problembewusstsein in der Bevölkerung ist ja unglaublich ausgeprägt. Der *Stern* fragt seit 2006 in einer regelmäßigen Umfrage nach, wie sich die Menschen durch die Politik vertreten fühlen. Bei der letzten Umfrage glaubten gerade noch sechs Prozent – in Ostdeutschland sogar nur ein Prozent –, dass man die Politik durch Wahlen maßgeblich mitbestimmen könne. Das ist ein erschütterndes Misstrauensvotum gegenüber der repräsentativen Demokratie. Niemand glaubt mehr an deren Ideal! Die Menschen wollen nun, als Ergänzung, direkt abstimmen: Drei Viertel fordern Volksabstimmungen auch auf Bundesebene. Dem schließe ich mich nachdrücklich an. Ich bin schon so lange im politischen Gewerbe, ich habe nach wie vor Sympathien für viele Politiker, und ich verstehe auch gut, was sich warum in den Parteien abspielt. Aber ich habe kein Vertrauen mehr in die Verlässlichkeit der bestehenden Apparate – Parlamente wie Parteien, beide sind politisch entleert.«

Und ausgerechnet diese Apparate sollen mit den gigantischen Herausforderungen, denen wir uns gegenübersehen, fertig werden? Wie soll das gehen?

»Es wird zurzeit an zwei Stricken gezogen hier in Deutschland, um die Anbindung der Politik an demokratische Grundlagen nicht völlig zu verlieren. Am einen Strick zieht das Verfassungsgericht, sehr energisch. Es hat zum Beispiel entschieden, dass ein Sonderausschuss des Haushaltsausschusses bei grundlegenden Entscheidungen über den Euro kein Ersatz für das gesamte Parlament sein kann. Sehr richtig. In diesem Sonderausschuss entscheiden doch am Ende nur regierungstreue Sendboten. Am zweiten Strick zieht Norbert Lammert, der Bundestagspräsident. Ein Glücksfall in dieser Lage, ein außerordentlich kluger und unabhängiger Mann. Er mahnt immer wieder, dass es so nicht weitergehen kann mit der Entmachtung der Volksvertretung. Aber er redet nicht nur, er wirft der Kanzlerin gelegentlich auch die Luftpumpe zwischen die Speichen ihres Fahrrads. Als das Atommoratorium nach Fukushima beschlossen wurde, geschah das ohne Zustimmung des Bundestages – das war glatt rechtswidrig. Der Umweltminister bezog sich aufs Atomrecht, das greift aber nur in einer aktuellen Notlage. Die gab es aber nicht in Deutschland. Die Regierung hätte sich nichts abgebrochen, wenn sie den Bundestag gefragt hätte. Sie hatte doch eine breite Mehrheit für das Moratorium, aber sie hat es nicht getan. Irgendwann folgen die Menschen einer solchen freihändigen Politik nicht mehr. Nur mitzuteilen, was man beschlossen hat, das geht nicht. Wenn die politischen Führungen wissen, dass sie Volksentscheidungen zu gewärtigen haben, handeln sie anders. Und sie müssen erklären, was sie tun.«

Nun reicht ein Blick auf den Globus, um die Bedeutung dessen, was wir in Deutschland entscheiden, richtig einzuschätzen. Es sind aber vor allem die Entwicklungen, die außerhalb Deutschlands stattfinden, die unsere Zukunft entscheidend mitbestimmen werden.

»Auch da bin ich nicht so pessimistisch«, antwortet Jörges. »Die Idee ist es, die zählt, sie ist es, die Anhänger findet und die sich auf dem Globus verbreitet. Ich bin fest davon überzeugt, dass der deutsche Atomausstieg eine Flächenwirkung haben wird. In bestimmten Dingen braucht es keine großen Bündnisse, man muss nur etwas vorleben. Häufig ist das Argument, man müsse erst ein globales Bündnis schmieden, um ein bestimmtes Anliegen zu verwirklichen, in Wahrheit ein Verhinderungsargument. Man kann so etwas auch in kleineren multinationalen Bündnissen oder sogar im nationalen Alleingang in Angriff nehmen. Kommt ganz darauf an, worum es geht. Die Finanztransaktionssteuer zum Beispiel ist global nicht zu verwirklichen, aber vermutlich in der Euro-Zone, ohne die Briten. Das Verbot von spekulativen Leerverkäufen an der Börse wurde zunächst nur in Deutschland verhängt, inzwischen sind dem andere gefolgt. Wenn man da auf globale Lösungen warten würde, käme nichts zustande. Wenn es aber national gut läuft, hat man einen Anstoß gegeben, dem andere folgen.«

Er erinnert sich daran, dass er Sigmar Gabriel, als der noch Umweltminister war, einmal dazu geraten hatte, sich ein ehrgeiziges Ziel zu setzen, mit dem man ihn politisch identifizieren könnte, so eine Art Mondlandung für den Umweltschutz. »Warum laden Sie nicht die Autoindustrie an einen runden Tisch, habe ich ihm gesagt, und verabreden mit ihr: in Deutschland läuft – sagen wir: 2012 – das erste Elektroauto als Serienfahrzeug vom Band. Damals war das längst noch kein großes Thema. Er hielt das zwar für eine interessante Idee, aber es ist nichts draus geworden. Das ist das Elend von praktischer Politik – sie tut nichts Wegweisendes. So etwas ist ihr suspekt, weil sie an Zielen gemessen werden könnte, die sie womöglich nicht erreicht. Aber bei aller kritischen Sicht müssen wir auch ein wenig Nachsicht üben mit der Politik. Demokratische Politik ist immer ein Stück langsamer, als es die Veränderungen in der realen Welt sind, ihre Lösungen hinken unablässig den Problemen hinterher. Wofür ich aber kein Verständnis habe, ist, wenn die Apparate keine Anstrengungen unternehmen, Ideen zu entwickeln, an denen abzulesen ist, wohin die Reise gehen soll. Sie lassen sich viel zu häufig durch die Prozesse treiben und sind nur bereit, Fragen zu beantworten, die sich aktuell drängend stellen. Wenn Politik keine Ziele mehr formulieren kann, ist sie wirkungslos. Dann geht es bei Wahlen nur noch darum, welchem Kandidaten man vertraut und welchem nicht. Das ist dann das Ende von Politik.«

Hans-Ulrich Jörges atmet kräftig durch. »Ich komme trotz allem wieder auf meinen optimistischen Ansatz zurück«, sagt er. »Die Politik hat inzwischen erkannt, dass es so nicht weitergeht. Allerdings hinkt sie, was die Finanzkrise angeht, hinter dem Selbsterkennungsprozess an den Märkten hinterher. Was an Regulierung auf dem Papier steht, ist ja noch nicht umgesetzt, selbst die neuen Eigenkapitalvorschriften der Banken sind nur Pläne. Aber die Politik hat inzwischen begriffen: Es ist zu wenig passiert. Ich glaube, dass am Ende dieser Entwicklung Nachhaltigkeit, Verantwortung und Entschleunigung die Ergebnisse sein werden. Sie müssen es sein, weil das System sonst untergeht. Es gibt drei Prozesse, die parallel laufen. Zum einen ist es der Erkenntnisprozess in der Politik, zum anderen sind es die zum Teil blutigen Erfahrungen, die die Finanzmarktakteure selber an den Finanzmärkten gemacht haben, und zum Dritten ist es der Unwille der Menschen, sich diesen Prozessen weiter zu unterwerfen. Alle drei Prozesse laufen in die gleiche Richtung. Wir werden ein anderes Europa haben, wir werden ein anderes Bankensystem haben, und wir werden entschleunigte Finanzmärkte haben. Jedenfalls sehe ich wesentliche Anzeichen dafür, die ernst zu nehmen sind und für die man weiter kämpfen muss. Ich glaube zwar nicht an die Vereinigten Staaten von Europa nach dem Modell der USA, aber ich glaube an eine sehr viel stärkere Vereinheitlichung der europäischen Politik, zunächst der Finanzpolitik. Die Krise hat, glaube ich, einen historischen Prozess ausgelöst. Wir werden ein neues Europa sehen. Das große Schuldenmachen ist vorbei.«

Das hört man doch gern.

Das Gespräch wurde geführt am 17. November 2011.

Hans-Ulrich Jörges, Jahrgang 1951, volontierte bei der Nachrichtenagentur *Vereinigte Wirtschaftsdienste* in Frankfurt am Main. 1977 wurde er stellvertretender Leiter des

Inlandsressorts der Nachrichtenagentur *Reuters* in Bonn. 1985 holte ihn der *Stern* in sein Bonner Büro. 1989 wurde er Ressortleiter Politik, ein Jahr später stellvertretender Chefredakteur des *Stern*. 1992 wechselte er in die Entwicklungsredaktion der Zeitung *Die Woche*. Nach deren Erscheinen war er zunächst Chef des Politikressorts, dann stellvertretender Chefredakteur. 2001 wurde er Chefredakteur, bevor er im Frühjahr 2002 (*Die Woche* hatte ihr Erscheinen eingestellt) wieder zum *Stern* wechselte, als stellvertretender Chefredakteur und Leiter des Hauptstadtbüros Berlin. Seit 2007 ist er Mitglied der Chefredaktion des *Stern* und Chefredakteur für Sonderaufgaben des Verlages Gruner+Jahr. Die britische *Financial Times* zählte Hans-Ulrich Jörges zu den einflussreichsten Kommentatoren der Welt. Gemeinsam mit dem ZDF-Journalisten Guido Knopp gründete Jörges das gemeinnützige Projekt ›Das Gedächtnis der Nation‹, das Erinnerungen von Zeitzeugen an die deutsche Geschichte in Form von Video-Interviews aufzeichnet und im Internet für nachfolgende Generationen, insbesondere für Schulen und Universitäten, dauerhaft aufbewahrt. Hans-Ulrich Jörges lebt in Berlin.

JAKOB AUGSTEIN
Man trifft den bösen Feind überall, auch in sich selbst

Jakob Augstein hat seiner Belegschaft ein Versprechen gegeben: Er wird alles in seiner Macht Stehende tun, um das Projekt zu erhalten. Sollte der *Freitag* bis 2016 wie erhofft schwarze Zahlen schreiben, will der Verleger seinen etwa fünfzig Mitarbeitern endlich anständige Gehälter bezahlen. Bisher müssen sie sich nämlich bescheiden. Zwar ist die Bezahlung nicht so schlecht wie bei der *taz*, aber Augstein ist unzufrieden: »Viel wird man hier nie verdienen«, sagt er, »aber eine angemessene Bezahlung muss einfach sein.«

Mit seinem Versprechen hat sich Jakob Augstein Erleichterung verschafft. Seit er die 1990 gegründete linksliberale Wochenzeitung vor vier Jahren übernommen hat, arbeitet seine Mannschaft in einem bedrohten, kriegsähnlichen Zustand, wie er es nennt. »Deshalb hat das Überleben des Unternehmens auch oberste Priorität. Danach kommen faire Gehälter. Und erst dann kommt die Rendite des Investors.« Also seine. Mit dieser ausgegebenen Marschroute kann er gut leben, ohne ständig befürchten zu müssen, dass ihm sein soziales Gewissen in die Quere kommt.

Der Zustand der Bedrohung hat auch seine guten Seiten, wie man weiß. Er setzt kreative Kräfte frei, die unter normalen Umständen nicht zur Geltung kommen würden. »Das trifft auch auf uns zu«, pflichtet Jakob Augstein bei, »aber nur bis zu einem bestimmten Punkt. Danach werden sie von dem Gefühl der Unsicherheit wieder absorbiert. Da gilt es, eine sehr trickreiche Balance zwischen Bangen und Hoffen herzustellen, die zudem immer wieder neu justiert werden muss. Wir haben das Scheitern ja ständig im Hinterkopf. Mir ist es wichtig, dass der Gedanke, dass dieses wunderbare Projekt auch schiefgehen könnte, in unseren Köpfen präsent bleibt. Natürlich darf man seine Leute nicht zu oft daran erinnern, das ist nicht gut für die Motivation. Wenn wir es aber ganz vergessen, ist es auch nicht gut, dann werden wir zu selbstsicher. Wir müssen uns einfach klarmachen, dass über uns das Damoklesschwert hängt. Das Irre daran ist, dass es sogar auf uns niederfallen kann, wenn wir alles richtig machen. Das ist schon hart. Wenn wir die nächsten vier Jahre schaffen, dann werde ich anders sprechen, dann habe ich das Gefühl, okay, jetzt haben wir mehr Substanz aufgebaut, jetzt sind wir nicht so anfällig, jetzt weht uns nicht jeder Wind von der Spur.«

Die Spur ist deutlich vorgezeichnet. Jakob Augstein, der sich neben seiner Verlegertätigkeit seit Januar 2011 in der Phoenix-Sendung *Der Tag* jeden Freitag einen brillanten Schlagabtausch mit Nikolaus Blome, dem Leiter des *Bild*-Hauptstadtbüros, zum Thema der Woche liefert, der sich darüber hinaus durch seine Kolumne bei *Spiegel-Online* bundesweit ins Gespräch bringt, hat eine klare Vorstellung davon, was Journalismus sein soll: »Günter Gaus, übrigens einer der vier Gründungsherausgeber des *Freitag*, hat einmal gesagt, ein guter Journalist muss Fragen stellen, die andere für beantwortet halten. Ich finde das einen sehr klugen Ansatz, er fordert uns immer wieder heraus. Wir Menschen sind voller Selbstgewissheit, Eitelkeit, Faulheit, Frechheit und Dummheit. Das sind die Feinde, die bekämpft werden müssen. Und man trifft sie halt überall. Das ist ja das Interessante und auch das, was diesen Beruf spannend macht, was diesem Beruf auch Ideologiegrenzen setzt, denn wie gesagt, man trifft den bösen Feind an allen Ecken und Enden, auch in sich selber. Auch ich bin faul oder eitel. Ich glaube, dass es in diesem Beruf darum geht, für bestimmte Prinzipien zu streiten. Es geht darum, diesen Prinzipien treu zu werden, gar nicht mal treu zu bleiben, wer kann das schon. Es geht nicht um bestimmte Themen, um Sozialpolitik, um Umwelt- oder Steuerpolitik, es geht um eine bestimmte Sicht auf die Dinge und eine bestimmte Haltung gegenüber der Welt.«

Jakob Augstein schweigt einen Moment, als prüfe er, ob seinen Worten nicht zu viel Pathos anhängt. »Die Menschen«, sagt er schließlich, »tun sich Dinge an, die ich nicht für richtig halte. Sich selbst und anderen. Als Journalist kann ich meine Möglichkeiten nutzen, um dagegen etwas zu tun. Es gibt nicht so viele Jobs, wo man das machen kann. Sie können das sicher als Politiker machen, Sie können das vielleicht als Pastor machen, aber wo sonst können Sie denn wirksam werden in den Menschen hinein? Und zwar nicht nur bei denjenigen, die zum persönlichen Umfeld gehören. Ich finde, dass ein wenig mehr Demut uns allen guttäte. Eitelkeit ist gefährlich. Das beobachten wir nicht nur in der Politik, sondern auch in vielen Firmen und sogar in den Familien. Die Leute nehmen sich einfach zu wichtig. Sich selber wichtiger zu nehmen als andere Menschen gehört zu den Grundübeln in unserer Gesellschaft. Deshalb müssen wir Herrschaftskontrolle betreiben. Herrschaftskontrolle im weitesten Sinne – das ist, glaube ich, der Kern von Journalismus.«

Nachdem das mit der Haltung zur Welt grundsätzlich geklärt ist, wenden wir uns dem eingangs erwähnten Projekt zu, als solches kann man das Unternehmen *Freitag* ja durchaus bezeichnen. Die Mannschaft arbeitet gerade an einem Verlagsstatut, in dem ein weiterer Dreiklang gleich zu Beginn Auskunft über die Philosophie des Blattes geben soll. ›*Der Freitag* besteht aus der Redaktion, dem Verlag und der Community!‹ Was für den Außenstehenden als nebulöser Allgemeinplatz daherkommt, ist intern in monatelangen Diskussionen bis zur Unmissverständlichkeit geschmiedet worden. »Die Community«, sagt Jakob Augstein, »das sind die Leser, die sich dazu bekennen. Jeder Leser kann Teil der Community sein. Die Community ist Teil des *Freitag* selbst, das ist keine Theorie. Es ist nicht so, dass wir ein Produkt für unsere Leser machen, sondern die Leser sind Teil des Produktes selbst. Das bedeutet, sie können sich einbringen auf der Webseite, sie können an der Gestaltung teilnehmen, und sie haben jederzeit das Recht, in die Redaktion hineinzuwirken. Die Redaktion ist aufgerufen, sich dem Kontakt mit dem Leser zu stellen und ernst zu nehmen, was vom Leser kommt.«

Er schaut mich an, als wolle er sichergehen, dass ich die ganze Tragweite des Projekts auch verstanden habe. »Das klingt für Sie vielleicht ein wenig theoretisch, aber wenn man das ernst nimmt im Alltag, dann ist es überhaupt keine Theorie mehr, dann wird es zu einer ganz merkwürdigen Form von Praxis, weil Sie plötzlich das Gefühl haben, die Leute da draußen gehören alle zur Redaktion. Das ist ja die eigentliche Idee: dass wir alle nur Nutzer sind im Netzwerk. Es kann natürlich nicht jeder das Gleiche machen, das wäre auch unsinnig. Aber es gibt zwischen Redakteuren und Lesern im Prinzip keinen Unterschied. Es gibt nur jeweils unterschiedliche Funktionen.«

Keine deutsche Zeitung hat die Annäherung zwischen Redaktion und Lesern so konsequent und weitreichend betrieben wie der *Freitag* nach dem Neustart 2008. Das Projekt hatte bundesweit für Aufsehen gesorgt. Im Jahr 2010 gewann der *Freitag* gemeinsam mit der *Frankfurter Allgemeinen Sonntagszeitung* und der *New York Times* für die geleistete Arbeit des Jahres 2009 den Preis als »World's Best Designed Newspaper« sowie den Lead Award als bestes Internetmagazin. Und wie jede bahnbrechende Innovation blieb auch diese nicht ohne Nachahmer. »Inzwischen holen auch die anderen Zeitungen ihre Leser immer mehr rein«, sagt Augstein, »jede Zeitung findet ihren eigenen Weg. Die *Bild* verfolgt mit ihren Leserreportern diesen Kurs schon sehr lange. *Die Zeit* hat neulich eine Leserseite eingeführt, *Spiegel-Online* hat sein Forum sehr ausgebaut. Inzwischen ist fast jede Zeitung bemüht, den Kontakt mit den Lesern zum Teil des Produkts zu machen. Bei vielen geschieht das aber eher halbherzig. Wir sind da sehr radikal. Das müssen wir aber auch sein, weil wir so klein sind. Und weil wir so klein sind, können wir auch radikal sein. Wenn man eine so kleine Zeitung macht, muss man sich fragen, wo ihre Existenzberechtigung liegt. Warum soll es sie überhaupt geben? Unsere Idee war von vornherein klar: Wir machen es anders. Wir sind eine linke Wochenzeitung, die gibt es ansonsten nicht mehr. Dazu unser Community-Projekt. Das sind die beiden Säulen, auf denen der *Freitag* steht.«

Die Idee zur extremen Interaktion mit den Lesern ist auch beim *Freitag* nicht vom Himmel gefallen. Sie hat sich in langen, intensiven Gesprächen entwickelt. Von alleine wäre der Verleger ohnehin nicht in der Lage gewesen, sich so etwas auszudenken. »Dafür bin ich viel zu kulturfremd«, gesteht er, »Sie brauchen junge Leute, die Ihnen sagen, worum es geht, wenn von einer Community die Rede ist. Ich war 40, als ich den *Freitag* übernahm, ich habe das nicht mehr gespürt, ich musste mir das erst beibringen lassen. Von Leuten, die Mitte zwanzig waren. Die mir erklärt haben, was es mit den Social Networks auf sich hat, was *Facebook* ist, was *Twitter* ist. Ich habe das, wie alle Leute, die nicht digital sozialisiert worden sind, zunächst für Quatsch gehalten. Nach dem Motto: Wir sind früher auch ohne das alles klargekommen. Dann haben Sie es aber plötzlich mit jungen Leuten zu tun, und Sie verstehen gar nicht, wovon die reden. Und dann gucken Sie denen zu, so wie man Kindern beim Spielen zuguckt. Und plötzlich begreifen Sie: Ach so, es geht ja hier um Kommunikation, hatte ich ganz vergessen, ich bin ja Journalist, Journalismus ist ja Kommunikation. Vielen Dank, dass ihr mich noch einmal darauf hingewiesen habt! Das war der Lernprozess. Dann haben wir das gemeinsam immer weiter diskutiert, bis wir es so gehärtet hatten, dass ich Ihnen das jetzt in einem Satz erklären kann. Das hätte ich vor drei Jahren noch nicht gekonnt. Jetzt kann ich sagen, der *Freitag* besteht aus Verlag, Community und Redaktion. Das versteht man sofort, finde ich.«

Jakob Augstein gerät noch immer ins Schwärmen, wenn er an

die frühen Tage denkt, in denen sich der *Freitag* sein Gesicht gab. »Das war ein toller Prozess, weil wir das Gefühl hatten, dass wir etwas machen, was vorher noch keiner gemacht hat. Dass wir Gedanken zu Ende denken, die so vorher noch keiner zu Ende gedacht hat.« Die Euphorie währte natürlich nicht ewig, das war vorauszusehen. »Natürlich prallt man irgendwann mit diesem Konzept auf den harten Boden der Wirklichkeit auf«, sagt Augstein, »denn gleichzeitig wollen wir ja versuchen, unseren Usern die Zeitung zu verkaufen.« Die hohe Glaubwürdigkeit, die man sich im Communitybereich online erworben hat, nützt wenig bis gar nichts, wenn sich die eigene Klientel als ›print-avers‹ herausstellt, wenn sie es also grundsätzlich ablehnt, Zeitungen zu kaufen. »Die sagen, wir finden euch toll, aber Zeitung? Wie? An dieser Stelle bin ich gefordert, da fängt mein Umerziehungsprozess an, meine Diskussion mit der Community. Ich sage den Leuten, ich habe von euch gelernt, ich verstehe euch, aber als Großvater vom Dienst muss ich euch leider mitteilen, ohne Institution ist diese Community schwer gefährdet. Auch das Netz braucht Institutionen, und Institutionen brauchen Geld, weil sie Dauerhaftigkeit brauchen. Ich muss einfach wissen, dass der Kollege morgen noch kommt und seinen Job macht, das alles muss Stetigkeit haben. Stetigkeit kostet Geld, und wo kommt das Geld her? Online verdiene ich nichts mit euch. Wollt ihr für Online zahlen? Nö. Diese Diskussion führen wir im Netz, wir reden so mit den Leuten.«

Der *Freitag* besitzt eine extrem hohe Glaubwürdigkeit in der Online-Welt, und daran ist nicht allein der Pionier-Bonus schuld. »Ich glaube, dass sich das widerspiegelt in der Art, wie wir Zeitung machen, welche Themen wir behandeln und wie wir mit den Themen umgehen«, sagt Augstein. »Wir stellen unmissverständlich klar: Dies ist eine Zeitung von heute, gemacht von Leuten, die in der Gegenwart leben, die die Werte der Gegenwart haben, die die Konflikte der Gegenwart kennen und die deshalb in der Lage sind, den Journalismus der Gegenwart zu machen. Das ist das Produkt, das wir anbieten. Zum Glück gibt es da draußen unter den jungen Leuten, auch unter den Online-orientierten Leuten, immer noch viele, die auch Zeitungen lesen, gerade auch Wochenzeitungen.« Der *Freitag* schneidet in dieser Gruppe nicht schlecht ab. Einer der wichtigsten Argumente, warum die Leute den *Freitag* lesen, ist der bescheidene Umfang der Zeitung. »Da bekommt man als Journalist natürlich erst einmal einen Schlag in die Magengrube«, sagt Augstein, »aber dann denkt man, eigentlich haben unsere Leser ja recht, die haben auch noch etwas anderes zu tun in ihrem Leben. Ich sehe das ja an mir: wenn ich *Die Zeit* kaufe, nehme ich das politische Buch und das Feuilleton heraus, dann lese ich in etwa so viel, wie der Freitag zu bieten hat.«

Der Spagat zwischen Print und Online will gekonnt sein, das weiß Jakob Augstein. Er erinnert sich an ein länger zurückliegendes Gespräch zwischen Arianna Huffington und Mathias Döpfner während der Medientage in Monaco. Die Königin der Blogger (*The Huffington Post*), die vom *Time magazine* zu einem der hundert einflussreichsten Menschen der Welt gekürt wurde, trat dem Springer-Vorstand gegenüber, als sei sie die Sendbotin der neuen Zeit. »Döpfner war total perplex. Schließlich sagte er: ›Entschuldigen Sie, was Sie mit Ihrem Blog an Umsatz machen, das fahren wir alleine mit einer Boulevardzeitung in Polen ein, die wir dort vor drei Jahren gegründet haben!‹ Es ist eben auch Teil dieser virtuellen Welt, dass die Sachen viel größer wirken, als sie in Wahrheit sind. Und die Leute von der alten Industrie, wie Döpfner, schütteln nur mit dem Kopf und sagen, ich habe hier einen Milliardenumsatz und Zehntausende von Beschäftigten, und Sie wollen mir erzählen, wie großartig das alles im Netz funktioniert. Da hat er nicht ganz unrecht. Es ist immer auch ein bisschen eine Luftnummer. Das sollte man im Auge haben. Demut. Es ist wichtig, dass wir uns das immer wieder klarmachen.«

Augstein geht davon aus, dass eine verkaufte Auflage von 60 000 ausreichen würde, um die Existenz des *Freitag* zu sichern. Im Moment ist dieses Ziel noch nicht annähernd erreicht, weshalb der Verleger auch kein Problem damit hat, im Zusammenhang mit dem *Freitag* von einer Nischenzeitung zu sprechen. Wer aber so viel Herzblut, so viel Engagement und nicht zuletzt so viel Geld in ein Projekt investiert hat, sollte der sich nicht beizeiten nach potenten Teilhabern umschauen? Jakob Augstein zeigt sich überrascht. »So denke ich nicht«, sagt er nach einem kurzen Augenblick des Zögerns. »Wenn morgen hier einer anruft, dann höre ich mir das an. Wer bist du, von wie viel Geld ist die Rede, was sind die Bedingungen? Aber solange keiner anruft, machen wir einfach weiter. Der *Freitag* ist ja kein Liebhaberprodukt, das man mal eben in der Portokasse verstecken kann. Wir reden in unserer Fünfjahresplanung von Beträgen, die echt weh tun, das sind richtige Summen.«

Wie ist es um das journalistische Gewicht des *Freitag* bestellt? Bei 15 000 verkauften Exemplaren sind Exklusivinterviews mit den Größen aus Politik, Wirtschaft und Kultur ja kaum zu bekommen. »In bestimmten gesellschaftlichen und politischen Bereichen haben wir inzwischen eine Position, dass die Leute mit uns reden«, antwortet Augstein, »aber ich glaube, dass diese Bereiche nicht sehr breit sind. Andererseits würden wir auch gar nicht auf die Idee kommen, eines dieser Standardinterviews mit Schäuble über Europa zu machen. Bei den Themen, die uns besonders interessieren, wo uns auch eine besondere Kompetenz zugebilligt wird, wie soziale Gerechtigkeit, rot-rot-grünes politisches Projekt, Netzpolitik etc. – bei solchen Themen reden die Leute schon mit uns. Wir hängen ein bisschen zwischen professionellem Journalismus und einer Autorenzeitung. Zum Glück sind gute Autoren noch immer gerne bereit, für uns zu schreiben, obwohl sie woanders mehr verdienen könnten. Man darf den Bogen natürlich nicht überspannen.«

Jakob Augstein sprach von den Kernthemen des *Freitag,* die Ökologie gehörte nicht dazu. Warum eigentlich nicht? Warum ist die weltweite Zerstörung unserer Lebensgrundlagen kein herausragendes Thema? Ich bitte mein Gegenüber, sich eine Computersimulation vorzustellen, die die Erde aus dem All zeigt und in der die nächsten 150 Jahre durch den Zeitraffer gejagt und auf fünf Minuten verdichtet werden. Was würden wir sehen? Wir würden Zeuge werden, wie unser blauer Planet in einem Wimpernschlag der Geschichte zu einer Geschwulst verfault.

»Das ist nun gar nicht meine Art zu denken«, wehrt Jakob Augstein ab. »Das Schöne oder auch das Schreckliche an der Zukunft ist, dass sie prinzipiell unvorhersehbar ist. Ich glaube, dass Demut auch darin bestehen kann, die Begrenztheit in der eigenen Prognostizierungsfähigkeit zu erkennen. Sie wissen nicht, wie der Planet in fünfzig Jahren aussieht, und ich weiß es auch nicht, es ist buchstäblich alles möglich. Das kann man als Entschuldigung dafür nehmen, nichts zu tun, man kann es als Aufruf dafür nehmen, alles zu tun, man kann daraus eine Rechtfertigung ableiten, Ökoterrorist zu werden. Da sind wir im Bereich der Philosophie und auch der Religion, was ich in Ordnung finde. Sie stellen die letzten Fragen, aber die bewegen mich gar nicht so, ehrlich gesagt. Ich kann ja nicht einmal fünf Jahre in die Zukunft gucken. Die Idee, fünfzig Jahre nach vorne zu gucken, ist in meinen Augen vollkommen unsinnig. Wenn Sie sich überlegen, was die Prognosen waren Anfang der siebziger Jahre, davon ist nichts eingetreten, weder im Guten noch im Schlechten. Wie gesagt, diese Art zu denken ist nicht mein Ding. Ich finde es gut, dass sich Leute mit Zukunftsprognosen beschäftigen, aber ich bin froh, dass das nicht mein Beruf ist, ich fühle mich dafür auch nicht zuständig. Unser Problem ist doch, dass wir dieses komplexe System Erde gar nicht verstehen. Wenn man aber der Meinung ist, dass der Mensch die Krone der Schöpfung ist durch seinen Verstand, dass er mehr wert ist als ein Regenwurm, dann müsste man sich eigentlich freuen, dass es sieben Milliarden Menschen auf der Erde gibt. Sieben Milliarden unsterbliche Seelen.«

Ich erwähne eine Äußerung des US-amerikanischen Ökonomen Dennis L. Meadows, der bereits 1972 *Die Grenzen des Wachstums* aufzeichnete und heute davon spricht, dass man seit Erscheinen seines Buches vierzig Jahre verloren hat. Meadows wörtlich: »Als Grund sehen wir vor allem, dass wir eine zur Umkehr wichtige geistige Grundvoraussetzung noch nicht erfüllt haben: die Abkehr vom anthropozentrischen Denken. Wir Menschen sind ein komplexes Teilsystem in einer Vielzahl von komplexen Systemen, die sich in langen Zeiträumen, in wechselseitigen Abhängigkeiten und in einem dynamischen Beziehungsgeflecht entwickelt haben. So, wie wir heute ganz selbstverständlich über das geozentrische Weltbild vor Kopernikus und Galileo nur spotten können, so werden wir hoffentlich bald zu einer holistischen Weltsicht finden, in der der Mensch seinen Platz im Ganzen erhält, und mit Verwunderung auf die Zeit zurückblickt, als er sich losgelöst über ›den Rest der Schöpfung‹ gestellt sah.« Meadows Forderung nach einer Abkehr vom anthropozentrischen Weltbild ist nicht neu, sie reicht bis weit in die modernen Wissenschaften hinein, beschäftigt Physiker, Biologen, Ethnologen, Systemtheoretiker und Philosophen gleichermaßen.

Jakob Augstein gefällt die Richtung nicht, die das Gespräch genommen hat. »Ich bin ein absoluter Anhänger des anthropozentrischen Weltbildes«, kontert er. »Wir leben in einem endlichen Kosmos, alles hat seine Zeit, wir müssen eben das Beste daraus machen. Die menschliche Rasse ist offensichtlich extrem erfolgreich, wenn es darum geht, sich auszubreiten und die eigenen Lebensbedingungen zu verändern. Und wenn das dann irgendwann ein Ende hat, was ist denn Ihr Maßstab zu sagen, das ist gut, das ist schlecht? Sie können es doch immer nur am Menschen messen. Sie messen an außermenschlichen Maßstäben, Sie tun so, als sei der Planet selber ein Maßstab, das ist aber Unsinn. Nur der Mensch ist der Maßstab, und alles muss sich daran ausrichten, ob es für den Menschen gut ist. Der Planet ohne Menschen hat überhaupt keinen Sinn.«

Eine kühne These. Sehr anthropozentrisch. Wir spüren beide, dass es wenig Sinn ergibt, die Auseinandersetzung aus so unterschiedlichen Positionen zu führen. Aber leider hatte ich zuvor die Bemerkung fallenlassen, dass ich nicht verstehen kann, warum es unserer Konsumgesellschaft so schwerfällt, ihre Lebensweise zu hinterfragen, wo die Folgen doch für jeden klar absehbar sind. »Das stimmt doch gar nicht«, sagt Augstein, »in den westlichen Gesellschaften tun die Leute von morgens bis abends nichts anderes, als ihre Lebensweise zu hinterfragen. Jeder Yogakurs, jede Weihnachtspredigt, jeder Besuch beim Osteopathen ist ein Hinterfragen der Lebensweise. Sie können keine Zeitung mehr aufschlagen, ohne dass die westliche Lebensweise hinterfragt wird. Jeder Blick auf eine Cornflakespackung ist bereits eine Brechung traditioneller westlicher Lebensweise. Alles muss light sein und gesund sein und vital sein und natürlich sein. Das Hinterfragen unserer Lebensweise ist bereits unsere Lebensweise geworden. Da bin ich komplett anderer Meinung als Sie. Unser kapitalistisches System und unser Öffentlichkeitssystem sind beides große Verwertungssysteme. Der Kapitalismus und die Öffentlichkeit sind riesige Verwertungsmaschinen. Sie verwerten die Kritik beständig und machen aus der Kritik neue Produkte. Das ist der unfassbare Vorteil dieser Systeme gegenüber allen anderen Systemen. Deshalb sind diese Systeme nur sehr schwer zu kritisieren, weil sie die Kritik sofort zum Bestandteil des eigenen Systems machen.«

Wir verabschieden uns. Auf der Straße fällt mir der Satz von Günter Gaus ein, auf den sich Jakob Augstein zu Anfang unseres Gesprächs berufen hatte: »Ein guter Journalist muss Fragen stellen, die andere für beantwortet halten.« Ich gehe hinüber aufs Gelände der Humboldt-Universität. An der Mensa-Mauer prangt die frisch gesprühte Parole: »Die Frage ist zu gut, um sie mit einer Antwort zu verderben!« Der Montag beim *Freitag* war irgendwie magisch.

Das Gespräch wurde geführt am 20. Februar 2012.

Jakob Augstein, Jahrgang 1967, studierte Politikwissenschaft am Otto-Suhr-Institut der Freien Universität Berlin und am Institut d'Études Politiques de Paris. Seit 2008 ist er Verleger der Wochenzeitung *Freitag*. Augstein hat vorher für die *Süddeutsche Zeitung* und *Die Zeit* gearbeitet. Der *Freitag* steht für kritischen Journalismus aus Politik, Kultur und Gesellschaft. Er experimentiert mit neuen Formen der Leserbeteiligung und der Verknüpfung von Netz und Print. Seit Januar 2011 schreibt Jakob Augstein für *Spiegel-Online* die Kolumne *S.P.O.N. – Im Zweifel links*. Er lebt in Berlin.

KURT IMHOF

Medien sind Vertrauensgüter –
Neun Fragen an den Schweizer
Medienwissenschaftler

In Ihrem Buch *Die Krise der Öffentlichkeit* sprechen Sie u.a. von einer Krise des Informationsjournalismus. Wie begründen Sie diese These, und was sind die Ursachen dafür?

Das primäre Geschäftsmodell der Zeitungen, der wichtigsten Träger des Informationsjournalismus, mit Werbung redaktionelle Inhalte zu finanzieren, funktioniert immer weniger, ohne dass die Onlineangebote dieser Zeitungen mit ihren niedrigen Werbeeinnahmen eine Ausfallbürgschaft antreten könnten. Die Werbung wird durch branchenfremde Akteure (Suchmaschinen, Telekommunikationsunternehmen, Social Media) abgezogen. Zusätzlich wird durch die Gratisnews im Internet und durch Gratis-Pendlerzeitungen die Finanzierung des Informationsjournalismus auch noch durch den Verlust von Abonnementeinnahmen geschädigt, und auf Seiten der Konsumenten wird das Preisbewusstsein für Journalismus zerstört. Diese Einbuße von Werbung, Abonnenten und das gesunkene Preisbewusstsein ist ein giftiger Cocktail für den Journalismus auf der Einnahmeseite.

Auf der Outputseite wirken sich die Sparprogramme, der Abbau der Ressorts und die Zwänge für die Journalisten, auch Onlinekanäle zu bespielen, negativ aus. Auf der Ebene der Medienorganisationen haben wir es mit dem Abbau von Ressorts und damit von Spezialwissen über Teilbereiche der Gesellschaft zu tun. Außerdem fällt die Abfüllung derselben Inhalte in verschiedene einst eigenständige Titel genauso auf wie der Zusammenzug ehemals unabhängiger Redaktionen in News-Rooms für alle möglichen Medienkanäle sowie der Abbau der Korrespondentennetze und die gesteigerte Abhängigkeit von Agenturen. Dadurch verliert die Berichterstattung über Politik, Wirtschaft und Kultur, also in den klassischen Ressorts gesellschaftlicher Selbstverständigung, an Qualität. Daneben fluten Gratisnews on- und offline den öffentlichen Raum, die deutlich stärker durch Human Interest und Sport und durch einen episodischen Journalismus ohne Einordnungsleistungen geprägt sind.

Im Bereich des Rundfunks hat sich die Hoffnung, durch die Dualisierung neben einem Informationsjournalismus mit Qualitätsanspruch im öffentlich-rechtlichen Rundfunk einen solchen Journalismus auch beim privaten Rundfunk zu erhalten, zerschlagen. Privatradios und das Privatfernsehen fallen hinsichtlich ihrer Informationsleistungen deutlich ab.

Entsprechend haben wir es bei allen Unterschieden in der Qualität des Informationsjournalismus in allen Mediengattungen durch die Zunahme qualitätsschwacher Informationsmedien mit einer moralisch-emotionalen Aufladung der Berichterstattung über Personalisierung, Privatisierung, Konfliktstilisierung und Skandalisierung und einer Reduktion journalistischer Einordnungsleistungen zu tun.

Der Abbau der Ressorts und der Multikanaljournalismus bedeuten eine Entdifferenzierung und damit Entprofessionalisierung des Journalismus, der durch die Abwanderung erfahrener Journalisten in die PR-Branche verschärft wird. Das Verhältnis zwischen staatlicher und privatwirtschaftlicher PR und Journalismus hat sich mitsamt den Einkommensrelationen zuungunsten des Journalismus verschoben.

Sie behaupten, dass publizistische Auseinandersetzungen immer weniger zwischen den verschiedenen Medien stattfinden. Stattdessen greife eine »Empörungsbewirtschaftung« um sich.

Was verstehen Sie darunter, und wie erklären Sie sich diese Entwicklung?

In der Tat ist eine Erosion der publizistischen Auseinandersetzungen zwischen Medien um die Bedeutung und Bewertung von Ereignissen zugunsten von gleichgerichteten Empörungsbewirtschaftungen zu beobachten. Die kritische Auseinandersetzung unter Medien desselben Verlagshauses tendiert ohnehin gegen null. Entscheidend hierfür sind die Kommerzialisierung der Medien und die genannte Krise der Geschäftsmodelle. Dies führt dazu, dass im Wettbewerb um das Publikum erfolgreiche Skandalisierungen eines Mediums flächendeckend reproduziert werden, d.h., alle anderen springen auf den fahrenden Zug auf. Dadurch erzielen Boulevardzeitungen mit ihren Themenbewirtschaftungen einen wesentlich größeren Impactfaktor bei klassischen Informationsmedien als früher.

Sie schreiben, dass die Spielregeln der Medien im Kampf um Aufmerksamkeit sich inzwischen auch auf die Politik übertragen hätten. Letztlich nütze das sowohl den Medien als auch dem politischen Personal. Haben die Medien die Kontrolle zugunsten der Kumpanei aufgegeben?

Das Faktum, dass sich die neuen Spielregeln im Kampf um Aufmerksamkeit auf die Politik übertragen haben, lässt sich nicht mit Kumpanei gleichsetzen. Vielmehr passt sich das politische Personal an die Medienlogiken an, um Resonanz zu erzielen. Resonanzfähige Politik passt sich der Ereignisproduktion des modernen Mediensystems an, was eine massive Zunahme des Eventmanagements bedeutet, d.h. der Produktion von Ereignissen ausschließlich für die Medien. Diese Entwicklung lässt sich überall da am besten beobachten, wo Gratiszeitungen in kurzer Zeit große Verbreitung gefunden haben. Durch diese Zeitungen entgrenzt sich das früher geschlossene Boulevardsegment neben dem Fernsehen und bei den Onlinenews auch bei den Printmedien. Dieser Medienpopulismus begünstigt den politischen Populismus.

Sie plädieren dafür, die Emotionalisierung des Politischen zu diskutieren, und sprechen von einem »tektonischen Bruch« der öffentlichen Kommunikation, die dem Moralisch-Emotionalen eine überdimensionale Bedeutung verleiht. Das würde nicht nur die Themenlandschaften, die politische Auseinandersetzung und das politische Personal, sondern auch die politischen Inhalte verändern. »Diese Neu-Formatierung der öffentlichen Kommunikation färbt uns die Welt anders ein«, sagen Sie. Wie gefährlich ist das?

Tatsächlich hat sich der Informationsjournalismus zu einem moralisch-emotionalen Modus hin verschoben. Ursächlich hierfür ist der neue Strukturwandel der Öffentlichkeit, der neben der Ausdifferenzierung eines Mediensystems auch in der Entgrenzung von Ökonomie und Politik vom Nationalstaat besteht. Diese Entgrenzung entwertet die politische Öffentlichkeit, allein schon durch die Folgenlosigkeit von öffentlichen Auseinandersetzungen über Regulationsprobleme, die innerhalb des demokratischen Rechtsstaates nicht mehr gelöst werden können.

Die moralische Entrüstung ist zentrales Element der Klatschkommunikation über nicht anwesende Dritte. Dieser Modus privater Kommunikation in Gemeinschaften ist durch die Personalisierung und Privatisierung des Öffentlichen zu einem wesentlichen Element der öffentlichen Kommunikation geworden. Der moralische Appell an Primärtugenden des Spitzenpersonals in Politik und Wirtschaft und die medieninduzierte moralisch-emotionale Kommunikation ergänzen sich in einem Journalismus, der sich auf die Sieg-Niederlage-Dynamiken konzentriert und die strukturellen und programmatischen Dimensionen von Personalentscheiden vernachlässigt.

Dies färbt uns die Welt anders ein: Human-Interest-Storys nehmen zu, die Außenberichterstattung schrumpft – wir werden also ausgerechnet in der Globalisierung und Transnationalisierung weltinnenpolitisch dümmer. Die parlamentarischen Auseinandersetzungen um Ordnungsprobleme verlieren an Bedeutung, die Wirtschaftsberichterstattung orientiert sich stärker an der Performance einzelner Unternehmen und Branchen, und die medienvermittelte Wahrnehmung der sozialen Ordnung ist auf kognitive, normative und moralische Abweichungen von Einzelpersonen fixiert und vernachlässigt Strukturprobleme. Dadurch leben wir in Gesellschaften, die glauben sich zu verändern, indem sie das Spitzenpersonal austauschen und die Strukturen belassen. Dies führt zu einem Rationalitätsverlust in der demokratischen Auseinandersetzung zugunsten einer moralisch-emotionalen Urteilsbildung.

Die Medien, heißt es in Ihrem Buch, bilden inzwischen ein weitgehend marktabhängiges Teilsystem, das sich primär am Medienkonsumenten und nicht mehr am Staatsbürger orientiert. Können die Medien unter diesen Umständen ihrer Aufgabe als vierte Macht im Staate überhaupt noch gerecht werden?

Mit der Kommerzialisierung des Medienwesens lassen sich die Qualitätsansprüche des professionellen Journalismus immer weniger erfüllen und damit auch nicht die notwendigen Leistungsfunktionen der politischen Öffentlichkeit. Rudeljournalistische, also gleichgerichtete Wulff-Berichterstattungen, die notwendige europapolitische Auseinandersetzungen verdrängen, emotionalisierte Sarrazindebatten und monetarisierte Kachelmann-Storys bringen uns bloß um unseren Verstand.

Die Globalisierung, so Ihre These, habe seit den 1990er Jahren supranationale politische Machtzentren hervorgebracht, die sich im Unterschied zu den politischen Institutionen des Nationalstaats der Legitimations- und Kontrollfunktion der Öffentlichkeit weitgehend entziehen können, weil die Öffentlichkeitsarenen nach wie vor nationalstaatlich begrenzt sind. Bedeutet diese Ohnmacht gleichzeitig das Ende des klassischen Journalismus?

Der klassische Journalismus bezieht sich in der Moderne auf territorial definierte politische Geltungsbereiche, also auf Nationalstaaten und die darunter liegenden föderalen Gebietseinheiten, wie Bundesländer, Kantone, Gemeinden. Die Demokratie kam im Format von Stadtstaaten und Nationen in die Welt. Aus diesen politischen Geltungsbereichen heraus werden dann auch die um- und höherliegenden Gebietseinheiten journalistisch beobachtet. Dies ergibt eine facettenreiche politische Öffentlichkeit. Aber der Informationsjournalismus ist der Transnationalisierung der Politik nicht nachgewachsen, d.h., es gibt keine europäische Öffentlichkeit, dafür aber wirkmächtige transnationale politische Institutionen ohne Öffentlichkeit, und innerhalb insbesondere der föderalen Nationalstaaten haben die Ballungsräume die politischen Geltungsbereiche überwölbt und teilweise marginalisiert. Es gibt also politische Institutionen ohne Öffentlichkeit auf föderaler Ebene. Beides schmälert die demokratische Selbstregulation in der Spätmoderne und bedeutet einen Rückschritt.

Wir haben eben vergessen, dass die Medien der Moderne außer der Boulevard- und der Geschäftspresse immer in erster Linie sozialmoralisch eingebettet waren und erst in zweiter Linie ökonomisch orientierte Unternehmen. Ursprünglich bestand die gesinnungsethische Presse des 19. und 20. Jahrhunderts aus Zuschussunternehmen, und die öffentlich-rechtlichen Medien wurden mit gutem Grund dem Kommerzialisierungsdruck entzogen, schlicht weil die ökonomische Logik die Leistungsfunktionen politischer Öffentlichkeit allein nicht erfüllen kann.

Wie schätzen Sie die weitere Entwicklung unserer Mediengesellschaft ein?

Wenn wir die Moderne fortschreiben wollen, dann kommen wir nicht um den Ausbau und neue Leistungsaufträge für den öffentlich-rechtlichen Rundfunk und eine staatsferne und gattungsunabhängige Förderung des Informationsjournalismus herum. Außerdem gilt es das Preisbewusstsein für Journalismus auf Seiten des Publikums wieder zu stärken, d.h., Medienorganisationen, die Gratisnews verbreiten, fallen aus dem Förderungsraster. Schließlich müssen wir die Medienkompetenz in den Bildungsinstitutionen verstärken, und dies beschränkt sich nicht auf das politisch korrekte Surfen im Internet, sondern muss sich primär auf die Leistungen des Informationsjournalismus beziehen.

Wenn wir dies nicht tun, dann werden wir neben dem Qualitätsabbau des Informationsjournalismus und den entsprechenden Flutung des Öffentlichen durch Human Interest eine weitere Abschichtung der Medienversorgung und des Medienkonsums erleben. Neben teuren Elitenmedien haben wir heute schon Unterschichtenmedien mit ganz anderen Aufmerksamkeitshorizonten. Dies wird den politischen Populismus begünstigen und die nationale und lokale Orientierung der politischen Öffentlichkeiten verstärken. Dies wiederum senkt die Berechenbarkeit zukünftiger politischer Entwicklungen und schädigt die Ökonomie.

Dem Publikum, behaupten Sie, sei die Einsicht, dass guter Journalismus teuer ist, verloren gegangen. Ihm fehle weitgehend die Möglichkeit, die Qualitätsunterschiede der Medien selbst zu prüfen. Woran liegt das?

Medien sind tägliche Gewohnheitsgüter, und der Vergleich verschiedener Angebote übersteigt das Zeitbudget der Konsumenten. Darüber hinaus entzieht sich der Wandel der Medieninhalte über die Zeit dem kritischen Vergleich noch mehr. Allein schon dadurch prägt das Angebot die Erwartungen. Diese Prägung findet auch deshalb statt, weil wir als Medienkonsumenten außerhalb unserer persönlichen Erfahrung die Wahrnehmung der Welt über die Medien nicht durch eine andere Wahrnehmung ersetzen können. Weil wir keine andere Möglichkeit haben, die Welt zu beobachten, wissen wir nicht, ob sich diese verändert oder bloß die medienvermittelte Kommunikation über sie. Die Medien färben uns mit ihrer Auswahl, Interpretation und Darstellung die Welt ein und beeinflussen unsere Aufmerksamkeit und unsere Erwartungen. Medien sind deshalb auch Vertrauensgüter. Der Medienkonsument muss sich darauf verlassen können, dass er vielfältig, objektiv und nicht einseitig über Relevantes informiert wird, damit er sich als Bürger an der Gesellschaft beteiligen kann.

Wie ist es Ihrer Meinung nach um die aktuelle mediale Grundversorgung im deutschsprachigen Raum bestellt?

Im zeitlichen und länderübergreifenden Vergleich ist zu beobachten, dass die Entbettung der Medien aus ihren Herkunftskontexten und ihre Kommerzialisierung in kleineren Ländern (Schweiz, Holland, Österreich) später einsetzt, dann aber deutlich rascher abläuft als z. B. in Deutschland oder Großbritannien. Erklärungen dafür sind zum einen in der Größe der publizistischen Märkte bzw. deren größere Pufferwirkung als in Kleinstaaten mit begrenzten Medienräumen zu suchen. Zum anderen ist das Aufkommen der Gratiszeitungen von großer Bedeutung. Wenn wir vom deutschen Sprachraum sprechen, dann konnten sich die Verleger in Deutschland im Unterschied zu den Akteuren in der Schweiz und Österreich auf eine weitgehende Verhinderung der Gratisangebote einigen. Demgegenüber zählen die Gratisangebote ›20 Minuten‹ und ›Blick am Abend‹ in der Schweiz sowie ›heute‹ und ›Österreich‹ zu den größten Zeitungen in beiden Ländern mit entsprechenden Folgen auf die Abonnements- und vor allem auf die Werbeeinnahmen für die Kaufzeitungen.

Hinsichtlich der Gratisangebote des Internets ist die Situation in deutschsprachigem Raum gleich: Die Verluste an Werbeeinnahmen bei den gewichtigen Medienmarken lassen sich durch die Werbung im Online-Bereich bei weitem nicht decken. Das heißt, dass der Informationsjournalismus laufend an Mitteln verliert. In den USA ist das Verhältnis 10:1, 10 Dollar an Einnahmeverlust bei der Printwerbung steht bloß 1 Dollar Einnahmenzuwachs im Internet gegenüber.

An dieser Situation ändern im Übrigen auch die technolibertären Hoffnungen an die selbstverwirklichende und demokratisierende Kraft des Internets nichts. Die politische Kraft dieser Erwartung manifestiert sich in vehementen Widerständen gegen die vermeintliche oder faktische Zensur des Internets, das jeglicher Regulation enthoben sein soll, und in einem Kampf gegen ein Urheberrecht, das dem Zeitalter des World Wide Web nicht mehr entsprechen würde. Verschränkt mit dieser aus den 1980er und frühen 1990er Jahren stammenden Vorstellung einer kreativen Selbstkonstitution im Virtuellen ist die ebenso alte Erwartung an das demokratische Potenzial des Internets. Von seiner schieren Existenz wird eine sich selbst erfüllende Demokratisierung vorausgesetzt, als ob uns eine neue »unsichtbare Hand« (Adam Smith, 1776) alternative Zukünfte erobere und aus den Clouds eine Umverteilung der Macht bescheren würde. Obschon klar ist, dass solche Demokratisierungserwartungen mit jedem neuen Medium verbunden wurden, halten sich beide Erwartungen nicht nur in den Milieus der Piratenparteien, sondern auch in einer verzweigten Blogszene.

Für politische Themenöffentlichkeiten mit einem anonymen Publikum sind die Social Media mit ihrer an Gemeinschaftsnetzen von Followers oder Friends orientierten egozentrischen Netzarchitektur an sich wenig geeignet. Entsprechend ist die politische Mobilisierungsfähigkeit der Social Media, von episodischen Shitstorms in den westlichen Zentrumsländern abgesehen, ebenso klein wie die Intensität verlinkter politischer Berichterstattung in die kontrollierten Gärten weniger großer Unternehmen wie *Facebook*, *Twitter* und *Google*. Das Demokratiepotenzial der Netzmedien ist von den Gesetzmäßigkeiten der Aufmerksamkeitsallokation in politischen Geltungsbereichen abhängig. Diese Gesetzmäßigkeiten lassen sich nur im Verbund mit den Informationsmedien erfüllen.

Das Interview wurde in schriftlicher Form im April 2012 geführt.

Kurt Imhof, Jahrgang 1956, ist Prof. für Publizistikwissenschaft und Soziologie am IPMZ (Institut für Publizistikwissenschaft und Medienforschung) und am SUZ (Soziologisches Institut der Universität Zürich). Er ist Leiter des fög (forschungsbereich öffentlichkeit und gesellschaft) der Universität Zürich sowie Mitglied beim ›Ludwig Boltzmann Institute for European History and Public Spheres‹ und beim ›National Center of Competence in Research (NCCR Democracy): Challenges to Democracy in the 21st Century‹. Seine Arbeitsschwerpunkte sind Öffentlichkeits- und Mediensoziologie, Gesellschaftstheorie, Soziologie sozialen Wandels, Konfliktsoziologie.

HUBERTUS MEYER-BURCKHARDT
Ich bin nie dort angekommen, wo ich gerade bin

Es ist nur eine kleine gerahmte Fotografie, schwarzweiß, zwanzig mal dreißig Zentimeter. Sie hat eine Wand für sich und behauptet sich grandios gegen die bunten Filmplakate, die das Büro des Polyphon-Chefs Hubertus Meyer-Burckhardt eher pflichtgemäß zieren. Das Foto zeigt einen Arbeiter auf seiner Baustelle, der sich in die Frühstückspause zurückgezogen hat – allein. Der Mann ist verschwitzt und dreckig, man ahnt, dass er Schwerstarbeit verrichtet. Sein Gesichtsausdruck aber verrät davon nichts. Im Gegenteil: Er lächelt entspannt, und diesem Lächeln wohnt ein Zauber inne, dem man sich kaum entziehen kann. Dies ist keine Pose für die Kamera, dies ist ein zufällig eingefangener Seelenzustand, der Frieden und Optimismus verströmt. Ein beeindruckendes Porträt. »Wissen Sie, wo dieses Foto entstanden ist?«, fragt Hubertus Meyer-Burckhardt. »Auf der Baustelle des ehemaligen World Trade Center in New York!«

Das Bild hat seinen Platz in diesem Büro nicht umsonst gefunden. Es funktioniert wie ein Halbleiter, der einer grundsätzlichen Lebenseinstellung von Hubertus Meyer-Burckhardt immer wieder neue Impulse verleiht. »Es gibt keine vernünftige Alternative zum Optimismus«, sagt Meyer-Burckhardt. »Der Satz ist nicht von mir, er stammt von dem Philosophen Karl Popper. Optimist ist man aber nicht von Natur aus. Optimist zu sein ist eine Entscheidung.«

Seine Entscheidung ist längst getroffen, das ist zu spüren. Meyer-Burckhardt, der dem besagten Bauarbeiter mit der kräftigen Statur übrigens nicht unähnlich ist, strahlt eine ungebrochene Zuversicht aus. Sobald man das Wort an ihn richtet, scheint sich das zerknautschte Gesicht unter der Regie seiner wachen, blitzenden Augen in Form zu bringen. Ich kann da nicht mithalten, vor zwei Tagen ist ein Freund von mir gestorben, und es fühlt sich an, als sei die Information noch gar nicht richtig zu mir durchgedrungen. Als ich davon erzähle, wohl auch um meine etwas diffuse Gesprächsführung zu entschuldigen, nickt er verständnisvoll. »Ich habe schon sehr früh einige wesentliche Menschen durch den Tod verloren«, sagt er. »Die Erkenntnis der Vergänglichkeit ... ganz wichtig. Sie ist der Motor, der mich seit langer Zeit antreibt. Ich glaube, es war Hölderlin, der gesagt hat: ›Mitten im Leben und doch stets vom Tod umgeben.‹ Dieses Bewusstsein hatte ich immer, auch jetzt. Schreckt mich aber nicht. Ich habe keine Angst vor dem Tod.« Er hält einen Moment inne. »Ich verwalte diese Lebenszeit«, sagt er schließlich. »Im Unterschied zu einem Arbeitsvertrag, von dem ich weiß, wann er ausläuft, weiß ich nicht, wann meine Aufenthaltsgenehmigung auf diesem Planeten beendet sein wird. Insofern habe ich einen geradezu verbissenen Ehrgeiz zur Lebendigkeit.«

Hubertus Meyer-Burckardt ist 56 Jahre alt. Auch er kommt allmählich in ein Alter, wo man jederzeit abgerufen werden kann, das ist ihm bewusst. In diesem Alter beginnt man, sich bestimmte Fragen zu stellen. Was habe ich in meinem Leben eigentlich gewollt? Was davon habe ich verwirklichen können? Habe ich noch Möglichkeiten zur Korrektur? Wenn man die wechselhafte Biographie dieses Mannes betrachtet, scheint nicht wirklich ein Plan dahintergestanden zu haben, auch wenn er in den unterschiedlichsten Positionen immer ganz oben angekommen ist. »Tut mir leid«, sagt er, »da täuschen Sie sich gewaltig. Ich habe das Sprunghafte gesucht, ich habe genau das gesucht, was passiert ist. Ich habe das auch immer als stimulierend erlebt. Ich bin sicherlich das Gegenteil eines sogenannten Schollenmenschen. Ich hab in vielen Städten gelebt, und in allen deutschen Städten habe ich Menschen getroffen, hier in Hamburg im Besonderen, die der Meinung sind, sie könnten sich ein Leben außerhalb ihrer Stadt gar nicht vorstellen. Und natürlich habe ich in München wahnsinnig viele Leute getroffen, die nur Bayern können. Ich kann alles. Wenn es sein muss, ziehe ich für eine berufliche Herausforderung morgen nach Bochum. Es gibt allerdings zwei wesentliche Dinge, die ich brauche, egal wo ich bin: eine wirklich sehr, sehr gute Buchhandlung, geleitet von einem Buchhändler mit feinem literarischen Verständnis. Und ich brauche einen guten Gebrauchsitaliener. Ich rede nicht vom weißen Tischtuch, ich rede aber auch nicht von der Pizzeria. Dann gibt es zwei weitere Kriterien für die Stadt meiner Wahl. Es muss ein ICE-Bahnhof da sein und der nächste Flughafen sollte auch in der Nähe sein. Dann bin ich zu Hause.«

Er erinnert an seine Verabschiedung als Vorstand bei Springer. »Der Vorstandsvorsitzende Mathias Döpfner hat damals eine sehr schöne Rede gehalten. Er hat gesagt: ›Ich meine das als Kritik und Kompliment: So richtig bei uns angekommen bist du nie.‹ Das trifft den Kern der Sache ganz gut. Ich verhalte mich zu dem Unternehmen, für das ich arbeite, im höchsten Maße loyal, aber wie im epischen Theater von Brecht halte ich auch immer einen Schritt Abstand. Sagen wir mal so: Ich war mir immer über die Fragilität eines Lebens und die Fragilität einer Karriere bewusst. Es ist ein Irrtum zu glauben, dass ein einmal erobertes Terrain gesichert ist. Wir Medienleute neigen ja dazu, uns zu wichtig zu nehmen. Ein Ingenieur, dem beim Bau einer Brücke ein Konstruktionsfehler unterläuft, ist weg vom Fenster. Ich habe einen sehr engen Freund, der ist Hochleistungsarzt am Universitätskrankenhaus Eppendorf. An der Verantwortung, die er tagtäglich zu tragen hat, würde ich zerbrechen. Ich war mir immer darüber im Klaren, dass es in unserem Beruf, sei es in der Werbung, im Theater, beim Film, im Fernsehen oder im Journalismus diese Art von Verantwortung nicht gibt. Wir retten keine Menschen. Wir sind keine Feuerwehrleute, wir operieren nicht, wir ... darf man es Entertainment nennen? Irgendwo dann doch. Da sollte man zwar die Menschen ernst, aber sich selber nicht wichtig nehmen.«

In den letzten Jahren bin ich des Öfteren Menschen begegnet, die mit Hubertus Meyer-Burckhardt zusammengearbeitet haben. Sie alle waren voll des Lobes, nicht nur was den persönlichen Umgang betraf. Roger Willemsen beispielsweise schätzte die hohe Risikobereitschaft dieses Mannes, seinen unbedingten Willen, Stoffe, die gesellschaftliche Relevanz besitzen, zu den Menschen zu bringen. Meyer-Burckhardt hatte sich Willemsens Roman »Kleine Lichter« vorgenommen. *Valerie* hieß der 2011 in die Kinos gekommene und von ihm produzierte Film, und er war mit Franka Potente prominent besetzt. »Den wollte leider keiner sehen«, sagt er und lacht. Der Verlust war zu verschmerzen, denn Hubertus Meyer-Burckhardt kennt sich aus auf dem schlüpfrigen Parkett zwischen Kunst und Kommerz. Die Polyphon-Gruppe ist eine der erfolgreichsten Produzenten für Programmmarken im deutschen Fernsehen. Sie verantwortet Unterhaltungsformate wie *Das Traumschiff*, die ZDF-Krimiserien *Stubbe*, *Neues aus Büttenwarder*, *Pfarrer Braun* und vieles mehr.

»Eine Inhalte-Firma braucht ein Cashflow-Management«, sagt Meyer-Burckhardt. »Ich glaube, dass man gut beraten ist, eine Produktionsfirma wie einen Verlag zu führen. Als Verlag kann man sich eine lyrische Reihe mit Nelly Sachs, Rose Ausländer und Else Lasker-Schüler auch nur dann leisten, wenn dagegen das gut verkaufte Urlaubsliteratursegment gepflegt wird. Das eine muss das andere auffangen. Die Risiken sind heute allerdings extrem hoch, weil so viel Programm im Markt ist. Im letzten Jahr gab es 82 deutsche Kinofilme, für die aber kein Marketing betrieben wurde. Die großen Ketten wie UCI oder Cinemaxx gucken sich einen Film eine Woche an, dann ist der draußen, wenn er nichts einspielt.«

Haben junge Autoren und Regisseure überhaupt noch eine Chance, sich mit kreativen Ideen bemerkbar zu machen, oder müssen sie sich unter den beschriebenen Umständen von Anfang an zu Kompromissen bereitfinden? »Kompromisse machen musste man als junger Mensch immer beim Betreten eines Marktes«, sagt Meyer-Burckhardt. »Selbst in den sechziger Jahren, wenn jemand bei Henri Nannens *Stern* vorstellig wurde, musste er Kompromisse machen. Bei Augstein auch. Aber zurück zu Ihrer Frage, ob junge Leute heute eine vernünftige Chance am Markt haben. Wir haben sieben Filmhochschulen in Deutschland, die entlassen Hunderte von Absolventen jedes Jahr. Das Problem ist: Wir haben von allen zu viel. Wir haben zu viele Autoren, wir haben zu viele Regisseure, wir haben zu viele Producer. Wir haben aber auch zu viele Journalisten, Architekten und Apotheker. Wir haben zu viel Talent, zu viel Kreativität im Markt. Das hat dazu geführt, dass es für junge Leute immer schwieriger wird, sich von ihrer kreativen Leistung zu ernähren, es sei denn, sie sind Genies. Aber auch Genies werden häufig verkannt.«

Nicht immer, wie das Beispiel des Regisseurs Oliver Hirschbiegel beweist, der 1991 mit seinem Thriller *Mörderische Entscheidung* bundesweit für Aufsehen sorgte, weil er in Form zweier Filme die gleiche Geschichte aus der Sicht von zwei Personen zeigte, wobei der Zuschauer selbst die Perspektive bestimmen konnte. Beide Versionen wurden zeitgleich in ARD und ZDF ausgestrahlt, ein im deutschen Fernsehen einmaliger Vorgang. Vorbild war vermutlich der 1962 entstandene französische Kinofilm *Adieu Philippine*, der eine Trennungsgeschichte erzählt, die in den Kinos an zwei aufeinanderfolgenden Tagen dasselbe Drama zunächst aus der Sicht der Frau und dann aus der Sicht des Mannes beleuchtete. »Oliver Hirschbiegel habe ich entdeckt, als ich auf SAT 1 eine Folge von *Kommissar Rex* gesehen habe, bei der er Regie geführt hat«, sagt Meyer-Burckhardt. »Ich gucke mir ja alles an, im Rheinland würde man sagen, ich bin für nix fies. Ich fand seine Regie so exzellent, dass ich ihn angerufen habe. Wir haben dann mehrere Filme zusammen gemacht, die alle mit Preisen überhäuft wurden.« Unter anderem gehörte *Mein letzter*

Film mit Hannelore Elsner dazu, in dem sie einen atemberaubenden neunzigminütigen Monolog zum Besten gibt, geschrieben von Bodo Kirchhoff.

Wenn Roger Willemsen davon sprach, dass Hubertus Meyer-Burckhardt gerne Stoffe zu den Menschen bringt, die sich mit den gesellschaftspolitischen Phänomenen unserer Zeit befassen, dann muss man sich natürlich fragen, ob das Publikum inzwischen bereit ist für die ganz herbe Kost, für den Klimawandel und die rasant fortschreitende weltweite Umweltzerstörung beispielsweise, die unsere Zivilgesellschaft bis ins Mark erschüttern wird – im politischen und sozialen Bereich ebenso wie im kulturellen Miteinander. »Ich glaube, dass das deutsche, das mitteleuropäische Publikum diese Thematik sehr wohl annimmt«, sagt Meyer-Burckhardt. »Die Problematik liegt woanders. Ich bin häufiger in Kalkutta. Und ich beobachte immer wieder aufs Neue, mit welcher Geschwindigkeit sich die indische Gesellschaft nach vorne bewegt. Nun könnte man sagen, dass diese Entwicklung, in der sich viele Fehler wiederholen, die in der westlichen Welt jahrzehntelang begangen wurden, der äußerst kritischen Situation auf diesem Planeten nicht angemessen ist. Wenn man zu den 1,1 Milliarden Indern noch die Einwohnerzahlen Chinas und Brasiliens, wo sich ja Ähnliches abspielt, hinzuaddiert, haben wir es mit 2,7 Milliarden Menschen zu tun, die in Zukunft gewaltig an den Restbeständen unserer weltweiten Ressourcen knabbern werden. Da ist natürlich Druck auf dem Kessel, da gebe ich Ihnen recht. Zumal nahezu die Hälfte aller Inder unter 25 Jahre alt ist. Aber wer sind wir, diesen Leuten Vorschriften zu machen? Die Idee, die Erde hemmungslos auszubeuten, ist doch auf unserem Mist gewachsen.«

Natürlich, so Meyer-Burckhardt, müssten wir uns zu einer nüchternen Bestandsaufnahme durchringen. »Das Problem lässt sich ja benennen. Und dann müssen wir sehen, wie wir zu vernünftigen Lösungsansätzen kommen. Hier greift nun wieder mein Optimismus. Die große Sympathie, die die Umweltschutzbewegung bei uns genießt, zeigt doch, dass sich eine demokratische Gesellschaft inzwischen ernsthaft Gedanken macht. Ich kann ja nur die Pflänzchen begießen, die es bereits gibt. Die Widerstandskämpfer im Dritten Reich haben die katastrophalen Verhältnisse um sie herum auch analysiert. Mit viel Optimismus übrigens. Und der hieß: Hoffentlich überleben wir das, wenn wir in den Widerstand gehen. Die nüchterne Analyse einer Situation ist nötig. In ihr zu verharren ist kokett und eitel, intellektuell eitel. Also kann ich nur das unterstützen mit Optimismus, was es an Ansätzen gibt. Im Verharren bei der Analyse werde ich depressiv und bringe die Welt keinen Millimeter voran.«

Hubertus Meyer-Burckhardt gibt mir zu verstehen, dass uns leider nicht mehr viel Zeit bleibt. Es ist Freitag, er muss zum Sender, um die *NDR Talk Show* vorzubereiten, die er bereits zwischen 1994 und 2001 moderiert hat und seit 2008 nun wieder, zusammen mit Barbara Schöneberger. Vom Studio Hamburg nach Lokstedt ist es ein weiter Weg. Heute findet die 668. Sendung statt, in 270 Folgen war er dabei. In Anlehnung an einen NDR-Werbeslogan könnte man sagen: Er ist das Beste am Norden. Seine Art, die unterschiedlichsten Gäste in der öffentlich-rechtlichen Arena mit wenigen charmanten, aber direkten Worten »aufzuschließen«, sodass sich beinahe jeder der Geladenen wie von selbst beim Publikum einen Sympathiebonus erarbeitet, findet man in der deutschen Talkshowlandschaft kaum ein zweites Mal. Wie macht er das? »Ich weiß es nicht«, antwortet er. »Im Grunde führen wir in der *NDR Talk Show* die Tradition literarischer Salons fort, wo die Menschen sich erst kennenlernen, wenn sie hinkommen. Außerdem kommt mir natürlich der Sendetermin entgegen. Der Freitagabend hat soziologisch gesprochen sehr mit der Entpflichtung zu tun. Die Leute wollen ins Wochenende. Am Sonntagabend rüsten sie schon wieder auf für die kommende Woche. Deshalb finden bestimmte politische Talkshows Sonntagabend statt, das war schon immer so. Aber Freitagabend grooven die Leute ins Wochenende. Da ist es wichtig, passende intelligente Themen zu finden. Schließlich will man mit Freunden ein Glas Wein trinken und sich nicht mit den kafkaesken Zuständen der Welt beschäftigen. Was ist das Geheimnis meiner Moderation? Kurze Fragen stellen, zuhören, auf keinen Fall zynisch werden, pointieren, wenn jemand breitläuft, sich selber komplett zurücknehmen. Ich mache den Job gerne, der Sender sieht mich auch gerne, aber beide müssen sich auch immer vorstellen können, dass man Alternativen hat. Ich springe nicht in die Elbe, wenn ich eines Tages nicht mehr vor der Kamera sitze.«

Der Zeitschrift *Focus* hat er einmal auf die Frage, was er an sich überhaupt nicht mag, mit einem Wort geantwortet: Rastlosigkeit. Ich blicke auf den Bauarbeiter an der Wand. Sicher gönnt sich auch Hubertus Meyer-Burckhardt gelegentlich einen meditativen Moment. Aber im Grunde seines Herzens treibt es ihn um. Nach den Motto: Der Weg ist das Ziel. »Ich bin ein Bewegungsmensch«, behauptet er von sich. Er ist in Kassel groß geworden. Und das Schönste an Kassel war für ihn die Autobahn. Als Sechsjähriger ist er mit dem Fahrrad regelmäßig auf die Autobahnbrücke gefahren. Von dort hat er den Autos zugewunken, insbesondere den Fernfahrern. »Ich schaue immer noch zu den Fernfahrern hoch, wenn ich sie überhole«, sagt er, während sich sein Mund in die Breite zieht, als wolle er die Lachfalten auffangen, die sich zu beiden Seiten der Augen ins Gesicht ergießen. »Nein ehrlich, für mich hat alles eine Faszination, was Bewegung ist. Ich stehe nach wie vor staunend auf Flughäfen, obwohl ich dauernd fliege. Ich betrachte noch immer fasziniert die Abfahrttafeln auf den ICE-Bahnhöfen. Ich habe allergrößte Sympathie für Kapitäne und Piloten. Wie gesagt, ich bin ein Bewegungsmensch. Ich bin nie dort angekommen, wo ich gerade bin.«

Eine letzte Frage noch. Wenn er genügend Zeit und Geld hätte und im Business auf nichts mehr Rücksicht zu nehmen bräuchte, welchen Film würde er gerne produzieren und mit wem? Hubertus Meyer-Burckhardt zeigt sich überrascht, die Frage gefällt ihm. Er überlegt einen Augenblick, dann sagt er: »Ich würde einen ganz billigen Film produzieren. Ich würde sicherlich einen mit Meryl Streep produzieren, die steht ja auch für günstige Produktionen zur Verfügung, wenn sie ein Thema interessiert. Ich würde mit ihr gerne ein Kammerspiel produzieren. Wahrscheinlich würde ich mich an der englischen Version von *Mein letzter Film* versuchen. Ich finde Bodo Kirchhoffs Buch nach wie vor sensationell, und eine Weltmarktversion auf die Beine zu stellen wäre toll. Keine schlechte Idee, fällt mir gerade ein!«

Nicht schlecht, dann hätte sich unser Gespräch doch auch für ihn gelohnt.

Das Gespräch wurde geführt am 16. März 2012.

Hubertus Meyer-Burckhardt, Jahrgang 1956, studierte Geschichte und Philosophie in Hamburg und wechselte dann an die Hochschule für Fernsehen und Film in München. Von 1977 bis 1984 realisierte er Werbespots, anschließend arbeitete er als Fernsehproduzent bei der ndf (neue deutsche Filmgesellschaft). 1988 wechselte er als Creative Director und Mitglied der Geschäftsleitung zur Werbeagentur BBDO nach Düsseldorf, wo er bis 1991 blieb. 1992 gründete er als geschäftsführender Gesellschafter die Akzente Film & Fernsehproduktion GmbH. Für die ARD entwickelte und moderierte er 1994 *Sowieso – Die Sonntagsshow*, die mit dem Adolf-Grimme-Preis ausgezeichnet wurde. Bekannt wurde Meyer-Burckhardt als Moderator der *NDR Talk Show* (mit Alida Gundlach) von 1994 bis 2001. Von 1999 bis 2001 war er außerdem Vorsitzender der Geschäftsführung der Multimedia Film- und Fernsehproduktion GmbH. Er wurde Mitglied des Vorstands der Axel Springer AG und wechselte zum 1. Juli 2004 vom Aufsichtsrat der ProSiebenSat.1 Media AG in deren Vorstand. 2006 zog Meyer-Burckhardt zurück nach Hamburg, wo er Geschäftsführer der Polyphon-Gruppe wurde, die zum Studio Hamburg des NDR gehört. Meyer-Burckhardt war Jury-Mitglied des Deutschen Fernsehpreises.

Seit 2005 ist er Professor an der Hamburg Media School. Seit Januar 2008 ist er wieder Gastgeber der *NDR Talk Show*, gemeinsam mit Barbara Schöneberger. Hubertus Meyer-Burckhardt lebt in Hamburg.

FRANK SCHIRRMACHER
Ein Brief

Lieber Frank Schirrmacher!

Leider blieben uns nur vierzig Minuten von den veranschlagten zwei Stunden für unser Gespräch. Während Sie in einer Konferenz ›gefangen‹ waren, hatte ich in Ihrem Vorzimmer das Vergnügen, mich mit einem bemerkenswerten Gedichtband von John Updike vertraut zu machen, der dort für Besucher auslag. Unsere Begegnung war dann trotz der knapp bemessenen Zeit intensiv und angenehm. Nach allen Interviews, die ich für dieses Buch zuvor geführt hatte, war es schon erstaunlich, wie schnell und schonungslos wir uns über die dramatische Situation verständigen konnten, in die sich die Menschheit manövriert hat und der sie nun hilf- und hoffnungslos gegenübersteht.

So merkwürdig es auch klingen mag, aber Ihre niederschmetternden Analysen waren Balsam für mich – frei nach dem Motto: Geteiltes Leid ist halbes Leid. Ist es natürlich nicht, aber zumindest fühlte es sich kurze Zeit so an, da man der Vernichtungsorgie, wie Sie es nannten, ja nicht als routinierter ›Kriegsberichterstatter‹, sondern als Betroffener beiwohnt. Sie sprachen von der Ratlosigkeit unserer Eliten – in der Politik, im Finanzwesen, auf dem Energiesektor und anderswo. Und Sie sprachen davon, dass sich die Einsicht, auf allen Feldern gnadenlos überfordert zu sein, in der Gesellschaft inzwischen flächendeckend manifestiert habe. Besonders beeindruckt hat mich das Bild, das Sie von den handelnden Politikern entwarfen: »Sie sind Roboter in einem System, das de facto längst kaputt ist. Aber diese Leute handeln wie Elektriker, die in einem völlig heruntergekommenen Haus noch schnell eine Leitung reparieren – ohne jegliche Vision.«

Es ist dieser Mangel an Visionen, der mich erschreckt. Er ist die Unterschrift unter dem Armutszeugnis, das sich unsere Politik gerade ausstellt. Denn eine Gesellschaft, die keine Visionen entwickelt, ist nicht zukunftsfähig. Aber vielleicht ist das angesichts der Umstände zu viel verlangt. Wir befinden uns inmitten einer hausgemachten ökologischen Explosion, welche die Zerstörung aller biologischen Lebensgrundlagen zur Folge haben könnte. Keine Generation vor uns hatte eine solche Bedrohung auszuhalten. Halten *wir* sie aus? Ich weiß es nicht. Wir ahnen wohl sehr genau, dass die Aufgabe zu mächtig geworden ist. Es würde ja bedeuten, dass wir unser gesamtes Wirtschafts- und Wertesystem auf den Kopf stellen müssten.

Allerdings sollte man meinen, dass angesichts der verheerenden Faktenlage zumindest ein Konsens über deren Bedeutung herzustellen sei. Weit gefehlt. Stattdessen erleben wir eine Tendenz zur Schönfärberei, als bräuchten wir zuallererst ein ruhiges Gewissen. »Wir kriegen eine apokalyptische Meldung nach der anderen reingereicht, und wenn man es ausspricht, gilt man als Apokalyptiker«, konstatierten Sie nüchtern. Die große Koalition der Beschwichtiger und ›Klimaskeptiker‹ (was für ein Wort!) hat Hochkonjunktur. In den USA haben die republikanischen Präsidentschaftsbewerber gerade unisono angekündigt, im Falle ihrer Wahl sämtliche Umwelt- und Klimaschutzgesetze unverzüglich aufzuheben. Auch bei uns werden die Freifahrtscheine in die Sorglosigkeit wieder verteilt, und wir geplagten Bürger nehmen sie nur zu gerne entgegen. Die Medien spielen dieses Spiel aus ihrer ›neutralen‹ Position gerne mit, jedenfalls zu einem sehr großen Teil. Es war ziemlich ernüchternd zu hören, wie Sie die Rolle der Medien inzwischen einschätzen: »Nehmen wir mal an«, so sagten Sie, »der Ökozid wäre heute schon eingetreten. Dann würde es die *Tagsschau* morgen schon als Normalität behandeln.

Es gibt diesen einen Moment gar nicht, wo man sich fragt, halt, stopp, was ist hier geschehen? Die Medien schaffen es, aus den größten Brüchen immer wieder eine Scheinnormalität zu konstruieren.«

Sie fragten sich, wann die Zeichen für den dramatischen Klimawandel endlich auch für den westdeutschen Wohlstandsbürger unabweisbar werden würden. Die Wahrnehmung der meisten Menschen sei, dass die Flüsse sauberer geworden sind und die Bäume entgegen allen Prognosen immer noch ausschlagen. Wir bewegen uns eben hauptsächlich in den zehn Quadratkilometern um uns herum, meinten Sie und verwiesen auf eine Tagebuchnotiz von Max Frisch, die mir in guter Erinnerung geblieben ist: »Sind Sie sicher, dass Sie der Fortbestand der Welt noch interessiert, wenn alle Ihre Bekannten und Verwandten nicht mehr am Leben sind?«

Beeindruckt hat mich auch, was Sie über Ihre gelegentlichen Exkursionen mit dem Klimaforscher Hans Joachim Schellnhuber berichteten, der Sie auf Ihren Wanderungen auf Pflanzen aufmerksam macht, die es vor fünf Jahren in Deutschland noch gar nicht gegeben hat und die sich aufgrund des Klimawandels angesiedelt haben. Sie nannten diese biedermeierhaft anmutenden Spaziergänge eine »Musterung der Welt, die vor unseren Augen implodiert. Wenn man sich außerdem noch vor Augen hält, was auf den Finanzmärkten passiert, dann gute Nacht!«

In einem Interview bei *Zeit-Online* mit dem Titel »Manchmal könnte ich schreien« sagte Hans Joachim Schellnhuber vor kurzem: »Wenn wir in diesem Jahrhundert tatsächlich eine Erderwärmung von fünf, sechs Grad zustande bringen, wird es eine Hochzivilisation, wie wir sie heute kennen, nicht mehr geben.« Darum geht es: um die Rettung unserer Zivilisation. Die Erde wird überleben, sie kommt ohne den Menschen zweifellos besser zurecht, es kostet sie einen Wimpernschlag von wenigen Jahrtausenden, um ihr natürliches Gleichgewicht wiederzufinden. Schellnhuber spricht in diesem Interview auch davon, dass mit den Erkenntnissen, die er im Laufe seiner Arbeit gewonnen hat, kurzfristig seine seelische Gesundheit auf dem Spiel stand. »Das war mir eine Lehre«, schließt er, »der Körper und der Geist brauchen Phasen des wohltätigen Leerlaufs.« Früher oder später kommt wohl jeder, der sich dem allgegenwärtigen Wahnsinn stellt, an diesen Punkt. Für uns Journalisten ist das ein ganz normales Berufsrisiko.

Irgendwann, so sagten Sie, müsse man auch mal über Ihre Generation reden, die Post-68er, die Baby-Boomer-Generation, welche die Schaltzentralen der Macht heute weitgehend besetzt hält. »Das ist eine Generation«, gestanden Sie in erfrischender Offenheit, »die aus einem solchen hedonistischen Reichtum kommt, einer solchen Verschwendung, dass sie nicht einmal über ein Krisenbewusstsein verfügt. Wo ist eigentlich deren historische Mission gewesen, und was haben die gemacht? Die Antworten auf diese Fragen fallen furchtbar aus.«

Apropos Krisenbewusstsein. Normalerweise reicht der zeitlich beschränkte Blick des Menschen auf die historischen Abläufe nicht aus, um ein Phänomen wie den Klimawandel erfassen zu können. In unserem Fall ist es anders: Der Klimawandel ist schon längst keine Prognose mehr, wir erleben ihn quasi im Maßstab eins zu eins. Und das macht es so gefährlich, ihn politisch zu kommunizieren, weil man damit Gefahr läuft (auch darin waren wir uns einig), dass überhaupt nichts mehr passiert. So seltsam es klingt: Wir sind nicht durch unsere Grausamkeit gegenüber dem Leben gefährdet, sondern durch unseren Normalverbrauch, multipliziert mit der Kopfzahl der Menschen. Erhard Eppler hat gesagt, es sei höchst zweifelhaft, ob unsere Vorfahren ein besonders ersprießliches Verhältnis zur Natur hatten: »Es fehlte dem Menschen ganz einfach die Macht, Natur in solchem Umfang zu zerstören, dass er damit sich selbst hätte gefährden können. Er hatte keine Motorsägen.« Als ich geboren wurde, gab es 2,5 Milliarden Menschen auf der Erde, inzwischen sind es sieben Milliarden, und Ende dieses Jahrhunderts werden es vermutlich zwölf Milliarden sein. Schon jetzt brauchen wir den Menschen außerhalb Europas mit dem Begriff Umweltschutz nicht zu kommen, sie befinden sich im Überlebenskampf, und der wird durch die härter werdenden Bedingungen gewiss nicht einfacher.

In seinem Buch *Politik des Herzens* hat Geseko von Lüpke die Visionäre unserer Zeit interviewt. Darin finden sich jede Menge nachhaltiger Konzepte für das 21. Jahrhundert. Aber alles, was dort angeboten wird, setzt einen allgemeinen Bewusstseinswandel voraus und findet deshalb im Konjunktiv statt. Wenn die US-amerikanische Systemtheoretikerin Joanna Macy davon spricht, dass wir heute zwei Aufgaben zugleich bewältigen müssen, nämlich als Sterbebegleiter für ein abgewirtschaftetes System und als Geburtshelfer für eine neue Kultur, so ist das ja richtig, aber wie soll das gehen? Wenn der Physiker Fritjof Capra unsere Umweltkrise in erster Linie als eine Wahrnehmungskrise beschreibt, wie und wie schnell können wir von unserem überholten anthropozentrischen Weltbild ablassen? Wenn der Philosoph Edward Goldsmith verlangt, dass wir eine Gesellschaft brauchen, die ihre innere Ordnung an den Gesetzen der Natur orientiert, wie kriegen wir das von ihm geforderte »biosphärische Recht« hin, das sich grundsätzlich von unserem heutigen Rechtsverständnis unterscheidet, in dem die Zerstörung des Planeten möglich ist, ohne ein einziges Gesetz zu brechen? »Wir müssen zu einem Rechtsverständnis zurückkehren, das die Gesellschaft, die natürliche Welt und den gesamten Kosmos mit einschließt.« Klingt vernünftig, würde helfen. Aber die Wege in ein neues Bewusstsein sind zu lang, wir können in unserer Entwicklung nicht mehr Schritt halten mit dem Tempo der Zerstörung. Das ist die Tragik.

Wie also wird er aussehen, der politische Notwehrreflex, der spätestens dann einsetzt, wenn die Ressourcen erkennbar zu Ende gehen? Auffallend ist, dass das Wort von der Ökodiktatur immer häufiger in die politische Debatte gelangt. Eine Ökodiktatur wird nicht als Ideologie daherkommen, die genügend Ressentiments bedient, um eine Volksbewegung zu werden. Sie wird nicht durch eine Revolution über uns kommen, sondern scheibchenweise installiert. Ihre Machtergreifung wird durch die schlechter werdenden Bedingungen diktiert, unter der die herkömmlichen Volkswirtschaften zusammenzubrechen drohen. Je länger wir darauf verzichten, im Vorgriff umzusteuern, desto wahrscheinlicher und grausamer wird die Ökodiktatur. Sie wird wenig zu tun haben mit grünen Idealen, sie wird sich als Entseuchungskommando in einer ganz und gar kaputten Welt verstehen.

Ich habe das Horrorszenarium in einem Roman frühzeitig durchgespielt. Inzwischen sind solche Dystopien längst Teil der Unterhaltungsindustrie geworden, zur Aufklärung tragen sie schon lange nicht mehr bei. Außerdem haben viele Menschen die dauerhafte Leidensattitüde satt, die mit der Empörung einhergeht. Während die Politik es noch immer als ihr erklärtes Ziel ansieht, Wachstumszahlen zu produzieren, wächst die Zahl der Menschen, die sich nach praktikablen Alternativen sehnen, sprunghaft an. Die Kommunikation im Internet gibt darüber hinreichend Aufschluss. Es ist schon erstaunlich, wie unzureichend diese Aufbruchstimmung von den klassischen Medien erfasst wird. Das Online-Magazin *Telepolis* brachte es in einem Artikel über die sechs Kardinalfehler des Journalismus auf den Punkt: »Es gibt keine tiefen Recherchen zu wirklich gelungenen Taten. Das Gute ist keine Headline, keinen Artikel, keine Reportage wert.«

Das Leben weiß gelegentlich zu scherzen, lieber Herr Schirrmacher. Soeben hat der Moderator des ARD-*Weltspiegels* erwähnt, dass sich immer mehr Zuschauer wünschen, »dass wir mehr positive Entwicklungen zeigen.« Ein kleiner Satz, aber ein bahnbrechendes Geständnis, wie ich finde. Vielleicht begreifen die Medienmacher ja doch noch, dass man nicht zwangsläufig an den Menschen vorbeiredet, wenn man ihnen vorstellt, was an positiven Zukunftsentwürfen längst angedacht und möglich ist. Die politische Demarkationslinie verläuft schon lange nicht mehr zwischen links und rechts, zwischen oben und unten, sie verläuft mittlerweile zwischen zukunftsfeindlich und zukunftsfähig.

Ich weiß, dass Sie in der ›Lagebeurteilung‹ mit mir übereinstimmen. Aber was können, was müssten die Medien an diesem historischen Wendepunkt leisten, wenn sie nicht tatsächlich als der bösartigste Reiter der neuen Apokalypse gelten wollen, die Luis Buñuel in Gestalt der Überbevölkerung, der Wissenschaft, der Technik und eben der Medien über uns hereinbrechen sah? Ist es möglich, die Aufregung und das Aufregende unserer Zeit neu zu gewichten? Oder sind den Medien auf ewig die Hände gebunden in der gnadenlosen Gewinn- und Verlustrechnung unserer Tage?

Aber auch die Begriffe Gewinn und Verlust lassen sich neu definieren. Genau das ist es, was in den Köpfen und Herzen vieler Menschen gerade passiert. Das macht mir Mut, das lässt mich wieder träumen. Wie sagte Novalis so schön: »Es ist schon viel gewonnen, wenn das Streben, die Natur vollständig zu begreifen, zur Sehnsucht sich veredelt, zur zarten, bescheidenen Sehnsucht, die sich das fremde Wesen gerne gefallen lässt, wenn es nur einst auf vertrauteren Umgang rechnen kann.«

Und wer sagt denn, dass eine Zeitung, die diesen Zeitgeist befördert, keinen Nutzen davon hätte? Sind wir nicht angetreten, einer ethisch-moralischen Pflicht nachzukommen und das Publikum fair, vielfältig und fantasievoll zu unterrichten? Klingt fast ein wenig spöttisch, ist aber gar nicht so gemeint.

Herzlichst
Ihr
Dirk C. Fleck
Hamburg, den 9. Mai 2012

PS: Auf Facebook hat jemand gerade eine geniale Headline formuliert: »Umwelt oder Dummwelt«. Der Junge ist 18 Jahre alt.

Frank Schirrmacher, Jahrgang 1959, studierte Germanistik, Anglistik, Literatur und Philosophie in Heidelberg und Cambridge. Von 1985 bis 1989 war er Redakteur im Feuilleton der *Frankfurter Allgemeinen Zeitung*, bevor er dort zum

Ressortleiter der Redaktion Literatur und literarisches Leben bestellt wurde. Seit 1994 ist Schirrmacher auch Mitherausgeber der *FAZ*, zuständig für das Feuilleton. Im Jahre 2000 eröffnete er die Biotechnologie-Debatte in Deutschland. 2001 kam die von ihm initiierte *Frankfurter Allgemeine Sonntagszeitung* auf den Markt, die inzwischen sehr erfolgreich ist. 2002 richtete Schirrmacher einen öffentlichen Brief an den Schriftsteller Martin Walser, in dem er erklärte, das dessen Roman *Tod eines Kritikers* nicht in der *FAZ* vorabgedruckt werde, weil darin der Literaturkritiker Marcel Reich-Ranicki unverhohlen angegriffen würde. Mit seinem Buch *Das Methusalem-Komplott*, das mittlerweile in 21 Sprachen übersetzt wurde, griff Schirrmacher 2004 in die Demographie-Debatte ein. In seinem Buch *Minimum* (2006) befasste sich Schirrmacher mit der Bedeutung der Familie in der Gesellschaft. Sein letztes Buch *Payback* erschien 2009.

Nachwort von **Katrin Göring-Eckardt**

Verantwortung der Medien, Verantwortung der Politik – eine gemeinsame Herausforderung in der Krise

So groß und umfassend der Begriff der Krise ist – und wir leben in Zeiten großer Krisen –, so divers ist das Bild, das sich aus den verschiedenen Interviews in diesem Buch ergibt. Auch wenn sich die Journalistinnen und Journalisten sehr unterschiedlich in ihrem Umgang mit Verantwortlichkeit in Krisenzeiten gezeigt haben – was auch daran lag, dass sie offensichtlich mit ganz unterschiedlichen Gesprächssituationen und Fragen konfrontiert waren –, so möchte ich hier im Nachwort das Thema wieder etwas verengen und mir eine kleine Zuspitzung erlauben, auch im Vergleich von Medien und Politik, da sich bestimmte Funktionsmechanismen, Handlungslogiken und eben auch Verantwortungen von politischer und medialer Macht in der Krise ähneln.

Wenn sich die Presse die »vierte Macht« nennt, so geht damit eine große Verantwortung einher, die zweierlei beinhaltet: einerseits über Probleme, Diskurse, Lösungswege und Kritik zu informieren, andererseits Aufmerksamkeit zu erregen, ohne übermäßig zu dramatisieren, also dem Problem der »Ökonomie der Aufmerksamkeit« (Georg Franck) möglichst wenig Qualität in der Berichterstattung zu opfern. Und sie will schließlich dazu beitragen, dass sich die Rezipientinnen und Rezipienten eine eigene und möglichst fundierte Meinung zu einem Sachverhalt bilden können, als Grundlage eigenen verantwortlichen Handelns und Basis demokratischer Partizipation.

Verantwortungsjournalismus als gutes Handwerk unterliegt immer mehr der Gefahr, gegenüber themenfremden, ökonomischen Aspekten zurücktreten zu müssen: Kostensenkungsvorgaben und Personalkürzungen in den Verlagen, steigender Leistungs- und Zeitdruck auf die Redakteurinnen und Redakteure, Verlagerung von der eigenen sorgfältigen Recherche zur häufig ungeprüften Übernahme von Pressemitteilungen oder der steigenden Konkurrenz durch das Internet mit seinen vielfältigen kostenlosen Angeboten. Wie viele Nachrichtenredaktionen können sich heute noch investigativen Journalismus leisten?

Dennoch muss in den Medien weiterhin eine stetige Reflexion der eigenen Macht stattfinden, der Macht, Menschen und Themen nach oben oder in den Keller zu schreiben und damit die gesellschaftliche Agenda maßgeblich mitzugestalten. Ich will es hier aber gerne positiv formulieren: Diese Macht ist als Aufgabe und Verantwortung zu verstehen, wichtige Konflikte und Themen immer wieder ins öffentliche Bewusstsein zu bringen, sie im Sinne der Allgemeinheit zu nutzen und aufklärerisch zu wirken. Nur dadurch kann der Anspruch, die vierte Macht im Staate zu sein, legitimiert werden, was sicherlich auch das Ziel der meisten Journalistinnen und Journalisten ist.

Diese Aufgabe ist gerade in Zeiten der Krise gewaltig und nicht ganz risikolos. Angesichts der Komplexität der Probleme und Zusammenhänge liegt immer die Versuchung in der Luft, die Ausgewogenheit der Berichterstattung zu vernachlässigen, zu stark zu vereinfachen, tendenziös zu werden oder der Verlockung von Kampagnen zu verfallen, die simple Antworten auf beunruhigende Entwicklungen geben und dabei schnell Feindbilder aufbauen können. Wie sieht es damit aus in der deutschen Medienlandschaft angesichts der heutigen Herausforderungen?

Das möchte ich an zwei Großkrisen, die unsere Zeit prägen, illustrieren: der Klimakrise und der Weltwirtschafts- und Finanzkrise. Insbesondere das Spannungsfeld zwischen Dramatisierung und nüchterner Berichterstattung möchte ich dabei in den Blick nehmen, weil sich hier die oben genannten Aspekte am besten darstellen lassen.

Fängt man mit dem Dramatisieren an, so sieht die deutsche Medienlandschaft einigermaßen vernünftig aus. Ausnahmen von der Regel, beispielsweise wenn bestimmte Blätter in ihrer Berichterstattung über die Finanz- und Schuldenkrise Kampagnen gegen europäische Nachbarländer fahren und dabei zweifelsfrei mit üblen Klischees und fremdenfeindlichen Vorurteilen spielen (wie in der *Bild*-Kampagne gegen Griechenland geschehen), belegen den normalerweise relativ sachlichen Umgang mit umfassenden Krisenphänomenen. Die meisten Medien möchten sich wohl auch ungern dem Verdacht der Panikmache aussetzen, zeugt sie doch häufig eher von mangelnder Souveränität der Berichtenden im Umgang mit der Krise und ihren Hintergründen, als dass solche plumpen, auf Feindbilder gerichtete Kampagnen der Größe und Bedeutung der Krise gerecht werden oder ein Verständnis dafür mit Informationen untermauern könnten.

Diese »nüchterne« Berichterstattung bringt aber auch das Problem mit sich, dass gerade in Medien, die auf hohe Auflagen oder Zuschauerquoten angewiesen sind, das Berichten über die anhaltenden Krisen schwierig wird, weil neben der Gewöhnung und Abstumpfung der Adressaten auch das Problem besteht, dass in einer sachlichen Berichterstattung über die Krisen dramatische Bilder und Neuigkeiten fehlen. Die Klimakatastrophe kommt nicht über Nacht, sondern schleichend, die Zerstörung des Regenwaldes oder die drastischsten Fälle von Ausbeutung der natürlichen Ressourcen unseres Planeten geschehen zumeist weit weg und außerhalb der Beobachtung durch hiesige Medien in fernen Ländern; die täglichen Horrormeldungen über den drohenden Bankrott Europas, der Welt, also irgendwie von uns allen, langweilen inzwischen eher, als dass sie noch eine Neuigkeit darstellen. Nur wenn es konkret heißt, die Ersparnisse seien in Gefahr, horchen die Menschen auf; aber die komplexen Zusammenhänge von Krise und Rettungsmaßnahmen, die sich zumeist nur mit Bildern von Sitzungssälen und sich darin beratenden Politikern visualisieren lassen, sind einfach kaum mehr vermittelbar.

In der Politik haben wir dasselbe Problem – der Klimawandel interessiert die Leute häufig kaum, weil er nicht zu spüren ist, nicht erlebbar – da braucht es schon eine Flut, eine Dürre oder andere Katastrophen. Der CO_2-Ausstoß ist ebenfalls für viele kein Thema, weil ja alles so wie früher ist – noch. Es ist schwer für uns in der Politik, die Dramatik der Entwicklungen klarzumachen und demokratische Unterstützung zu erlangen, wenn die Probleme für die Menschen abstrakt, also nicht direkt wahrnehmbar sind.

Wie schnell sich das ändern kann, ist am Beispiel der Atomenergie zu beobachten. Trotz der Ablehnung von AKWs durch eine Mehrheit in Deutschland hat das Thema bei den meisten Bürgerinnen und Bürgern keine politische Priorität gehabt. Das änderte sich schlagartig, als es in Japan im Frühjahr 2011 zum Super-GAU kam und, anders als bei der Katastrophe von Tschernobyl, die dramatischen Bilder von schweren Explosionen im Atomkraftwerk Fukushima Daiichi um den Globus gingen. Obwohl dies am anderen Ende der Welt geschah, waren die Auswirkungen auf die öffentliche Meinung und damit sehr schnell auf die Politik in Deutschland immens.

Dies zeigt: Nicht allein ein rein intellektuelles Verständnis von Problemen oder Krisen, auch Dramatik, Dynamik, oft eben auch veranschaulichende und sensibilisierende Bilder können notwendig für die Durchsetzung von richtiger Politik sein. Deswegen ist das Werben für Nachhaltigkeit, ob in der Umwelt-, Sozial-, Wirtschafts- oder Finanzpolitikpolitik so schwer. Giovanni di Lorenzo fasst das Problem für beide Bereiche, für die Medien wie die Politik, sehr treffend zusammen: »Begriffe wie Klimawandel oder Nachhaltigkeit scheinen unsere Leser regelrecht abzuschrecken. Die Ablehnung von Umweltthemen ist auch politisch relevant. Woran liegt es, dass einige der wichtigsten Fragen der Menschheit auf ein so geringes Interesse stoßen?«

Unterm Strich stehen also die Politik wie die Medien immer in diesem Spannungsfeld, einerseits Aufregung erzeugen zu müssen, um Aufmerksamkeit für Probleme und Lösungsansätze (Politik) und Vermittlung von Inhalten (Medien) erzeugen zu können, andererseits Lösungsansätze und Inhalte zu erarbeiten, die mehr als nur Wählerstimmen oder Auflagenhöhen zum Ziel haben. Das Problem dabei ist, dass Mechanismen wie Skandalisierung oder Populismus zur Erzeugung von Aufmerksamkeit den häufig komplexen, kaum durchschaubaren Lösungsmodellen oder -ansätzen für die beiden großen Krisen unserer Zeit nahezu diametral entgegenstehen. Und das ist die eigentliche Verantwortung in der Krise, die bei kleineren Ereignissen bei weitem nicht so schwer wiegt: Wird über einen Banküberfall reißerisch berichtet, so ist die negative Wirkung dieser Berichterstattung auf politische Prozesse oder Handlungslogiken für gewöhnlich weitaus geringer, als wenn dies bei den großen Krisen geschieht, denn diese sind kontinuierlich, und durch eine kontinuierlich reißerische Berichterstattung entsteht Abstumpfung und sogar Misstrauen. Problembewusstsein wird so nicht geschaffen. Hinzu kommt ein Weiteres: Die großen Krisen unserer Zeit werden häufig hinter den vergleichsweise ›kleinen Geschichten‹ versteckt, weil sich Zuschauerinnen und Zuschauer wie auch Leserinnen und Leser mit diesen besser identifizieren können, eher das Gefühl haben, den Überblick zu behalten, und meinen, mitreden zu können. Auf komplexe Sachverhalte wird häufig mit Resignation (»Das versteht doch kein Mensch«) reagiert. Das stellt eine weitere Vermittlungsherausforderung für Politik wie Medien dar, mitunter eine der größten in unseren Tätigkeitsfeldern.

Aber die Aufgabe und Chance der Medien, die großen Probleme und Krisen immer wieder ins Gedächtnis zu rufen, liegt eben darin, sie in ihren Auswirkungen und Berührungspunkten für uns stets neu zu illustrieren. Es ist eben nicht nur der Eisbär, der ertrinkt und dabei doch ganz weit weg von uns ist, sondern auch, wie in einem sehr guten Artikel in der *Welt* dargestellt, die Zerstörung der letzten Urwälder auf Sumatra und die Ausrottung der Orang-Utans, weil Großkonzerne illegal Palmölplantagen pflanzen und dieses billige Pflanzenöl in jedem zweiten unserer hiesigen Supermarktartikel enthalten ist! Das zu vermitteln schafft Bewusstsein dafür, wie nahe uns diese Probleme doch sind.

Es bleibt also unsere Aufgabe, um Aufmerksamkeit für die Krisen, ihre jeweiligen Hintergründe und mögliche Lösungen zu kämpfen, nicht nur wegen der Wählerstimmen oder Auflagen, sondern um die derzeitigen Krisen und zukünftigen Probleme in den Griff zu bekommen, was nur gesamtgesellschaftlich zu schaffen ist.

Für die Presse als vierte Macht bedeutet dies, nicht immer nur kurzfristig zu berichten und sich auf tagesaktuelles Geschehen zu konzentrieren, sondern mit Hintergrundberichten, investigativen Recherchen und kreativen Formaten zu den großen, eher unsichtbaren Themen zu überraschen und so einerseits das Wettrennen um Dramatik und Geschwindigkeit in der Berichterstattung zu durchbrechen und andererseits exklusiv zu sein – das wäre für beide, Medien wie auch Leserinnen und Leser, ein Gewinn.

Katrin Göring-Eckardt, Jahrgang 1966, ist Vizepräsidentin des Deutschen Bundestages. Sie war Gründungsmitglied von Demokratie Jetzt und Bündnis 90 in der DDR und ist seit 1998 Bundestagsabgeordnete. Von 2002 bis 2005 war sie zusammen mit Krista Sager Vorsitzende der Bundestagsfraktion von Bündnis 90/Die Grünen. Göring-Eckardt ist zudem Mitglied in der 11. Synode der Evangelischen Kirche in Deutschland (EKD) und wurde 2009 zu deren Präses (Vorsitzende) gewählt. Sie lebt in Thüringen.